目 录

专题一　刑法概说 (1)
　　考点1　刑法的解释　/1
　　考点2　刑法的基本原则　/3
　　考点3　刑法的适用范围（效力）　/5

专题二　犯罪构成 (6)
　　考点4　构成要件要素的分类　/6
　　考点5　危害行为　/7
　　考点6　危害结果　/11
　　考点7　因果关系　/11
　　考点8　故意与过失　/16
　　考点9　事实认识错误　/20

专题三　犯罪排除事由 (22)
　　考点10　责任阻却事由：责任年龄、能力与期待可能性　/22
　　考点11　违法阻却事由之一：正当防卫与紧急避险　/24
　　考点12　违法阻却事由之二：被害人承诺　/28

专题四　犯罪形态 (29)
　　考点13　犯罪预备、未遂、中止与既遂的判断　/29

专题五　共同犯罪 (36)
　　考点14　共同犯罪的成立与共同正犯　/36
　　考点15　共犯人的分类及其刑事责任　/40
　　考点16　共犯的特殊问题：承继的共犯、片面的共犯、共犯与犯罪形态、共犯与
　　　　　　身份、共犯与认识错误　/41

专题六　单位犯罪 (42)
　　考点17　单位犯罪　/42

专题七　罪数形态 (44)
　　考点18　罪数　/44

专题八　刑罚种类 (48)
　　考点19　主刑　/48
　　考点20　附加刑　/49

专题九　刑罚裁量 (50)
　　考点21　量刑情节　/50
　　考点22　累犯　/50
　　考点23　自首与立功　/51
　　考点24　数罪并罚　/52
　　考点25　缓刑　/53

专题十　刑罚执行 ……………………………………………………………………（54）
　　考点26　减刑与假释　/54

专题十一　刑罚消灭 …………………………………………………………………（56）
　　考点27　追诉时效　/56

专题十二　罪刑各论概说 ……………………………………………………………（58）
　　考点28　分论概说　/58

专题十三　危害国家安全罪 …………………………………………………………（58）
　　考点29　危害国家安全罪　/58

专题十四　危害公共安全罪 …………………………………………………………（59）
　　考点30　危害公共安全罪　/59

专题十五　破坏社会主义市场经济秩序罪 …………………………………………（64）
　　考点31　生产、销售伪劣商品罪　/64
　　考点32　走私罪　/66
　　考点33　妨害对公司、企业的管理秩序罪　/67
　　考点34　破坏金融管理秩序罪　/68
　　考点35　金融诈骗罪　/70
　　考点36　危害税收征管罪　/72
　　考点37　侵犯知识产权罪　/73
　　考点38　扰乱市场秩序罪　/73

专题十六　侵犯公民人身权利、民主权利罪 ………………………………………（75）
　　考点39　侵犯公民生命、健康权利的犯罪　/75
　　考点40　侵犯性权利的犯罪　/77
　　考点41　侵犯妇女、儿童利益的犯罪　/78
　　考点42　非法拘禁罪与绑架罪　/80
　　考点43　其他侵犯公民人身、民主权利犯罪　/81

专题十七　侵犯财产罪 ………………………………………………………………（82）
　　考点44　抢劫罪与抢夺罪　/82
　　考点45　盗窃罪　/86
　　考点46　敲诈勒索罪　/89
　　考点47　诈骗罪　/90
　　考点48　侵占罪与职务侵占罪　/93

专题十八　妨害社会管理秩序罪 ……………………………………………………（94）
　　考点49　扰乱公共秩序罪　/94
　　考点50　妨害司法罪　/96
　　考点51　妨害国（边）境管理罪　/99
　　考点52　妨害文物管理罪　/99
　　考点53　危害公共卫生罪　/99
　　考点54　破坏环境资源保护罪　/99
　　考点55　走私、贩卖、运输、制造毒品罪　/100
　　考点56　组织、强迫、引诱、容留、介绍卖淫罪　/101
　　考点57　制作、贩卖、传播淫秽物品罪　/102

专题十九 贪污贿赂罪 ……………………………………………………………………………………（103）
    考点 58 贪污罪 ／103
    考点 59 挪用公款罪 ／105
    考点 60 贿赂类犯罪 ／106
    考点 61 巨额财产来源不明罪 ／110

专题二十 渎职罪 ……………………………………………………………………………………………（111）
    考点 62 渎职罪 ／111

专题二十一 军人违反职责罪 ………………………………………………………………………………（113）
    考点 63 军人违反职责罪 ／113

刑法 ［答案详解］

专题一 刑法概说

考点1 刑法的解释

1.体系解释;文理解释;论理解释[B]

[解析] 体系解释,是指根据体系逻辑来论证解释后的含义在刑法体系中是否协调合理。体系解释并不意味着同一用语在不同条文中需要保持同一含义。相反,基于体系的协调合理要求,同一用语在不同条文中可以保持不同含义。这便是"同一用语的含义相对化"(一词多义)。A项考查的就是一词多义。传播淫秽物品罪的"传播"是指让不特定人知晓淫秽物品的内容。传播性病罪中的"传播"是指通过性器官接触传染性病。二者含义不同。故A项错误。

倒卖文物罪的"倒卖",并不需要严格限定为"买进后卖出",包括单纯的买入或者卖出。此外,刑法分则规定的"买卖",应统一理解为买进或卖出的行为。司法解释也肯定了这种解释结论。根据"两高"《关于办理妨害文物管理等刑事案件适用法律若干问题的解释》的规定,倒卖是指以牟利为目的,出售或者为出售而收购、运输、储存的行为。可见,倒卖不要求"买进并卖出",而是"买进或卖出"的行为。从论理解释的角度而言,论理解释是一个笼统的概念,涵盖广泛,它既包含解释的理由(如当然解释、体系解释等),也包含解释的技巧(如扩大解释、缩小解释等),将倒卖解释为"买进或卖出",是一种扩大解释。故B项正确。

冒充国家机关工作人员的情形包括:第一,非国家机关工作人员冒充国家机关工作人员(包括离职的国家机关工作人员冒充在职的国家机关工作人员);第二,此种国家机关工作人员冒充彼种国家机关工作人员,如行政机关工作人员冒充司法工作人员;第三,职务低的国家机关工作人员冒充职务高的国家机关工作人员(或者相反)。C项即符合上述第二、三种情形。这些冒充行为由于均侵害了特定国家机关工作人员的公众信赖感,因此均属于招摇撞骗罪中的"冒充"。这种解释符合文理解释。故C项错误。

D项属于扩大解释,而非类推解释。只要共同生活的成员,事实上在同一个家庭生活,均可以解释为"家庭成员",成为虐待罪的对象,不限于基于血缘关系的家庭成员。这种解释并没有超出"家庭成员"这一概念的含义范围。故D项错误。

2.扩大解释;类推解释;反对解释;缩小解释[ACD]

[解析] 根据相关司法解释,对于非法制造、买卖、运输、储存以火药为动力发射弹药的大口径武器的行为,应当依照《刑法》第125条第1款的规定,以非法制造、买卖、运输、储存枪支罪追究刑事责任。据此,大炮属于以火药为动力发射弹药的大口径武器,可认定为枪支。这是一种扩大解释。故A项正确。

反对解释,是指根据用语的正面表述,推导出其反面含义,也即从"A"推导出"非A"。B项即是从假药无疗效,反向推导出有疗效的药不是假药,因此属于反对解释。当然解释,是指根据形式逻辑来论证解释后的含义是否符合当然道理,在论证出罪时"举重以明轻"(重的行为都无罪,轻的行为更应无罪),在论证入罪时"举轻以明重"(轻的行为都是犯罪,重的行为更应是犯罪)。当然解释所比较的两个行为应属于性质相同、程度不同的两个行为;如果性质不同,不能进行当然解释。假药与真药性质不同,不适用于当然解释;若根据完全没有疗效的药是假药,推导出有毒、有害的药是假药,则是当然解释。故B项错误。

情报有好多种,如涉及经济、政治、文化、社会等各方面的情报。由于本罪属于危害国家安全犯罪,所以这里的"情报"只能缩小解释为涉及国家安全的情报。故C项正确。

假冒注册商标罪要求假冒的必须是"注册商标"。将"未注册的商标"解释为"注册商标",属于类推解释,违反了罪刑法定原则。故D项正确。

3.罪刑法定原则;刑法解释[AD]

[解析] 刑法中的"暴力"这一概念有多重含义,根据刑法解释理论,在不同语境下应当对"暴力"作出不同的解释,有的条文中需要进行扩大解释,有的条文中则需要进行限制解释,这并不违反罪刑法定原则。扩大解释与限制解释是两种方向相反的解释方法,从立法目的出发,对同一法条中的"暴力",如有扩大解释的必要性,就不可能再进行限制解释,反之亦然。故A项正确。

《刑法》第237条强制猥亵、侮辱罪中的"猥亵""侮辱",是指针对他人实施的,具有性的意义,侵害他人性的决定权的行为;而《刑法》第246条侮辱罪中的侮辱行为只需具有损毁他人名誉的性质即可。二者在客观方面并不相同。故B项错误。

当然解释是体系解释的要求,以通过类比的方法追求合理的结论,但也需受罪刑法定原则的限制,即便符合当然解释的原理,当然解释的结论也完全可能因超出法条文字可能文义的射程而违反罪刑法定原则。故C项错误。

刑法解释的技巧和理由是多种多样的,但选择何种解释技巧、理由,必然要受到特定的约束。对刑法分则的解释不仅要实现条文的立法目的,达成实质上的合理性。而且在形式上不能突破文字的边缘含义,这是罪刑法定原则的要求。故D项正确。

4.文理解释;当然解释;犯罪中止[BCD]

[解析] 从文理解释的角度看,根据法律条文的规定,只要违背妇女意志,以暴力、胁迫或者其他手段强行与其发生性关系的,就属于强奸行为。因此,如果丈夫违背妻子的意愿与其发生性关系的,可以解释为"强奸妇女"。故A项正确,不当选。

抢劫罪中的"暴力、胁迫"要求达到足以压制反抗的程度,其中"暴力"针对的对象范围较宽,包含财物的占有者、管理者及其亲属,甚至前来阻止的路人,在内容上包含为抢劫故意杀人的情形;而强奸罪中的"暴力、胁迫"要求使被害妇女明显难以反抗,其中"暴力"针对的对象仅限于被害人,不包括其他人,而且强奸罪不能完全评价故意杀人行为(否则成立想象竞合犯)。故B项错误,当选。

将为了自己饲养而抢劫他人宠物的行为认定为抢劫罪,侵犯的是他人的财产权,但是为了自己收养而抢劫他人婴儿的行为侵犯的是人身权,因此不是抢劫罪所能涵盖的范围。故C项错误,当选。

中止犯中"自动有效地防止犯罪结果发生"是指基于意志以内的原因(自动性),为防止犯罪的结果的发生而作出真挚努力(客观性),并实际防止了犯罪结果的发生(有效性)。因此,即使行为人采取防止结果发生的措施,但如果犯罪结果发生,并且与犯罪行为之间存在因果关系的话,则直接认定为故意犯罪既遂,不可能成立中止,即不属于"自动有效地防止犯罪结果发生"。故D项错误,当选。

5.刑法解释[B]

[解析] 体系解释是指根据刑法条文在整个刑法中的地位,联系相关法条的含义,阐明其规范含义。刑法分则中的"买卖"一词,既包括购买并卖出,也包括为出售而购买。A项将"买卖"解释为"购买并卖出",错误地将"为卖而买"的行为排除在外,并不符合刑法本意。故A项错误。

同类解释规则,也叫只含同类规则,即当刑法语词含义不清时,对附随于确定性语词之后的总括性语词的含义,应当根据确定性语词所涉及的同类或者同级事项予以确定。因此,对于刑法分则中的兜底性条文,即在列举具体要素后使用的"等""其他"用语,应按照所列举的内容、性质进行同类解释。故B项正确。

在"捏造事实诽谤他人"的规定中,"捏造事实"属于预备行为,"诽谤他人"才是实行行为。故只要明知是捏造的事实而散布并诽谤他人的,虽然同样成立诽谤罪,但没有捏造事实,就不能认定为"捏造事实"。故C项错误。

将盗窃骨灰解释为盗窃尸体,属于罪刑法定原则所禁止的类推解释。故D项错误。

6.刑法解释[A]

[解析] 立法解释、司法解释与学理解释的不同仅仅在于解释的主体和效力不同,在解释方法和技巧方面没有差别。因此,学理解释中的类推解释结论,纳入司法解释后仍然属于类推解释。故A项错误。

由于破坏大型拖拉机也会发生危害公共安全的危害结果,故从结论合理性上来说,可以将大型拖拉机解释为破坏交通工具罪中的"汽车"。但"汽车"一词的核心含义通常并不包含大型拖拉机,故上述解释结论至少是扩大解释乃至是类推解释。故B项正确。

刑法用语的含义具有相对性,在不同的上下文或者语境中可能具有不同的含义。在刑法条文明文规定了"伪造"与"变造"的场合,二者当然具有不同的含义;但在有的场合,尤其是法律只规定了"伪造"的时候,这里的"伪造"就有可能包括"变造",如信用卡诈骗罪中"使用伪造的信用卡"中的"伪造"就包括"变造"这一表现方式。故C项正确。

相比较毒品犯罪中的特别再犯制度,累犯是更严厉的量刑情节(累犯应当从重处罚、不得缓刑、不得假释,而特别再犯只是从重处罚)。为了更好地实现对未成年人的特殊保护,按照当然解释的原理(举轻以明重,举重以明轻),既然不满18周岁的人不成立累犯,那么就更不能对其适用更轻的特别再犯制度。故D项正确。

7.刑法解释[ABCD]

[解析] 文理解释是指根据刑法用语的文义及其通常使用方式阐释刑法意义的解释方法。论理解释是指参酌刑法产生的原因、理由、沿革及其他相关事项,按照立法精神阐明刑法真实含义的解释方法。文理解释的根据主要是语词的含义、语法、标点及标题。如果文理解释的结论合理,则没有必要采取论理解释的方法;如果文理解释的结论不合理或者产生多种结论,则必须进行论理解释。第①句正确。

应否作出扩大解释,还必须考虑处罚的必要性。对于一个行为而言,其处罚的必要性越大,将其解释为犯罪的可能性就越大,但如果行为离刑法用语核心含义的距离越远,则解释为犯罪的可能性就越小。缩小解释的适用也是同样道理。但是二者适用的情境是相反的。因此,一个解释者对于同一刑法条文的同一概念,不可能同时既作扩大解释又作缩小解释。第

②句正确。

类推解释超出了刑法用语可能具有的含义,违背了罪刑法定原则,所以是被禁止的解释方法(但允许有利于行为人的类推解释)。扩大解释本身是被刑法所允许的,方法正确,但是依据正确的方法解释出来的结论有可能是错误的,因为解释的人不同,理解的角度可能不一样,会存在解释错误的情况。第③句正确。

当然解释是指在所面临的案件缺乏可以适用的法条时,通过参照各种事项,从既有的法条获得指导,对案件适用既有法条。即入罪时举轻以明重、出罪时举重以明轻。但是,解释刑法时不得直接采取当然解释认定行为构成犯罪,因为有可能解释结论超出了刑法用语可能具有的含义,从而违背罪刑法定。只有该行为同时符合刑法规定的犯罪构成要件,才能依法定罪处罚。第④句正确。

8.刑法解释[C]

[解析] 作为财产犯罪对象的公私财物,只能是他人的财物,针对自己的财物不可能成立财产犯罪。不能在形式上认为,公私财物包括自己和他人的财物,进而认为将公私财物解释为他人的财物属于缩小解释。正如刑法中规定的"枪",本来就是指的真枪,不能包含假枪或者其他仿真手枪,也不能认为故意杀人罪中的"人"包括自己和他人(通说)或者包括所谓的"假人""死人"等。故这里的解释方法是平义解释。故A项错误。

《刑法》第171条第1款规定:"出售、购买伪造的货币或者明知是伪造的货币而运输,数额较大的,……"由于该条文将出售、购买行为并列,这就意味着此处的"出售"不能包含购买行为(该解释结论属于体系解释)。故B项错误。

在本来的意义上,凶器是指性质上的凶器,即其用途和存在的意义就在于杀伤人的器械,如枪支、管制刀具等。但对于菜刀等日用品来说,尽管其本来用途和存在意义一般在于日常生活所用,如果行为人携带这些器具打算用于犯罪,其发挥的作用和性质上的凶器一样,都具有杀伤人的可能性。所以,解释法律时就把凶器的范围加以扩大,包含这种用法上的凶器,这种解释属于扩张解释。故C项正确。

本来意义上的信用卡主要功能是能够透支(狭义上的信用卡)。但其他具有消费支付、信用贷款、转账结算、存取现金等全部功能或者部分功能的电子支付卡和狭义上的信用卡在大多数功能上具有一致性,所以立法解释就把信用卡的范围进行了扩张理解。故D项错误。

9.刑法解释[B]

[解析] 立法解释,即由立法机关在刑法施行过程中对发生歧义的规定所作的解释,具有与法律同等的效力。立法解释应当在法律条文的范围内进行解释,而不应超出其范畴创设新的犯罪和刑罚内容。故第①句错误。

立法解释必须坚持罪刑法定原则,罪刑法定原则要求不得进行类推解释。故第②句正确。

司法解释,即最高人民法院和最高人民检察院就审判和检察工作中如何具体应用法律问题所作的解释,具有普遍适用的效力。司法解释必须遵守解释原理,不得进行类推解释。只要解释结论符合刑法的目的,且不违反罪刑法定原则,司法解释与立法解释都可以进行扩大解释。故第④句错误。

立法解释的效力是高于司法解释的,当司法解释与立法解释存在冲突时,直接适用立法解释,而不能适用司法解释。故第③句错误。故B项当选。

考点2 刑法的基本原则

10.罪刑相适应原则[C]

[解析] 罪刑相适应原则是刑法基本原则之一。其具体要求是,刑罚既要与犯罪性质相适应,又要与犯罪情节相适应,还要与犯罪人的人身危险性相适应。罪刑相适应原则是公平正义理念在刑法领域的具体体现,二者都要求在法律实施中坚持以事实为根据、以法律为准绳。公平正义需要兼顾法理与情理,罪刑相适应原则同样需要兼顾罪刑均衡与刑罚个别化,二者相互吻合,并不矛盾。故A、B、D项正确,均不当选。

《刑法》第63条第2款规定,没有法定减轻处罚情节,但根据案情需要减轻处罚的,必须报请最高人民法院核准,才能减刑。最高人民法院授权下级人民法院随意适用减轻处罚规定的做法,背离法律精神,违背公平正义与罪刑相适应原则。故C项错误,当选。

11.寻衅滋事罪;禁止令[D]

[解析] 刑法的目的是打击犯罪、保护人民,这体现了执法为民、服务大局的理念。因此,对于任何影响恶劣的违法犯罪行为,都应当依法从严惩处。注意:"依法"从严惩处的表述坚持了"以法律为准绳"的思想。故A项正确。

犯罪的本质是法益侵害,而寻衅滋事罪属于妨害社会管理秩序的犯罪,根据《刑法》第293条的规定,寻衅滋事的行为只有造成了社会秩序严重混乱的,才可能当作犯罪行为定罪处罚,而非任何起哄闹事的行为都成立犯罪。故B项正确。

对于"医闹"事件的法律定性,不能一概而论,应当结合其诱因区别对待:如果医院救治不力,则医院过错在先,即使家属存在过激行为,也是情有可原,不能轻易将其认定为犯罪行为。故C项正确。

《刑法》第72条第2款规定："宣告缓刑,可以根据犯罪情况,同时禁止犯罪分子在缓刑考验期限内从事特定活动,进入特定区域、场所,接触特定的人。"《关于对判处管制、宣告缓刑的犯罪分子适用禁止令有关问题的规定(试行)》第4条规定:"人民法院可以根据犯罪情况,禁止判处管制、宣告缓刑的犯罪分子在管制执行期间、缓刑考验期限内进入以下一类或者几类区域、场所:(一)禁止进入夜总会、酒吧、迪厅、网吧等娱乐场所;(二)未经执行机关批准,禁止进入举办大型群众性活动的场所;(三)禁止进入中小学校区、幼儿园园区及周边地区,确因本人就学、居住等原因,经执行机关批准的除外;(四)其他确有必要禁止进入的区域、场所。"显然医疗场所并不属于此处所规定的几类区域、场所且从题干分析并无必要禁止甲出入医疗机构。故D项错误。

12.罪刑法定原则[ACD]
[解析] 罪刑法定原则的经典表述是:"法无明文规定不为罪,法无明文规定不处罚"。我国《刑法》第3条明文规定了这一原则。罪刑法定原则的具体要求是:(1)禁止溯及既往;(2)排斥习惯法;(3)禁止类推解释;(4)刑罚法规的适当,包括刑罚明确性、禁止不确定刑和禁止处罚不当罚的行为。在刑事司法中贯彻罪刑法定原则,最为关键的问题是对刑法的解释要合理。不利于被告人的类推解释在方法上就与罪刑法定原则相抵触,故属禁止之列。采取其他解释方法时,其解释结论也必须符合罪刑法定主义,符合刑法目的。

"明知是痴呆女而与之发生性关系导致被害人怀孕"的情形与强奸致使被害人重伤、死亡后果的严重性相当,可以认定为强奸"造成其他严重后果"。A项不违反罪刑法定原则,当选。

根据《刑法》第217条和《关于办理侵犯知识产权刑事案件适用法律若干问题的意见》第12条规定,"发行",包括总发行、批发、零售以及出租、展销等活动。未经著作权人许可,在卡拉OK厅大量播放其音像制品的行为并不能包含在"发行"之内。B项违反了罪刑法定原则,不当选。

"重度醉酒后在高速公路超速驾驶机动车"的行为,同时包含"重度醉酒""高速公路"和"超速驾驶"三个危险要素,其严重性与放火、爆炸、投放危险物质等行为相当,已经对不特定多数人的生命财产安全造成现实威胁,应当认定为以危险方法危害公共安全罪。C项不违反罪刑法定原则,当选。

武装部队属于国家军事机关,是国家机关的组成部分。所以将毁灭武装部队印章的行为认定为毁灭"国家机关"印章并无不妥,未超出"国家机关"的字面含义。D项不违反罪刑法定原则,当选。

13.罪刑法定原则;编造、故意传播虚假恐怖信息罪[C]
[解析] 根据罪刑法定原则,一个人有罪无罪的唯一依据是犯罪构成要件,不能单纯从维护社会稳定的角度就给某个行为人定罪。从另一方面讲,根据《刑法》第291条之一的规定,编造爆炸威胁、生化威胁、放射威胁等恐怖信息,或者明知是编造的恐怖信息而故意传播,严重扰乱社会秩序的,构成编造、故意传播虚假恐怖信息罪。据此,成立编造、故意传播虚假恐怖信息罪,要求行为人的行为严重扰乱社会秩序,如果甲的行为没有严重扰乱社会秩序,则不能成立本罪。故A项错误。

本题中,甲的行为符合编造、故意传播虚假恐怖信息罪的构成要件,但该罪名属于妨害社会管理秩序犯罪,而非危害公共安全犯罪。一般来说,危害公共安全犯罪的公共安全的范围仅限于物质性安全(生命、身体健康、财产),不包括精神性安全;精神性安全由妨害社会管理秩序罪来保护。比如,故意传播虚假恐怖信息罪,只是引起人们精神恐慌,由此导致社会秩序混乱,并没有对物质性安全造成直接危害,这与恐怖犯罪不同(属于危害公共安全犯罪)。故B项错误,C项正确。

罪刑法定原则的主要任务是保障人权,而不是打击犯罪、保护法益。为了保障人权,不能为了打击犯罪而突破司法程序规定。故D项错误。

14.罪刑法定原则[C]
[解析] 作为刑法的基本原则,罪刑法定原则的理念贯穿于整个刑事法律的立法、司法与执法过程中。罪刑法定的思想不仅约束立法者,同样约束司法者;不仅约束法官,同样约束侦查人员。第①②句错误。

严格的罪刑法定原则,要求合理解释法律,禁止类推适用刑法。因为类推适用刑法是在没有刑法明文规定的情况下,比照最相类似的条文定罪处罚,这既违背民主主义的要求,又有侵犯人民人权的危险,因此罪刑法定禁止类推适用刑法(注意:为了更好地保障人权,刑法理论允许有利于被告人的类推解释)。作为罪刑法定原则另一重要内容的成文的罪刑法定要求刑法渊源只能是最高立法机关依法制定的刑事成文实体法律规范,其他法律性文件不能创设刑法罚则。例如,行政法规与规章、习惯或者习惯法、判例都不能成为刑法的渊源。就习惯法而言,其内容具有不确定性和不稳定性,因此不能作为刑法渊源。第③句错误。

事前的罪刑法定也是罪刑法定原则的重要内容之一。为了保障人民的自由和人权以及尊重人民的预测可能性,只有根据事先颁布生效的法律规定,才能对相关违法行为定罪处罚,即刑法禁止溯及既往。但是,为了更好地保障人民的自由和人权,刑法只是禁止不利于被告人的溯及既往,而允许有利于被告人的溯及既往(从旧兼从轻原则表明了这一点)。第④句正确。

据此,第①②③句是错误的,第④句是正确的。故C项正确。

15.罪刑法定的基本内容[D]

[解析]《刑法》第3条明文规定了罪刑法定原则,其经典表述是:"法无明文规定不为罪,法无明文规定不处罚"。罪刑法定原则的具体要求如下:(1)溯及既往的禁止,即事前的罪刑法定。犯罪及其刑罚必须在行为前预先规定,刑法不得对其公布、施行前的行为进行追溯适用。(2)排斥习惯法,即成文的罪刑法定。犯罪与刑罚必须由立法者通过特定程序以文字的形式记载下来,刑事司法应以成文法为准,而不能适用习惯法。(3)合理解释刑法,禁止类推解释,即严格的罪刑法定。类推解释是对事先在法律上没有规定予以处罚的行为进行处罚,属于司法恣意对国民的行为进行压制,这是不被允许的。(4)刑罚法规的适当,即确定的罪刑法定,包括刑罚的明确性、禁止处罚不当罚的行为、禁止不确定刑三方面内容。题干的空格应填:事前、成文、严格、确定。故D项正确。

考点3 刑法的适用范围(效力)

16.司法解释的时间效力[B]

[解析]《关于适用刑事司法解释时间效力问题的规定》规定:(1)司法解释是最高人民法院和最高人民检察院对具体应用法律问题所作的具有法律效力的解释,效力适用于法律的施行期间。(2)对于司法解释实施前发生的行为,行为时没有相关司法解释,司法解释施行后尚未处理或者正在处理的案件,依照司法解释的规定办理。(3)对于新的司法解释实施前发生的行为,行为时已有相关司法解释,依照行为时的司法解释办理,但适用新的司法解释对犯罪嫌疑人、被告人有利的,适用新的司法解释。(4)对于在司法解释施行前已办结的案件,按照当时的法律和司法解释,认定事实和适用法律没有错误的,不再变动。

由此可知,司法解释只是对刑法条文的说明,其时间效力也与刑法不完全一样,并不是必须适用从旧兼从轻原则。故A项错误。根据上述(2)可知,B项正确。根据上述(3)可知,此时应适用从旧兼从轻原则。故C项错误。就时间效力问题的案件,都是对未审结的案件而言的。故D项错误。

17.刑法的时间效力[C]

[解析]《刑法修正案(八)》删除了"犯罪后自首又有重大立功表现的,应当减轻或者免除处罚"的规定。《关于〈中华人民共和国刑法修正案(八)〉时间

效力问题的解释》第5条规定:"2011年4月30日以前犯罪,犯罪后自首又有重大立功表现的,适用修正前刑法第六十八条第二款的规定。"按照从旧兼从轻的原则,适用修正前的刑法条文,即应当减轻或者免除处罚。故A项正确。

拒不支付劳动报酬罪是《刑法修正案(八)》新增的罪名,如果是在2011年4月30日前拒不支付劳动者劳动报酬的,适用修正前的法律,不能认定为犯罪;但在《刑法修正案(八)》生效后以转移财产方式拒不支付劳动者劳动报酬的,属于在新法生效后实施犯罪行为的情形,理应适用修正后的刑法条文,依法追究刑事责任。故B项正确。

组织出卖人体器官罪是《刑法修正案(八)》新增的罪名,如果是在2011年4月30日前组织出卖人体器官的,按照从旧兼从轻的原则,不能适用修正后的刑法条文,不能以新增罪名组织出卖人体器官罪定罪处罚。故C项错误。

《刑法修正案(八)》将"扒窃"规定为盗窃罪的一种独立的行为方式,其成立犯罪的标准不要求扒窃到数额较大的财物。但是,按照修正前的刑法规定,成立盗窃罪要求盗窃数额较大的财物或者多次盗窃财物。因此,2011年4月30日前扒窃财物数额未达到较大标准的,不得以盗窃罪论处。故D项正确。

18.属地管辖;属人管辖;保护管辖;普遍管辖[ABD]

[解析]犯罪行为,从共同犯罪上分为实行行为、教唆行为和帮助行为。上述行为中,只要有一项发生在国内,全部犯罪行为均能适用中国刑法。A项中,甲在国外教唆陈某到中国境内实施绑架行为,虽然教唆行为在国外,但实行行为在国内,我国刑法有管辖权。故A项正确。

属地管辖中的"地",包括悬挂我国国旗的航空器与船舶,但不包括国际列车、国际长途汽车。B项中,犯罪发生地在外国,行为人和被害人也是外国人,所以不属于我国管辖。故B项正确。

《刑法》第9条规定:"对于中华人民共和国缔结或者参加的国际条约所规定的罪行,中华人民共和国在所承担条约义务的范围内行使刑事管辖权的,适用本法。"该条规定了普遍管辖原则。根据普遍管辖,适用我国刑法的条件是:(1)必须是危害人类共同利益的犯罪,如劫持航空器、跨国贩毒、跨国拐卖人口、海盗、种族灭绝、洗钱、恐怖活动等;(2)我国缔结或参加了公约;(3)我国刑法将这种行为也规定为犯罪;(4)犯罪人出现在我国领域内。C项中,丙实施的是劫持航空器的行为,可以适用普遍管辖,但对其定罪量刑的依据应当是我国刑法,而非我国缔结或参加的国际条约。故C项错误。**【特别提醒】**根据普遍管辖原

则审理的案件,具体适用法律时,适用的是我国刑法,而非已缔结或参加的国际条约。

《刑法》第 8 条规定:"外国人在中华人民共和国领域外对中华人民共和国国家或者公民犯罪,而按本法规定的最低刑为三年以上有期徒刑的,可以适用本法,但是按照犯罪地的法律不受处罚的除外。"该条规定了保护管辖原则。根据保护管辖,适用我国刑法的条件是:(1)针对我国国家或公民犯罪;(2)行为触犯的是重罪(最低刑在 3 年以上);(3)双重犯罪原则(犯罪地的法律也认为是犯罪)。D 项中,外国人丁在中国领域外对中国公民犯罪,且该罪的最低刑为 3 年以上有期徒刑,符合上述条件(1)和(2),但是没有交代是否符合双重犯罪原则。如果不符合双重犯罪原则,也不能适用中国刑法。故 D 项正确。

19.属地管辖[A]

[解析] 根据属地管辖,无论是中国人还是外国人,在中国境内犯罪,均适用中国刑法。但三种例外:(1)享有外交特权和豁免的外国人在中国境内犯罪,通过外交途径解决;(2)我国港澳台地区适用本地区刑法;(3)民族自治区省级人大根据本民族特点,针对刑法部分条文制定了变通或补充规定的,适用该规定。

本题中,外国商人甲在我国领域内犯重婚罪,根据属地管辖,应当适用我国刑法追究其刑事责任。故 A 项正确,C 项错误。

甲不享有外交特权和豁免,不能通过外交途径解决。故 B 项错误。

驱逐出境是我国刑法规定的一种附加刑,应当根据我国刑法判处驱逐出境后才能适用,而不能直接驱逐出境。故 D 项错误。

20.属地管辖[AC]

[解析] 我国的领域包括领土、领水、领空。悬挂我国国旗的航空器与船舶,不论停放何处,都属于我国领域。这是旗国主义的体现。

A 项,虽然外国人乘坐的是外国民航飞机,但是在进入中国领空后实施犯罪行为,应当根据属地管辖原则,适用我国刑法。故 A 项正确。

B 项,中国人乘坐的是外国船舶,不属于中国领域,公海也不属于中国领域。因此,该案无法根据属地管辖原则适用我国刑法。对于本案,应当根据属人管辖原则适用我国刑法。故 B 项错误。

C 项,外国人乘坐的是中国民航飞机,属于中国领域。因此,该案可以根据属地管辖原则适用我国刑法。故 C 项正确。

D 项,中国人在外国犯罪,应当根据属人管辖原则适用我国刑法,非属地管辖。故 D 项错误。

21.属地管辖;属人管辖[ABC]

[解析] 属地管辖原则之"地",既包括行为地,也包括结果地,二者只要具备其一即可。犯罪行为,从共同犯罪上分,包括实行行为、教唆行为和帮助行为;从犯罪形态上分,包括预备行为和实行行为。上述行为中,只要有一项发生在国内,其他相关行为即使发生在国外,也认为是在我国领域内犯罪,全部犯罪行为均能适用中国刑法。

A 项,因为实行行为在国内,即使教唆行为在国外,教唆行为也应适用我国刑法。故 A 项错误。

B 项,中国公民赵某从甲国贩卖毒品到乙国后回到中国。由于赵某的犯罪行为地不在中国境内,行为也没有危害中国的国家或者国民的利益,因此根据属地管辖和保护管辖,该案不能适用中国刑法。但是,一方面,赵某是中国人,在国外犯罪,根据属人管辖,我国刑法可以管辖;另一方面,贩卖毒品是危害人类的国际犯罪,根据普遍管辖,我国刑法也可以管辖。这是管辖权的竞合。因此,对该案能够适用中国刑法。故 B 项错误。

保护管辖原则,是指外国人在中国领域外对中国国家或者公民犯罪,而按本法规定的最低刑为 3 年以上有期徒刑的,可以适用中国刑法,但是按照犯罪地的法律不受处罚的除外。保护管辖针对的是外国人在外国对中国人犯罪。题干中的丙是在中国境内实施犯罪,应根据属地管辖来适用中国刑法。故 C 项错误。

根据属人管辖,我国普通公民在国外犯我国刑法规定的犯罪,原则上适用我国刑法;犯轻罪(最高刑在 3 年以下)的,可以不予追究刑事责任。"可以不予追究",意味着也可以追究。故 D 项正确。【**特别提醒**】我国国家工作人员和军人在国外犯罪,无论轻罪重罪,一律追究刑事责任。

专题二 犯罪构成

考点 4 构成要件要素的分类

22.构成要件要素的分类[D]

[解析] 传播淫秽物品罪中的"淫秽物品"属于行为对象,是客观的构成要件要素;其判断需要根据社会价值观念等才能确定,是规范的构成要件要素。故 A 项正确。

签订、履行合同失职被骗罪中的"签订、履行"是从正面、肯定的角度对该罪犯罪行为要素的规定,是积极的构成要件要素;其判断仅需法官的一般、自然、客观的认识即可,是记述的构成要件要素。故 B 项正确。

《刑法》第 266 条仅规定"诈骗公私财物,数额较大的"成立诈骗罪,虽然没有规定"被害人基于认识错误处分财产",但成立诈骗罪必须具备该要素(为了区别盗窃罪中"违背对方意志取得他人占有的财物"),是不成文的构成要件要素。故C项正确。

受贿罪中的"国家工作人员"是对主体身份的要求,是主体要素,是客观的构成要件要素(定罪身份属于客观的违法要素);国家工作人员是指依法从事公务的人,而是否属于从事公务需要结合法律、法规等进行判断,故属于规范的构成要件要素。故D项错误。

23.构成要件要素[ABCD]

[解析] 说明行为外部的、客观方面的要素为客观的构成要件要素,如行为、结果、行为对象等。"以暴力或者其他方法"属于客观的构成要件要素。故A项正确。

按照刑法理论,在解释构成要件要素和认定是否存在符合构成要件要素的事实时,如果只需法官的认识活动即可确定,该构成要件要素便是记述的构成要件要素。"他人"属于只需要法官的认识活动即可确定的构成要件要素,即记述的构成要件要素。故B项正确。

如果需要法官规范的、评价性的价值判断才能认定,这种构成要件要素就是规范的构成要件要素。"侮辱""诽谤"需要法官规范的、评价性的价值判断后才能够认定,故"侮辱""诽谤"属于规范的构成要件要素。故C项正确。

依据法定刑的刑种、刑度是否确定,将法定刑分为绝对确定的法定刑、相对确定的法定刑、浮动法定刑。绝对确定的法定刑是指条文中仅规定单一刑种和固定的刑度;相对确定的法定刑是指在条文中规定一定的刑种和刑度,并明确规定最高刑与最低刑;浮动法定刑是指法定刑的具体期限和具体数量并非确定,而是处于一种相对不确定的游移状态。"3年以下有期徒刑、拘役、管制或者剥夺政治权利"属于相对确定的法定刑。故D项正确。

24.构成要件要素的分类[ACD]

[解析] 对"贩卖"这一行为要素的理解以及判断客观事实是否符合"贩卖"这一要素的认定,只需要一般的认识活动与基本的对比判断就可以得出结论,司法者与社会上一般人的理解不会有所不同,故属于记述的构成要件要素。但对"淫秽物品"的理解以及判断客观事物是否属于"淫秽物品",需要司法者根据一定的社会价值观念判断,解释者和司法者可能因为价值观乃至社会文化心理的不同而得出不同的结论,故属于规范的构成要件要素。故A项正确。

对"毒品"的理解以及判断某一物品是否属于毒品,并不需要解释者或者司法者的价值规范评价,相反,根据一般的认识活动,或者基于毒品的基本属性就可以直接认定其是否属于毒品,不同的解释者或司法者就此不会得出不同结论,故"毒品"属于记述的构成要件要素。故B项错误。

对"妇女"的理解以及判断行为对象是否属于妇女,只需要一般的认识活动,所以"妇女"属于记述的构成要件要素。对"猥亵"的理解以及判断某具体行为是否属于猥亵行为,通过简单的认识活动难以确定,这需要解释者或者司法者根据社会价值观念、风俗习惯、行为人与被害人的关系等做出具体判断,不同的解释者或者司法者可能在解释结论上存在分歧,故"猥亵"属于规范的构成要件要素。故C项正确。

《刑法》第263条规定:"以暴力、胁迫或者其他方法抢劫公私财物的,处……"其中"以暴力、胁迫或其他方法抢劫公私财物的"是刑法条文明文规定的客观要素。但为了区分抢劫罪与故意毁坏财物罪或者其他犯罪,要求行为人行为时具有"非法占有目的",这一目的并非刑法条文明确规定,故属于"不成文的构成要件要素"。故D项正确。

考点5 危害行为

25.不作为犯的认定[CD]

[解析] A项,某个危险物制造了危险,若行为人对危险物负有监管义务,则行为人负有消除危险的作为义务。本题中甲对自己的金毛犬负有监管义务,金毛犬撕咬张某,甲却故意不制止,构成不作为的故意伤害罪。故A项错误。【特别提醒】张某的行为不符合被害人自陷风险。被害人自陷风险要求被害人已经认识到现实风险却仍自陷风险。张某认为抚摸该金毛犬不会有危险,未预料到会遭到金毛犬撕咬的危险。另外,可能有考生认为,抚摸陌生的宠物犬会存在被咬的风险这是常识,张某应当认识到这种危险。但是要注意,应当认识到可能的危险不等于已经认识到现实的危险。被害人自陷风险要求被害人已经认识到现实风险仍自陷风险。如果张某故意殴打金毛犬,被金毛犬咬伤,则属于张某已经认识到现实危险(打狗会被咬),属于自陷风险,应风险自担。

B项与A项类似,乙对售出的不合格药品负有召回义务,乙故意不履行该义务,导致一名患者死亡的结果,构成不作为犯罪(销售劣药罪)。故B项错误。

C项,自己的先行行为对法益创设了危险,则行为人附有消除危险的作为义务。本题中,丙的先行行为(过失行为)对法益创设了危险,则其负有消除危险的义务;丙故意不消除,酿成火灾,构成不作为的放火罪。故C项正确。

D项,基于自愿救助的行为,可以产生的保护义务。这是指某项法益处于危险境地时,行为人自愿救助,使法益的保护依赖于行为人时(形成依赖关系),行为人就有继续保护的义务。本题中,丁对弃婴实施

刑法 [答案详解]

了自愿救助行为,弃婴对丁产生了依赖关系,因此丁负有继续救助婴儿的义务。丁不履行该义务,则构成不作为犯罪(遗弃罪)。注意遗弃罪的行为主体不限于家庭成员,其他负有救助义务的人也可以构成遗弃罪。故D项正确。【特别提醒】有些考生认为,菜市场门口人多,丁将婴儿放置于此是出于让好心人将婴儿抱走,并没有制造风险。这种认识是错误的,菜市场虽然人多,能够避免婴儿因无人发现而发生危险,但是捡走婴儿的人的身份、动机也是不确定的,可能是善良的人,也可能是不法分子,因此对婴儿是有危险的,丁的行为实际上将婴儿置于危险境地。因此,丁构成遗弃罪。【总结】产生作为义务的条件:(1)实施了自愿救助行为;(2)法益对象对该行为产生了依赖关系。

26.不作为犯的认定[ABCD]

[解析] A项,玩忽职守罪,是指国家机关工作人员玩忽职守,致使公共财产、国家和人民利益遭受重大损失的行为。与滥用职权罪相比,滥用职权罪是故意犯罪,而玩忽职守罪是过失犯罪。警察李某出于过失而没有履行作为义务,因此构成玩忽职守罪。故A项正确。

B项,基于特定关系,父母对年幼的孩子有抚养义务。吴某外出十日,将年幼的孩子留在家中,使其处于危险状态;当孩子处于危险状态时,吴某对孩子有法律上的救助义务,不履行该救助义务的,成立不作为的故意杀人罪。故B项正确。

C项,先行行为会产生作为义务。行为人自己的先行行为对他人的法益创设了危险,那么行为人就有消除危险的义务。赵某故意引起钱某癫痫发作,给钱某制造了危险,这一先行行为产生了救助义务。赵某能够救助而故意不救助,导致钱某死亡,构成不作为的故意杀人罪。故C项正确。

D项,根据上述先行行为的理论,孙某不慎撞伤金某,给金某制造了危险,这一先行行为产生了救助义务。孙某能够救助而故意不救助,主观上具有放任被害人死亡的犯罪故意,客观上导致被害人因无法得到救助而死亡的结果,符合《关于审理交通肇事刑事案件具体应用法律若干问题的解释》第6条的规定,其行为已经构成故意杀人罪(不作为犯)。故D项正确。【陷阱点拨】这里比较容易造成判断错误的是孙某构成的是作为还是不作为犯罪,基本的判断标准是:作为是指积极地制造危险,制造类型性、紧迫性危险;不作为是指消极地不消除危险,即有消除危险的义务,却消极地不履行该义务。不能认为将金某拖到隐蔽的山洞,就认为孙某是作为犯罪,这并不是积极地制造危险,如果是将金某扔下山崖,则构成作为犯罪。

27.不作为犯;共犯的本质;帮助毁灭证据罪[ABD]

[解析] 乙作为妻子,对陷入精神病状态的丈夫甲具有监护义务,由此对甲的危险行为具有阻止义务。乙的不作为促进了甲的杀人行为,因此构成故意杀人罪的不作为的帮助犯。此时,甲是故意杀人罪的实行犯。二人在违法阶层构成共同犯罪,违法是连带的。虽然甲与乙没有意思联络,但乙对甲有帮助的意思,因此,乙构成片面的帮助犯。在责任阶层,责任是个别的,谴责谁、不谴责谁应分别进行。由于甲在杀人时丧失责任能力,故不负刑事责任。乙具有责任能力,应负刑事责任,构成故意杀人罪的不作为的片面的帮助犯。故A项正确。

成立不作为犯,要求如果作为了,结果具有避免发生的可能性。如果作为了,结果仍会发生,则没必要惩罚不作为,此时不作为与结果的发生没有因果关系,并且不构成不作为犯。但是,这种论述是就单独犯罪而言的。从单独犯罪而言,如果乙履行了救助义务,父母仍然会死,则乙的不作为的确与死亡结果没有因果关系,并且也不构成不作为犯。但是,乙不是单独犯罪,而是与甲构成共同犯罪,是帮助犯,通过不作为促进了结果的发生,起到了促进作用。基于此,乙的帮助行为与甲制造的违法结果具有连带性,甲制造的结果也要归属到乙的头上,乙的不作为与结果具有间接的因果性。故B项正确。

帮助毁灭证据罪要求帮助毁灭的是他人的犯罪证据,如果毁灭的是自己的犯罪证据或与自己共同犯罪的同案犯的证据,则由于不具有期待可能性,不构成帮助毁灭证据罪。由于甲、乙构成违法阶层的共同犯罪,因此,乙不构成帮助毁灭证据罪。故C项错误,D项正确。

28.不作为犯罪[D]

[解析] 对于不真正不作为犯而言,作为义务的来源多样化,所有的作为义务不可能都有法律的明文规定,先行行为属于作为义务的来源之一,但法律并没有明文规定。故A项错误。

不作为危害行为的成立,既要求行为人有防止危险现实化的义务,还要求有作为的可能性。法律不能强人所难,成立不作为,必须以行为人具有作为可能性为前提。故B项错误。

不真正不作为犯不都是行为犯。如以犯罪既遂是否需要结果的发生来区分行为犯与结果犯,则故意杀人罪属于结果犯,行为人以不作为的方式触犯故意杀人罪时,该不真正不作为犯就属于结果犯。如以结果是否属于构成要件要素来区分行为犯与结果犯,则玩忽职守罪属于结果犯,行为人以不作为的方式触犯玩忽职守罪时,该不真正不作为犯就属于结果犯,危害结果属于该不真正不作为犯的构成要件要素。故C

项错误。

危害公共安全罪、侵犯公民人身权利罪和侵犯财产罪中均存在不作为犯。如在危害公共安全罪中,有不报、谎报安全事故罪以及不作为的放火罪、爆炸罪等不作为犯;在侵犯公民人身权利罪中,有遗弃罪、不作为的故意杀人罪等不作为犯;在侵犯财产罪中,有拒不支付劳动报酬罪、不作为的诈骗罪等不作为犯。故 D 项正确。

29.不作为犯罪[ACD]

[解析] 不作为是相对于作为而言的,是指行为人负有实施某种积极行为的特定的法律义务,并且能够实行而不实行的行为。可以概括为六个字:应为、能为、不为。所谓应为主要是指不作为犯罪的义务来源,主要包括以下几个方面:(1)法律明文规定的积极作为义务;(2)职业或者业务要求的作为义务;(3)法律行为引起的积极作为义务;(4)先行行为引起的积极作为义务。需要注意的是,仅仅是道德上的义务不能成为不作为犯罪的义务来源。

甲对于年幼的孩子有救助的义务,救生员乙由于其职业的要求同样具有救助的义务,能救助而故意不救助,因此甲、乙均成立不作为犯罪。故 A 项正确。

只要婚姻关系仍旧存在,即便是在离婚诉讼期间,丈夫在法律上也负有救助妻子的义务。在主观上,对于不救助落水的妻子将会产生何种后果,丈夫存在认识,却放任该结果的发生。丈夫误认为自己没有义务救助落水的妻子,属于违法性认识错误,即误以为自己不救离婚诉讼期间的妻子是不违法的。该违法性认识错误并非不可避免,因而不影响丈夫犯罪故意的成立,故对妻子的死亡,丈夫应成立故意的不作为犯罪。故 B 项错误。

甲对母亲有救助的义务,并且在当时的情况下甲有能力救助而没有及时救助母亲,因此构成不作为犯罪。故 C 项正确。

甲故意往乙的咖啡中投毒,希望毒死乙的结果发生,属于作为的犯罪。由于甲往乙的咖啡中投毒的行为存在危险,因而甲在丙喝乙的咖啡时具有阻止的义务,但是甲并未阻止,致使丙死亡结果的发生,属于不作为犯罪。故 D 项正确。

30.不作为犯罪;作为义务[C]

[解析] 不作为,是指行为人在能够履行自己应尽义务的情况下不履行该义务。行为人有作为义务是成立不作为犯罪的前提条件。具体来讲,作为义务包括以下几种:(1)法律、法规明文规定的义务。(2)职务或业务要求的义务。(3)法律行为引起的义务。(4)先行行为引起的义务。

小偷入院盗窃虽然属于不法侵害行为,但其生命权仍属于法律保护的利益。甲是藏獒的主人,在法律上有管理藏獒的义务。甲在藏獒咬人的情况下未制止,已构成不作为的故意杀人罪。故 A 项正确,不当选。

乙实施杀人行为在先,实施救助行为在后,因未坚持救助最终致使丙死亡。乙实施的犯罪行为引起救助义务,之后不救助的行为也属于杀人行为。但从甲的行为看,其劝阻乙救助丙的行为使乙放弃了对丙的救助,并导致丙死亡,乙是否有刑法上的作为义务并不影响其行为的性质和社会危害性,甲的行为已构成不作为犯罪的教唆犯。故 B 项正确,不当选。

甲看见儿子乙掐住丙的脖子但未予理会,甲在法律上有监护儿子的义务,其未及时阻止乙导致丙死亡结果的发生,甲已构成不作为犯罪。故 C 项错误,当选。

甲对于乙没有刑法上的作为义务,其找来绳子救人的行为也未剥夺其他人救助乙的机会,因此甲后来放弃救助的行为不构成犯罪。故 D 项正确,不当选。

31.危害行为[C]

[解析] 刑法上的危害行为,是指在行为人意志支配下的危害社会并被刑法所禁止的身体活动。作为的危害行为则是指行为人以积极的身体活动实施某种被刑法所禁止的危害行为。刑法禁止的危害行为(实行行为)必须具有法益侵犯的紧迫、现实危险性,而且还必须是社会生活不允许的行为。甲女赠送男友乙旱冰鞋的行为属于社会生活中的正常行为,不可能成为法律上所禁止的行为,且从社会大众的立场上看,该行为也不具有社会危害性。因此,甲女的行为不属于作为的危害行为。故 A 项错误。

既然甲女的行为不属于刑法上的危害行为,那么,甲女的行为与乙重伤之间也就不存在刑法上的因果关系。实际上,乙重伤的结果是乙自己在运动时不小心导致的,该结果应该由乙自己承担。故 B 项错误。

尽管甲女在赠送乙旱冰鞋时企盼乙运动时摔伤,具有伤害乙的故意,但是甲女并没有实施伤害乙的危害行为,因此,不构成故意伤害罪。故 C 项正确。

无论故意犯罪还是过失犯罪,都要求行为人实施法律所禁止的危害行为。甲女没有实施法律禁止的危害行为,因此,甲女既不成立故意犯罪,也不成立过失犯罪。故 D 项错误。

32.不作为犯罪的认定[BD]

[解析] 甲救人前并无救人义务,如不施救并不构成犯罪,但如救人后又将其推入水中,则乙的死亡与甲的推人下河行为有因果关系,且其行为为作为,应按故意杀人罪论处。故 A 项错误。

成年兄妹之间、夫妻之间没有监管关系。丈夫对妻子(税务局副局长)的滥用职权、贪污受贿等行为没有阻止的义务。如果不阻止,不构成这些罪的不作为的帮助犯。故B项正确。

甲意外将6岁幼童撞入河中。甲欲施救,乙劝阻,甲便未救助,致幼童溺亡。甲构成不作为犯,但正是因为乙的教唆行为导致幼童的死亡,乙虽然不是直接正犯,但对其也应按照教唆犯处理。故C项错误。

甲将婴儿弃之于菜市场,因其不作为行为导致婴儿冻死,构成不作为犯罪,应当按照遗弃罪论处。故D项正确。

33.不作为犯罪中作为义务来源的判断[C]

[解析] 不作为犯的成立条件:(1)应为,即负有防止法益侵害发生的作为义务。当前刑法理论认为,不作为犯罪中作为义务来源有三:一是基于对危险源的支配产生的监督义务;二是基于与法益的无助(脆弱)状态的特殊关系产生的保护义务;三是基于对法益的危险发生领域的支配产生的阻止义务。(2)能为,即有履行义务的能力。(3)不为,即在危害结果有避免可能性时,因行为人不为而发生结果。如果危害结果必然发生、不可避免,则不成立不作为犯罪。(4)等价,即不作为的危害性与作为犯的危害性相当。该项条件既有判断罪与非罪的功能,也有判断此罪与彼罪的功能。考生运用该理论分析具体案件时应明确行为人是否负有作为义务,从而判断其是否成立不作为犯罪。

武某游泳时腿抽筋,面临生命危险。此时,尽管甲是唯一在场的人,但甲既不是该危险的危险源,也与武某之间不存在保护人的特定关系,更非该游泳场所的管理者。因此,甲对武某没有救助义务。甲不救助的行为不成立不作为犯罪。故A项不当选。

周某的自杀属于其自身选择的结果,乙没有呼救、阻止或者救助的义务。一方面,周某的自杀并非乙的行为直接导致,所以乙并不处于危险源的支配地位。另一方面,乙与周某之间也不存在保障人地位的特定关系;否则,面对他人以自杀相威胁而提出非法要求而不予理睬的行为可能被认定为犯罪,这种结论明显背离了基本的社会情理。乙不予救助的行为不成立不作为犯罪。故B项不当选。

丙对贺某具有救助义务,其义务来源并非相约去水库游泳,而是丙将不善于游泳的贺某拉到深水区教其游泳这一行为。因此丙对该危险处于危险源支配地位,具有防止该危险现实化的义务。丙能救助贺某而不予救助,最终造成贺某死亡,丙的行为成立不作为犯罪。故C项当选。

丁对秦某没有救助义务。成年人之间相约外出游玩,应当各自注意安全,彼此之间不存在保障人的特定关系;而且只要不是彼此行为直接导致法益侵犯

的危险,相互之间并不具有危险源支配地位。因此丁对于秦某遇到的危险并无救助义务,其不予救助的行为不成立不作为犯罪。故D项不当选。

34.不作为犯罪[ACD]

[解析] 基于对危险源的支配会产生对危险物的管理义务。宠物饲养人对宠物造成的危险负有制止的义务,可成立不作为犯罪。故A项正确。

一般公民对发现的火灾,没有刑法意义上的报警义务,不成立不作为犯罪。故B项错误。

父母是未成年子女的监护人,对其造成的危险负有制止义务,可成立不作为犯罪。故C项正确。

我国的法律并未规定荒山狩猎人有救助义务,弃婴非狩猎人抛弃,风险非其制造,弃婴与狩猎人之间无特殊关系,没有保护义务,不成立不作为犯罪。故D项正确。

35.不作为犯罪的成立条件[BCD]

[解析] 不作为是相对于作为而言的,是指行为人负有实施某种积极行为的特定法律义务,并且能够实行而不实行的行为。不作为的行为构成犯罪必须具备三个条件:首先,负有法定的义务(义务来源:法律的明文规定;职务上、业务上的要求;先前行为引起的;法律行为引起的);其次,能履行而不履行;最后,不作为的行为造成或可能造成严重的后果。

甲没有立即将乙送往医院而是逃往外地,医院证明,即使将乙送往医院,乙也不可能得到救治。说明甲不救的行为并不是乙死亡的原因,不作为与死亡结果之间没有因果关系,甲可能成立过失致人死亡罪或重大责任事故罪,但不构成不作为犯罪。故A项错误。

《刑法》第345条规定了盗伐林木罪,但法条没有规定发生死亡结果的结果加重犯,也没规定成立新的重罪,如果还是只认定盗伐林木罪一罪,明显罪刑不相适应。甲的盗伐林木行为砸中他人产生了救助义务,"明知不立即救治将致人死亡,仍有意不救"的表述意味着具有回避死亡结果的可能性,在具有救助义务且可能履行义务的情况下不作为,导致死亡结果发生,侵犯了新的法益,成立新的不作为犯罪,与先前盗伐林木的行为数罪并罚。故B项正确。

甲带邻居小孩出门,应认定为接受暂时监护,对于小孩有救助的义务。尽管掉入粪塘是小孩的行为造成的,但甲此时基于监护人的地位应该给予救助,其有能力救助而不救助的行为构成不作为犯罪。故C项正确。

甲乱扔烟头的先前行为导致了危险的产生,负有因先前行为而产生的扑救义务,甲能够扑救而不扑救,迅速逃离现场,导致火势蔓延,财产损失巨大,构成不作为犯罪。故D项正确。

考点 6 危害结果

36. 危害结果;抽象危险犯;结果加重犯[C]

[解析] 法益侵害事实包含:危害结果与危险。危害结果,也称侵害结果、实害结果,是指行为对法益造成的现实侵害事实。危险,是指行为对法益造成的现实危险状态。其中危险又包括抽象危险与具体危险:(1)抽象危险,指对法益的威胁仅达到抽象缓和程度的危险。(2)具体危险,指对法益的威胁达到具体现实程度的危险。

危害结果并不是所有具体犯罪的构成要件要素,即不是所有具体犯罪的成立条件。例如,故意杀人罪的成立并不要求有危害结果,只是故意杀人罪的既遂要求有危害结果。但所有的过失犯罪的成立都要求有危害结果。故 A 项错误。

抽象危险与危害结果是两种不同的法益侵害事实。故 B 项错误。

结果加重犯强调必须是为了实施基本犯罪行为而造成了加重结果,基本犯罪与加重结果之间具有较为直接的因果关系。C 项中,行为人是为了"抢劫"(获取财物)而将被害人杀害,基本犯罪行为与加重结果之间存在直接的因果关系,并且《刑法》第263条对该加重结果规定了加重刑,当然成立结果加重犯。故 C 项正确。

诈骗行为与财产损失有直接因果关系,但与被害人的自杀身亡没有直接因果关系,被害人"自杀"而死亡的后果应归责于被害人本人。并且,刑法条文也没有将"致使被害人死亡"作为诈骗罪的法定刑升格条件。故 D 项错误。

37. 危害结果[A]

[解析] 危害结果是危害行为给刑法所保护的社会关系造成的具体侵害事实。

甲男(25岁)在孙某(13岁)的同意下与其发生了性关系,因不满14周岁的幼女身心发育尚不成熟,缺乏辨别和反抗能力,没有性承诺能力,其承诺无效,甲与乙发生性行为,就侵犯了强奸罪的保护法益,所以必然造成了危害结果。故 A 项错误。

《刑法》第129条规定:"依法配备公务用枪的人员,丢失枪支不及时报告,造成严重后果的,处3年以下有期徒刑或者拘役。"丢失枪支不报罪条文规定的"造成严重后果"属于客观的超过要素,是为了限制处罚范围,并不属于该罪构成要件意义上的"危害后果"。这里的"造成严重后果"是指他人捡拾枪支之后实施了其他犯罪或者造成其他严重后果。清洁工王某捡拾之后立即上交,当然没有"造成严重后果"。故 B 项正确。

《刑法》第262条规定,拐骗不满14周岁的未成年人,脱离家庭或者监护人,处5年以下有期徒刑或者拘役。拐骗儿童罪的法益是儿童在本来生活场所的生活状态或者监护人对儿童的监护状态。丙诱骗5岁儿童离开福利院,已经侵犯该法益,故该行为造成了危害后果,至于儿童之后的生活状态等不影响犯罪的成立。故 C 项正确。

《刑法》第196条规定:"有下列情形之一,进行信用卡诈骗活动,数额较大的,处5年以下有期徒刑或者拘役,并处2万元以上20万元以下罚金;……(四)恶意透支的。前款所称恶意透支,是指持卡人以非法占有为目的,超过规定限额或者规定期限透支,并且经发卡银行催收后仍不归还的行为。"据此,信用卡诈骗罪的法益是金融管理秩序以及他人财产。对于行为人恶意透支的情形,只有经过发卡银行的2次有效催收,3个月内不归还的,才能认定侵犯了信用卡诈骗罪的法益,造成了危害后果。之所以做这种要求,是因为信用卡本身允许透支,即使主观上恶意透支,但经发卡银行有效催收后立即归还,就不可能侵犯该罪法益,也就没有造成危害后果。故 D 项正确。

考点 7 因果关系

38. 因果关系;客观归责[ABCD]

[解析] 骗取贷款罪,是指没有非法占有目的(具有归还意思),采取欺骗手段获取贷款,因为客观原因没有归还(非主观不愿归还),给银行造成重大损失的行为。甲虽然伪造材料骗取了贷款,但是主观上并非不愿归还,而是因为客观原因即经营失败才未能归还,因此甲构成骗取贷款罪。给银行造成重大损失的原因是甲经营失败,二者之间具有因果关系,而伪造材料行为与银行重大损失之间没有因果关系。故 A 项正确。

乙正在自我救助,甲阻断乙的救助行为,给乙创设了新的溺亡危险,该危险现实化为死亡结果,因此该死亡结果能够归因于甲的阻断行为,二者具有刑法上的因果关系。故 B 项正确。

甲、乙两人互不知情,各自行为单独都不能导致危害结果的发生,但均会起到重要作用,叠加在一起,同时发挥作用,共同导致结果发生,两个行为都与结果有因果关系,属于二因一果。故 C 项正确。

丙的死亡系甲的投毒行为所致,乙虽然发现甲投了毒,并且也希望丙喝了毒水而死亡,但是乙自始至终没有实施刑法所禁止的实害行为,也不具有阻止丙喝下毒水的作为义务,丙的死亡与乙没有因果关系。故 D 项正确。【特别提醒】因果关系的考察只能基于现实,而不能基于假设。不能想当然地认为如果没有甲的行为,乙就会投毒,从而导致丙死亡。

39. 因果关系[A]

[解析] 甲高空抛物,对楼下路过的彭某制造了危险,该危险现实化为死亡结果,因此甲的行为与彭

某的死亡有因果关系。故 A 项正确。【特别提醒】实害结果发生的概率大小，讨论的是一种假设的、可能的情形。因果关系讨论的结果是指现实发生的结果，而非假设的结果，只要危险现实化为死亡结果，就应认定因果关系，这种结果发生的概率大小不影响因果关系的认定。

刑法上因果关系的"因"必须是危害行为，要求行为对法益制造了现实危险。本题中，乙单纯实施了偏离原定路线的行为，该行为不是刑法上的危害行为，不会给乘客的人身造成危险，因此，乙偏离原定路线的行为与小丽的重伤没有因果关系。故 B 项错误。【思路拓展】从安全保障义务的角度来分析：本题中乙偏离原定路线，小丽误以为乙要实施加害行为，为躲避而跳车。乙身为司机，负有保障乘客乘车安全的义务，当小丽做出这一系列行为时，乙应当采取消除危险的措施，如语言阻止、减速、安全停靠等。乙如果不采取这些消除危险的措施，则属于不作为。但最终是否构成不作为犯罪，还需要进一步考察客观要件（作为可能性、结果避免可能性、等价性）和主观要件（是故意、过失，还是无法预见的意外事件）。

C 项的难点在于被害人自陷风险的判断。陆某是自行进入火场被烧死，所以陆某属于自陷风险；但是，虽然陆某对危险有认识能力，但对贵重物品缺乏自由的控制能力、避免能力，因为对于贵重物品，法律不能期待人们坐视不管、不予抢救以遭受火灾危险。因此，陆某的死亡应归因于丙的放火行为。故 C 项错误。【总结提示】解答"甲对乙家放火，救援者被烧死（伤）"一类的题型，不看救援者的身份，只看被救对象的性质：救人或抢救贵重物品，放火者责任；抢救普通物品，救援者自己责任（自陷风险）。原因：对于生命、贵重物品等法益，法律不能期待人们坐视不管。【思路拓展】本题用介入因理论也能作答：陆某为抢救自己的贵重物品而进入火场，可以认为不异常，因此该介入因素导致的结果应归因于放火行为。但是，如果是第三人进入火场抢救他人贵重物品，则难以判断其行为属于异常还是不异常，应该用上述"总结提示"中的结论分析作答。

D 项应从以下两个方面进行分析：（1）盗窃行为只对郑某的财物制造危险，没有对郑某的生命制造危险，郑某的死亡不是丁的盗窃行为的危险实现的。（2）盗窃罪只能保护财产法益，不能保护生命法益。郑某的死亡结果不是盗窃罪保护范围内的法益。因此，丁的盗窃行为与郑某的死亡没有因果关系。故 D 项错误。【特别提醒】有人认为，没有丁的盗窃行为，则郑某不会自杀身亡，因此郑某的死亡与丁的盗窃行为有因果关系。这种推理根据是条件说，即"无 A 则无 B，那么 A 即 B 因"。条件说用必要条件来认定因

果关系，不当扩大了因果关系的认定范围，不能成为刑法上的因果关系的认定依据。

40.因果关系[C]

[解析] 刑法上的因果关系是指"危害行为"与损害结果之间的因果关系。甲在自己的车道上正常驾驶车辆的行为属于日常生活行为，并不属于危害行为。最终两车相撞的结果是由于乙突然从旁边车道挤过来的行为导致。乙的这一介入行为对于甲的正常驾驶行为来说是异常的、出乎意料的，可以中断甲的行为与重伤结果之间的因果关系。因此，甲正常驾驶车辆的行为与乙之间的重伤结果之间不具有相当因果关系。故 A 项错误。

甲实施了刑法所禁止的殴打行为，将乙打昏在沙滩上，导致乙昏倒时面朝沙滩。乙之后因面朝沙滩吸入沙子窒息而亡，这属于正常的因果流程，介入的因素（吸入沙子导致窒息）也不异常，因此甲的行为与乙的死亡结果之间存在因果关系。从因果关系错误的角度来看，本案符合因果关系错误中的"事前的故意"，即行为人误以为第一个行为已经造成结果，出于其他目的实施第二个行为，实际上是第二个行为才导致预期的结果的情况。此种情形下，虽然因果关系存在错误，但这种错误是正常范围内的错误，而不是异常的错误，不中断前行为与死亡结果之间的因果关系。因此，甲的行为与乙的死亡结果之间仍然存在刑法上的因果关系，甲成立故意杀人罪既遂。故 B 项错误。

在不作为犯的情况下，行为人没有履行特定的法律义务，因而造成危害结果的发生，作为义务之不履行与危害结果之间存在"若无前者，即无后者"的条件关系，从法律上来说，存在因果关系。该选项中，邻居奶奶受甲的委托照看小甲，因此其对小甲具有监管、照顾的义务。在小甲准备从高处跳下来时，邻居奶奶对于小甲的这一危险行为具有阻止的义务。邻居奶奶能阻止而不阻止的行为与小甲摔成重伤之间具有"若无前者，即无后者"的条件关系，存在因果关系。故 C 项正确。

甲、乙二人之间的吵架行为属于情侣之间日常中正常的交往行为，并没有创设刑法所禁止的危险。换言之，情侣之间的吵架行为属于日常生活行为，而非刑法上的危害行为。并且，乙在高速公路上从正在行驶的车上跳出，属于异常行为。因此乙因跳车摔成重伤与甲的行为之间不具有因果关系。故 D 项错误。

41.因果关系[ABD]

[解析] 甲虽然醉酒驾驶，但并不是因其醉酒行为导致前面的车被撞。换言之，即便甲没有醉酒驾驶，乙超速驾驶也会撞伤车主。从这一意义上来看，甲的醉酒驾驶行为本身与重伤结果之间不存在因果

关系,是乙这一介入因素导致了危害结果的发生,这一因素独立地导致了受伤结果出现,因此甲的驾车行为和车主受伤结果之间没有因果关系。故 A 项正确。

乙的飙车行为是其自由意志选择的结果,并非甲的行为所导致,尤其是飙车所造成的事故是乙自身的行为造成的,与甲的行为没有关系,因此甲的飙车行为与丙的重伤结果之间没有因果关系。故 B 项正确。

谁支配风险,谁对结果承担责任。在"你追我逃"型的案件中,风险的支配权在追赶者手中。本案中,乙虽然是被抢夺的被害人,但同时,在乙追赶甲的过程中,风险完全由乙自己支配,乙自己造成了重伤结果的,应由乙责任自负。故 C 项错误。

因果关系强调的是事实层面行为与结果之间的因果关系,甲的过失推倒行为直接引起了行人乙受伤的结果,根据条件说,两者之间具有因果关系。故 D 项正确。

42.无法查明的案件;存在介入因素的案件;财产犯罪的因果关系;双重的因果关系[AC]

[解析] A 项,在因果关系的进程中,如果出现了介入因素,该介入因素能否中断前行为与结果之间的因果关系,关键取决于"介入因素"是否异常。如果介入因素是"异常的",说明其改变了原来的因果流向。相反,如果介入因素是前行为"正常"发展所致,是正常的,则不会中断前行为与危害结果之间的因果关系。甲将乙撞倒在马路上,乙受到二次撞击(丙的撞击)是正常的因素,并不异常。丙的行为不中断甲的行为与乙的死亡结果之间的因果关系,即甲的行为与乙的死亡结果之间存在因果关系。换言之,甲将乙撞倒在马路上,出现后续车辆再次撞击乙是正常的因素,是甲的行为自然、正常衍生出来的结果,甲需要对乙的死亡负责。无论乙是死于第一次还是第二次撞击行为,甲的行为与乙的死亡结果之间均存在因果关系。故 A 项正确。【思路拓展】另外需要注意的是,在无法查明死因的情形下,丙是否需要对乙的死亡承担责任?根据上述分析,乙的死因有两种可能:第一种可能是甲轧死的,甲要负责,丙不用负责。第二种可能是丙轧死的,丙要负责,甲仍要负责。由此,甲无论如何都要对此负责;而对丙应启动存疑有利于被告人原则,不让丙负责。

B 项,丙的出现属于异常的因素,甲的投毒行为通常并不会导致丙的出现。并且,丙的行为直接导致了被害人死亡结果的出现,即丙的行为对死亡结果的贡献率很高。因此,可以认为丙的行为中断了甲的行为与死亡结果之间的因果关系,甲的行为与乙的死亡结果之间没有刑法上的因果关系。甲构成故意杀人罪未遂,而非既遂;丙构成故意杀人罪既遂。故 B 项错误。

C 项,甲的诈骗行为没有让丙产生认识错误,但是让乙产生了认识错误,而乙将收到的"诈骗短信"转发给丙,这并不异常。因此,甲的诈骗行为与丙的财产被骗之间存在刑法上的因果关系。从诈骗罪的行为公式也可以作出判断:实施欺骗行为→使对方产生认识错误→对方基于认识错误而处分财物→行为人取得财物。本案中,甲的诈骗行为让乙产生认识错误,乙又让丙产生了认识错误,最终甲的诈骗行为间接地导致丙错误地处分了财物,符合上述诈骗罪的行为公式。故 C 项正确。

D 项,双重的因果关系,是指两个条件单独都能导致结果发生,相互没有意思联络,各自导致结果发生,两个因果关系竞合在一起。结论:两个条件与结果都有因果关系。本项中,条件一是甲投放的致命毒药,条件二是正常针剂和乙的特殊体质,二者单独都能导致乙死亡,不能因为条件二与死亡结果有因果关系就否定了条件一与死亡结果的因果关系,甲构成故意杀人罪既遂。故 D 项错误。

43.因果关系中"结果"的要求;存在特殊体质的案件;存在介入因素的案件[BC]

[解析] A 项,贾某醉酒驾驶构成危险驾驶罪。客观归责理论指出,只有当行为制造了不被法律所允许的危险,而且该危险是在符合构成要件的结果中实现(或在构成要件的保护范围内实现)时,才能将该结果归责于行为。刑法禁止醉酒开车这一规范的目的在于,醉酒状态下人的辨认、控制能力减弱而导致车辆失控,并非为了防止水泥地上的井盖被轧飞而砸中他人。换言之,即便没有醉酒驾驶,正常驾驶也会导致井盖被轧飞。从这一意义上看,醉酒驾驶行为本身与重伤结果之间不存在因果关系。故 A 项错误。

B 项,被害人存在特殊体质的案件分为两种情形:(1)当危害行为引发被害人疾病发作导致死亡,死亡结果与危害行为有因果关系;(2)危害行为没有引发被害人疾病发作,其他因素引发疾病发作导致死亡的,死亡结果与危害行为没有因果关系。本案中,甲实施了刑法所禁止的殴打行为,引发乙的疾病发作导致死亡,甲的行为与被害人乙的死亡结果之间存在因果关系。故 B 项正确。【陷阱点拨】或许有人认为,被害人的特殊体质是异常的因素,所以会中断前行为与死亡结果之间的因果关系。这种理解是错误的。一个脆弱的心脏病,面临严重的暴力殴打,心脏病发作当然不异常。换言之,如果甲明知乙有心脏病,基于杀人的故意来踢乙,甲的行为应成立故意杀人罪既遂,那么,甲的行为与乙的死亡结果之间仍然存在因果关系。甲主观上是否具有杀人的故意或过失,不影响客观上因果关系的判断。

C 项,甲、乙作为警察,押解犯罪嫌疑人丙的过程中,疏忽大意,存在失职行为,该失职行为给了丙可乘之机,导致丙脱逃。甲、乙的失职行为与丙的脱逃之间有因果关系。根据《刑法》第400条第2款,甲、乙构成失职致使在押人员脱逃罪。故C项正确。

D项,本案中的介入因素"偶遇丙驾驶车辆在道路上横冲直撞报复社会",属于异常的因素,会中断前行为与死亡结果之间的因果关系,故应认为甲的行为与被害人乙的死亡结果之间没有因果关系。故D项错误。

44.因果关系[ABCD]

[解析] 甲实施两个行为:第一个行为是以杀人故意将刘某打昏;第二个行为是毁尸灭迹,将刘某埋入雪沟导致其死亡,属于事前故意。通常情况下,应肯定第一个行为与结果之间的因果关系,且所发生的结果与行为人预期实现的结果是一致的,所以应认定为故意杀人罪既遂。故A项正确。

乙将李某撞倒在地,对李某制造了重大威胁,二者存在因果关系;后面的车辆扎过去,并非属于异常情形,且后面的车辆扎过去对死亡结果作用的大小无法查明,乙的行为与李某的死亡有因果关系。故B项正确。【特别提醒】一句话结论:连环碾轧案中,无法查明死因时,死亡结果算到第一辆车头上。

C项考查的是被害人自陷风险问题。本项中,王某自己吸食,因此王某作为被害人是危险的实行者,但是王某是未成年人,对毒品的危害性缺乏认识能力,故不能让其对危害结果负责,危害结果应归属于丙的行为。故C项正确。

丁开车撞向周某,严重威胁其生命安全,周某为躲避而跳河并不异常,是由先前行为引发的。因此,先前行为(丁的行为)应对介入因素(周某跳河)导致的结果负责,周某的死亡结果应归属于丁的行为。故D项正确。

45.因果关系的认定[C]

[解析] 按照刑法因果关系相关理论,当介入异常因素时会导致因果关系中断。所谓异常因素并不是先前行为合乎发展规律所引起的,而是偶然因素引起的。

乞丐取走王某财物的行为,并不是必然会发生的,属于他人的异常行为,其介入导致甲重伤行为与王某财产的损失之间的因果关系中断,甲无需对王某的财产损失负责。故A项错误。

乙纠集他人持凶器砍杀李某,实行行为本身导致李某死亡的危险性极大,李某被逼至江边无奈跳江,被害人的这一举止并不异常,是非异常的介入因素导致了李某的死亡。根据相当因果关系说,乙的行为与李某的死亡存在因果关系。故B项错误。

负有安全保障义务的交警指挥丙停车不当,已阻断丙不当停车行为与石某撞车身亡之间的因果关系,死亡结果应归于警察。故C项正确。

丁的敲诈勒索行为导致陈某实施汇款行为,进而造成财产损失,二者之间存在"没有A就没有B"的因果关系。至于陈某没有将3万元汇至丁的账户不影响因果关系的存在,仍然是丁的行为导致陈某财产损失,二者之间存在因果关系。故D项错误。

46.因果关系[D]

[解析] 因果关系是指危害行为与危害结果之间引起与被引起的关系。与向楼下扔其他物体可能砸中他人一样,甲跳楼自杀的行为也有可能砸中他人,进而侵犯法益;按照事实表现,甲果真砸死行人乙,该结果就是甲创造的危险的现实化,故甲跳楼的行为与乙的死亡之间存在因果关系。虽然从事前角度判断,甲跳楼砸中他人的概率较低,但从事后角度判断,甲跳楼的确砸中他人,并致使他人死亡,因此,事前低概率的判断不影响因果关系的判断。故A项错误。

因果关系具有客观性,行为结构具有特定性。对于集资诈骗罪因果关系的认定,只要出资人基于错误认识处分了财产即可,至于出资人基于何种动机处分财产不影响其被骗后作出处分财物的认定。因此,即使出资人出于贪利动机处分财产,非法集资行为与资金被骗结果之间也具有因果关系。故B项错误。

因果关系中的危害行为必须有导致危害结果的可能性,即危害行为创设的法益侵犯的危害得以现实化,才能肯定因果关系,这也是刑法规范保护目的的实现要求。甲驾车撞乙,制造了乙可能死亡的危险,乙最终因此而死亡,故甲撞乙的行为与乙的死亡之间存在因果关系。但是,甲的肇事行为没有创设乙的财产损失的法益侵犯危险,而第三人丙拿走乙的财物,属于异常介入因素独立导致乙的财产损失的情形。因此,甲的肇事行为与乙的财产损失之间没有因果关系。故C项错误。

因果关系理论中的条件说遵循"没有前者,就没有后者,前者就是后者的原因"这一逻辑公式。但在具备条件关系的前提下,能否将该结果归责于危害行为,还需要考察客观归属问题:结果是否是由某个由行为人所支配的、不容许的、具有风险性的因果流程所促成,即将无关的因果流程从刑法上的结果答责的范围剔除出去。例如,甲交通肇事,致使3人重伤,存在着"没有肇事行为,就没有交通事故,就不会有3人重伤"的条件说关系,故甲的行为与重伤结果之间存在条件关系。但甲的行为在事故发生中仅起次要作用,仅负次要责任,则意味着甲的行为对事故的发生并未起到决定性支配、控制作用,因此不能将事故归责于肇事行为。故D项正确。

47.因果关系[CD]

[解析] 刑法中的因果关系,研究的是犯罪嫌疑人的行为与法益被侵害的状态之间是否有因果关系,而不是是否犯罪。因为即使存在一定的行为,并且该行为引起了相应的结果,也不一定是犯罪。

丙的死亡与甲的驾车行为虽有因果关系,但是,甲因面部被烟头击中,仓促之间会产生一些本能反应,以致车辆失控撞死丙,既难以认定甲违反了交通运输管理法规,又难以认定甲对丙的死亡存在过失。据此,甲对丙的死亡不应承担刑事责任。此外,根据《关于审理交通肇事刑事案件具体应用法律若干问题的解释》的规定,只有甲负事故主要责任时,才能以交通肇事罪追究甲的刑事责任,而在本案中,应当认定乱扔烟头的行人乙对本起事故负主要责任,甲不负主要责任。据此,同样可以得出甲不对丙的死亡承担刑事责任的结论。故 A 项错误。

乙报警后因担心被杀而选择自杀,此并非甲的强奸行为所导致,且甲的威胁行为并没有现实的危险性,因此不存在因果关系。故 B 项错误。

甲将丙撞倒,致使丙处于危险境地(夜晚而且没有照明的路段),容易被后面车辆轧死。随后经过的乙未注意,驾车将丙轧死,属于正常的介入因素导致丙死亡,不会中断甲的行为与丙死亡之间的因果关系。因此,无论是甲将丙撞死,还是随后的乙将丙轧死,都要肯定甲的行为与丙的死亡之间的因果关系。故 C 项正确。

甲、乙等人因琐事与丙发生争执,选择在电梯口相互厮打的行为具有一定的危险性,虽然介入了电梯门非正常开启的因素,然而这一因素并不异常,根据相当因果关系理论,应当认定甲、乙等人的行为与丙的死亡之间有因果关系。故 D 项正确。

48.因果关系[D]

[解析] 按照我国通行的因果关系理论,在行为人的行为介入了第三者或被害人的行为而导致结果发生的场合,要判断某种结果是否为行为人的行为所造成时,应当考察行为人的行为导致结果发生的可能性的大小、介入因素的异常性大小以及介入因素对结果发生作用的大小。

警察将乙送医途中,因车辆故障致使乙长时间得不到救助,最终造成死亡结果,这一异常因素的介入导致甲的伤害行为与乙的死亡之间因果关系的中断,甲的行为与乙的死亡之间没有因果关系。也就是说,正常情况下,警察的救助行为可以防止乙的死亡结果发生。但是车辆出现故障,阻断了救助行为,导致死亡结果发生。因此,乙的死亡结果应归属于这种阻断救助的事态,而不归属于前面甲的伤害行为。故 A 项错误。

甲虽然将丙撞成轻伤,但丙昏倒在路中央,甲对丙置之不理,这意味着甲将丙置于极为危险的境地;后来丙被随后开车经过此地的乙轧死,表明在当时的环境下,没有甲将丙置于危险境地的行为,就不会有丙被轧死的结果,故甲与丙的死亡之间存在因果关系。其中乙超速行驶来不及刹车的事实,只是表明乙的不法行为与丙的死亡之间同样存在因果关系而已。故 B 项错误。

因果关系是一种客观联系,不以人的意志为转移,行为人是否认识到自己的行为可能发生危害结果,不影响对因果关系的认定;因果关系又是一种特定条件下的客观联系,行为人是否认识到了特定条件,不能左右对因果关系的认定。甲的行为与丙的死亡之间存在因果关系。故 C 项错误。

乙的自杀行为属于异常因素,中断了甲的投毒行为与乙的死亡结果之间的因果关系。故 D 项正确。

49.因果关系[ABC]

[解析] A 项,虽然题干没有交代甲、乙的行为是能单独致死还是共同致死,但仍能认定甲、乙与丙的死亡有因果关系,因为甲、乙与丙的死亡之间不是二重的因果关系就是重叠的因果关系。B、C 项,根据介入因素三标准,存在因果关系。D 项,根据介入因素三标准,甲的放火行为与乙的死亡有因果关系。综上,A、B、C 项正确。

50.因果关系;介入因素[D]

[解析] 刑法上的因果关系是指行为与结果之间的引起与被引起的关系,其认定一般采取"(必要)条件关系"说,即如果没有前者行为就不会发生后者结果,那么前者就是后者的原因。但在存在介入因素的情况下,则应考虑该介入因素是正常的还是异常的,是否会造成因果关系的中断,从而判定是否构成刑法上的因果关系。

甲将被害人的衣服点燃,被害人在如此紧迫情况下采取跳河灭火是避免被烧死的正常自救行为,并非异常因素,因而被害人的溺亡与甲的点燃行为之间的因果关系并不因被害人跳河灭火行为而中断。故 A 项正确,不当选。

乙在被害人住宅放火,住宅内有婴儿,被害人冲入住宅救婴儿是一般人在此种情况下都会采取的正常行为,最初的放火行为导致最后的结果概率很高,因而被害人冲入住宅救婴儿的介入因素并不能中断乙行为与被害人死亡之间的因果关系。故 B 项正确,不当选。

丙在高速路将被害人推下车,在高速公路车速过高的客观情况下,被害人被后面车辆轧死是必然的,因而丙行为与被害人死亡具有因果关系。故 C 项正确,不当选。

丁毁坏被害人面容,并未直接导致被害人死亡,而是出现了被害人感觉无法见人而自杀这一介入因素后,导致被害人死亡。被害人的自杀行为并不是在毁容情况下迫不得已的行为,该行为相对于丁的毁容行为具有相对的独立性,而且是在被毁容情况下的非正常行为,是被害人意思自由的自决性行为,故被害人的自杀行为中断了丁行为与被害人死亡之间的因果关系。故D项错误,当选。

51.因果关系;介入因素[D]

[解析] 甲开枪射击乙,乙躲闪而击中乙身后的丙。这是一种客观联系,虽然与甲预期杀害乙的发展过程不相符合,但并不影响甲的行为与丙的死亡之间因果关系的成立,这是由因果关系的客观性决定的。根据法定符合说,甲的行为是打击错误,并且没有超出同一犯罪构成,甲的行为与丙的死亡之间具有因果关系。故A项错误。

甲追赶小偷乙的行为被社会允许,乙慌忙中撞上疾驶的汽车身亡,作为介入因素的撞车行为是乙死亡的根本原因,乙的死亡与甲的行为没有因果关系。故B项错误。

"条件说"认为,在数个行为共同导致一个结果的情况下,如果除去一个行为结果将发生,除去全部行为结果将不发生,则全部行为都是结果发生的原因。甲、乙没有意思联络,碰巧同时向丙开枪,且均打中了丙的心脏就属于上述情形。因此应认定甲、乙的行为与丙的死亡之间均具有因果关系。故C项错误。

尽管甲的投毒行为足以造成乙的死亡,但丙的枪杀行为的介入中断了甲的行为与乙的死亡结果的因果关系,所以甲的投毒行为与乙的死亡不具有因果关系。故D项正确。

52.刑法上的因果关系的认定[BCD]

[解析] 甲的行为与程某的死亡之间介入了司机章某"返身打甲"的行为。这一介入因素是否导致因果关系的中断,需要判断在该案中这一介入行为的出现正常与否。事实上,根据社会经验,当甲殴打章某的时候,章某躲闪或者还击的概率很高,都属于正常的反应,因此司机章某的还击行为属于正常的介入因素;而不能因为章某是司机就要求其"双手紧握方向盘、目不斜视、任凭他人殴打",进而认为章某的还击属于异常的介入因素。既然司机章某的行为属于正常的介入因素,那么甲的行为与程某的死亡之间存在因果关系(司机的行为与程某的死亡之间也有因果关系)。故A项正确,不当选。

乙实施了具有导致他人死亡可能性的杀人行为(无论是否击中被害人心脏),这一行为引起被害人李某血友病发作,进而流血不止死亡。乙的杀人行为与李某的死亡之间存在"没有前者就没有后者"的条件

关系,而被害人的特殊体质又不会影响因果关系的判断,所以乙的杀人行为与李某死亡之间存在因果关系。故B项错误,当选。

丙与同伙预谋杀死王某并同时开枪,尽管丙没有击中被害人,但丙与同伙成立共同犯罪。在共同犯罪中,丙与同伙的行为是一个相互联系、相互配合的有机整体;在共同犯罪中,要将共同行为作为整体进行评价以判断其与结果的因果关系,这也是"部分实行,全部责任"原则产生的根据。换言之,只要成立共同犯罪,无论结果由谁具体引起,所有共同犯罪人的行为与结果之间都有因果关系。所以,丙的行为与王某的死亡之间存在因果关系。故C项错误,当选。

丁的杀人行为与赵某的死亡之间存在介入因素,即医生的"一定过失"行为。这是一个异常的介入因素(如果认为医生在治疗疾病过程中出现过失行为——无论是重大过失,还是轻微过失、一般过失——均是正常的,那么我们就要质疑医生这一职业的存在是否有价值),但这一介入因素没有达到能够独立导致被害人死亡的程度;而最终导致赵某死亡的原因还是丁的杀人行为,是其杀人行为导致赵某"遭受濒临死亡的重伤"进而引起死亡结果的。所以丁的杀人行为与赵某的死亡之间存在因果关系。故D项错误,当选。

考点8 故意与过失

53.事实认识错误;违法性认识错误;犯罪故意[C]

[解析] 甲认为"拖拉机不属于《刑法》第133条之一规定的机动车",这属于对刑法(法律)的认识错误,更具体地说,是对法律概念"机动车"范围、外延的认识错误。对事实本身,甲并不存在认识错误,甲对于行为事实(醉酒驾驶、自己驾驶的是拖拉机)本身并不存在认识错误。故A项错误。

行为人具有违法性认识错误时,根据通说,如果其具有避免该违法性认识错误的可能性,则该错误不影响犯罪故意的成立。甲虽是农民,但搞清楚拖拉机是否属于机动车,这不是什么特别困难的事情,其具有违法性认识的可能性。故B项错误。

在主观上甲对醉酒在道路上驾驶拖拉机会危害道路交通安全存在认识,并放任该结果的发生,且甲有可能认识到该行为属于《刑法》第133条之一所禁止的行为,故应认定甲具有危险驾驶罪的犯罪故意,应追究甲危险驾驶罪的刑事责任。故C项正确,D项错误。

54.犯罪故意;想象竞合犯[A]

[解析] 吴某对甲、乙均有杀人的故意,在明知开枪可能会造成危害结果的情况下,仍然实施该行为,虽然一枪没有击中甲和乙,但在客观上具有打死甲、乙的危险,主观上吴某对甲、乙均有杀人故意,对甲、

乙均成立故意杀人罪未遂。故 A 项正确。

吴某只有一个开枪杀人行为,无论是一枪打中甲致甲死亡还是一枪致甲、乙死亡,均属于想象竞合犯,故不可能对吴某进行数罪并罚。故 B、D 项错误。

吴某一枪致甲死亡、乙重伤,则属于一行为触犯数罪名,构成想象竞合犯,对甲成立故意杀人罪既遂。吴某对乙也具有杀人的故意,仅造成乙重伤,也应认定为故意杀人罪未遂而非故意伤害罪,根据想象竞合犯的处理原则,对吴某以重罪即故意杀人罪既遂论处。故 C 项错误。

55.犯罪过失;抢劫罪[C]

[解析] 贾某劫取马某财物的行为,构成抢劫既遂,抢劫行为已经结束。其轻踢马某胸口的行为是为了报复而非劫取财物,因此不构成抢劫行为的延续,也不属于事后抢劫和抢劫致人死亡。故 A、B 项错误。

贾某轻踢马某胸口,一般不至于造成轻伤结果,不宜将该行为认定为伤害行为,贾某没有杀害或者伤害马某的故意,对马某的死亡仅具有过失,因此应认定为过失致人死亡罪。行为人在抢劫结束后,再实施伤害行为导致被害人死亡,属于先后实施的两个行为,因而无法构成想象竞合犯,应当数罪并罚。故 C 项正确,D 项错误。

56.犯罪故意的认定[D]

[解析] 甲客观上入户盗窃了价值数额较大(5000 元)的清代玉坠,符合盗窃罪的客观构成要件;但行为时甲合理地(乙家家徒四壁)认为玉坠为不值钱的仿制品,没有认识到"数额较大",因而甲缺乏盗窃罪的犯罪故意。据此,甲的行为在盗窃罪的范围内主客观并不一致,不成立盗窃罪。故 A 项正确。

甲取得该玉坠的行为不成立犯罪,之后实施的行为如果侵犯新的法益、具有责任的话,则要成立新的犯罪。甲将所盗玉坠谎称为秦代文物,欺骗他人财物,具有可罚性,成立诈骗罪,不属于不可罚的事后行为。故 B 项正确。

由于甲缺乏盗窃罪的犯罪故意,故其行为不成立盗窃罪;但甲诈骗丙钱财的行为侵犯了新的法益,甲对该行为应当承担刑事责任。故 C 项正确。

同一个故意犯罪行为,其犯罪形态只有一个,不可能既是犯罪既遂,又是犯罪未遂。对于结果的判断,应以整个犯罪行为最终的法益侵犯形态为标准进行判断。诈骗罪犯罪数额的认定,不是以行为人意图骗取的数额为标准,而是以实际骗取的他人财物为标准。甲意图骗取 5 万元,但实际上骗取了丙 3 万元,因此诈骗数额应为 3 万元,而且达到了数额较大的标准,应当成立诈骗罪的既遂。故 D 项错误。

57.犯罪故意、过失;认识错误[BCD]

[解析] 意外事件,是指行为人在客观上虽然造成了损害结果,但不是由于故意或者过失,而是由于不能预见的原因引起伤害后果。不能预见,是指根据当时各方面的情况,行为人不可能预见、不应当预见自己的行为会发生损害结果。

甲表演飞刀精准,从未出错,而发生乙死亡结果的原因在于乙的突然移身,甲是不可能预见到乙会移动身体的,事发偶然,行为人无法预见,因此按照意外事件处理比较合适。故 A 项正确,不当选。

甲只是推了乙一掌,并没有故意伤害乙的意思,甲不构成故意伤害罪。因为是在"路边"一推,一般公众可以预见死伤可能性。行为人应当预见而没有预见,对死亡结果具有过失,应成立过失致人死亡罪。故 B 项错误,当选。

疏忽大意的过失与意外事件的区分点在于:疏忽大意的过失是应当预见而没有预见,意外事件是因无法预见而没有预见。判断的核心点在于是否具有结果预见可能性。"没有预见"不等于"没有预见可能性"。本项中,甲没有预见到危害结果,但是具有预见可能性,属于疏忽大意的过失。故 C 项错误,当选。

【知识拓展】 如何理解"有预见可能性"? 主要是看行为人是否违反了基本的生活规则、业务规则、行业规则等。本案中,行为人违反了基本的生活规则(不得随便从高处抛物,这样做是有风险的),因此属于应当预见而未预见。

甲不管是使用斧子还是锤子对于定罪都无影响,无论甲用哪种工具杀死乙,其杀死的仍然是自己原本想杀死的人。所以这不是方法错误(也称打击错误),也不是对象错误。这两种错误都要求行为人杀死的对象与原本想杀死的对象不一致。故 D 项错误,当选。

58.犯罪故意的理解与判断[D]

[解析]《刑法》第 14 条第 1 款规定,犯罪故意是指明知自己的行为会发生危害社会的结果,并且希望或者放任这种结果发生的一种心理态度。主观方面必须是故意。

他人意图自杀,围观者大喊"怎么还不跳"的行为并非刑法禁止的杀人行为,即本案不存在违法构成要件事实。相应地,围观者也没有犯罪故意,故不构成故意犯罪。故 A 项不当选。

尽管司机闯红灯是有意进行的,是"有意"实施的,但这不等于犯罪故意,因为司机没有认识到会将行人撞死并对该结果持希望或者放任态度,因此司机的行为不成立故意犯罪。故 B 项不当选。

行为人客观上实施了强奸罪的违法事实,即违背其妻妹的意志与其发生性关系,但行为人误以为对方是自己的妻子,认为没有违背其意志,不存在强奸妇女的故意。故 C 项不当选。

刑法 [答案详解]

· 17 ·

主人在客观上实施了不作为方式的容留他人吸毒的违法事实(主人发现客人在其家中吸毒,具有阻止的义务,因为法益侵犯危险发生在行为人支配、控制的领域)。主人认识到这一违法事实,假装没看见,放任其结果发生,成立故意犯罪。故D项当选。

59.故意伤害罪;过失致人死亡罪;意外事件;因果关系[C]

[解析] 甲的行为尽管导致了崔某心脏病发作而死亡,但甲对此并无犯罪故意:一方面,本案事实难以认定甲认识到其行为有导致崔某伤害的结果并持希望或者放任的态度,所以甲不成立故意伤害罪(当然,故意杀人更难成立);另一方面,甲与崔某"素不相识",也不可能认识到被害人患有特定疾病,所以甲不可能认识到自己的行为有导致崔某死亡的可能性,即甲对死亡结果既无故意,也无过失,而应属于意外事件(故意伤害致死的结果加重犯的成立要求行为人对死亡结果具有过失的责任心理)。故A、B项错误。

尽管崔某患有冠状粥样硬化性心脏病,但结合这一具体条件,可以认定,如果没有甲的行为就不会发生崔某心脏病发作而死亡的结果,因此,甲的行为与崔某的死亡结果之间存在因果关系。故C项正确。

当然,承认甲的行为与崔某的死亡结果之间存在因果关系,并不意味着甲一定要对此承担刑事责任。因为行为人是否对危害结果承担刑事责任,具有因果关系只是前提之一,还取决于犯罪人主观上对此结果是否存在故意或者过失的责任心理。结合本案事实,甲对其行为可能引发崔某心脏病发作的事实既没有认识,也没有认识的可能性,因此既不能认定甲对死亡结果存在犯罪故意,也不能认定存在犯罪过失。甲成立过失致人死亡罪的说法错误。故D项错误。

60.过失犯罪[ABCD]

[解析] 根据《刑法》第15条第1款的规定,犯罪过失是指行为人应当预见自己的行为可能发生危害社会的结果,因疏忽大意而没有预见,或者已经预见而轻信能够避免,以致发生这种结果的心理态度,分为疏忽大意的过失和过于自信的过失。

老师因学生不守课堂纪律,将其赶出教室,这一行为是合理的,学生跳楼自杀并不属于老师应当预见的结果或者轻信能够避免结果发生的情况。这应该属于意外事件,故老师不构成过失犯罪。故A项当选。

汽车修理工将高压气泵塞入同事肛门充气,这一行为属于故意实施的行为,导致同事肠道、内脏严重破损这一结果。汽车修理工的行为符合故意犯罪的构成要件。根据《刑法》第14条第1款的规定,犯罪故意是指明知自己的行为会发生危害社会的结果,并希望或者放任这种结果发生的一种心理态度。故汽车修理工构成故意犯罪,不属于过失犯罪。故B项当选。

路人见义勇为追小偷,小偷跳河游往对岸,路人离去。小偷溺毙这一客观事实与路人的行为没有因果关系,路人并不构成犯罪,而属于正当防卫。小偷溺毙这一客观事实不是路人应当预见的结果,跳河行为是小偷自己选择的,路人不构成过失犯罪。故C项当选。

邻居的行为属于见义勇为,而未能接牢,儿童摔成重伤属于意外事件。该行为显然不具有社会危害性,不构成过失犯罪。故D项当选。

61.故意的认识内容[D]

[解析] 犯罪故意是对违法事实的故意,所以只要求认识到违法事实本身,而不要求认识到行为的违法性本身。故A项正确,不当选。

当犯罪对象作为犯罪构成要件之一时,成立该犯罪要求对犯罪对象有认识。贩卖淫秽物品牟利罪的故意,需要认识到对象是淫秽物品,淫秽物品是规范要素,不仅需要行为人认识到物品,亦要认识到"淫秽性",即社会意义。故B项正确,不当选。

奸淫幼女构成强奸罪。而且,由于幼女缺乏决定性行为的承诺能力,因此,与幼女发生性交的行为,即使征得其同意,也构成强奸罪。强奸罪是故意犯罪,因此要求认识到对方肯定是或可能是幼女(不满14周岁的女童)。根据司法解释的规定,对于不满12周岁的幼女,无论行为人是否明知对方是幼女,均推定行为人明知对方是幼女;对于已满12周岁不满14周岁的幼女,按照证据来认定行为人是否明知对方是幼女。故C项正确,不当选。

成立为境外非法提供国家秘密罪,要求行为人认识到对方是境外的机构、组织或者个人,没有认识到而非法提供国家秘密的,不成立该罪。但是既然已经认识到了对象是国家秘密,即至少具有泄露国家秘密的故意,可能成立故意泄露国家秘密罪。故D项错误,当选。

62.过失犯的认定[C]

[解析]《刑法》第15条第1款规定,应当预见自己的行为可能发生危害社会的结果,因为疏忽大意而没有预见,或者已经预见而轻信能够避免,以致发生这种结果的,是过失犯罪。过失犯罪,法律有规定的才负刑事责任。由此可见,过失犯罪均以实际发生危害结果为要件。故A项正确,不当选。

根据事先对危害结果的发生有无预见将犯罪过失区分为疏忽大意的过失和过于自信的过失。有预见而轻信能够避免的是过于自信的过失;应当预见而事先没有预见的是疏忽大意的过失。"认识到可能发生危害结果,但结果的发生违背行为人意志",属于过于自信的过失,成立过失犯。故 B 项正确,不当选。

"过失犯罪,法律有规定的才负刑事责任",这里的"法律"仅指刑事法律,包括刑法典、单行刑法与附属刑法,只有这些刑事法律才能规定犯罪与刑罚。故 C 项错误,当选。

刑法对过失犯罪规定了较故意犯罪轻得多的法定刑。过失犯罪主观恶性小,根据罪责刑相适应原则,过失犯罪法定刑应轻于故意犯罪法定刑。故 D 项正确,不当选。

63.犯罪主观方面;行为人的认识因素和意志因素
[ACD]

[解析] 罪过形式包括故意和过失,故意的成立要求行为人认识到所有符合构成要件的事实,包括危害行为、对象、危害结果、构成身份以及不存在违法阻却事实;但过失的成立不要求行为人认识到这些内容,只要行为人应当认识到这些内容即可。玩忽职守罪属于过失犯罪,行为人虽然没有认识到自己是国家机关工作人员的身份,但只要应当认识到这一身份,就可能成立过失。故 A 项错误。

甲实施杀人行为,有导致被害人死亡的紧迫危险,属于"已经着手实行犯罪";但被害人死亡的结果没有发生,即"犯罪未得逞";未得逞的原因是"没有瞄准"这一意志以外的因素,所以甲成立故意杀人罪(未遂)。对于名车毁坏,甲没有故意,可能存在过失,但过失损坏财物的行为不成立犯罪。故 B 项正确。

甲投掷含毒肉块意图毒死他人名犬,有导致他人名犬死亡的紧迫危险,属于故意毁坏财物的实行行为(甲主观上是为了泄愤,不存在非法占有的目的,不成立取得型的财产犯罪)。在这过程中,介入了甲面对该犬扑向自己、情急之下拔刀刺死名犬的行为。按照社会经验,这一介入因素的出现概率很高,属于正常的介入因素,因果关系发展进程与行为人预想的不一致不影响毁坏财物的实行行为与名犬死亡结果之间因果关系的成立。甲的行为成立故意毁坏财物罪的既遂。故 C 项错误。

过失致人死亡罪客观构成事实中的危害结果是他人死亡,因此行为人应当认识到的危害结果只能是他人死亡的结果,而不可能包括他人重伤的结果。这是主客观相一致原则在过失犯罪中的体现和要求。致使他人重伤的结果只能是过失致人重伤罪中疏忽大意的过失情形中行为人本应当认识到的危害结果。故 D 项错误。

64.犯罪故意的认识内容[C]

[解析] 犯罪故意的认识内容包括成立犯罪的所有客观构成要件事实。盗窃罪的对象是他人占有的财物,行为人的行为要成立盗窃罪,要求行为人认识到财物属于"他人占有"。对这一规范要素的认识,不要求行为人在心理形成明确的观念;该对象属于"他人占有"。相反,只要求行为人认识到导致他人占有的客观事实即可。行为人只要认识到自己的财产处于国家机关管理、使用、运输中,就会认定行为人认识到了该财产应以公共财产论,属于他人占有。因为在客观上,正是根据"财产处于国家机关管理、使用、运输中"这一事实认定该财物属于公共财产的范畴,当然属于他人占有。故 A 项错误。

乙的行为成立盗窃枪支罪,主观方面是间接故意心态,并且具有非法占有枪支的目的。一方面,乙对盗窃枪支的行为是间接故意的心理态度。尽管行为人乙直接的犯罪意图是非法获取他人财物,但在追求这一犯罪目的的同时,明知自己的行为可能盗窃他人枪支这一特定对象,仍然实施盗窃行为,之后发现果真盗窃了枪支。所以,乙有盗窃枪支罪的故意。另一方面,乙明知手提包内可能有枪支仍然窃取,说明乙意识到其行为可能达到"非法占有枪支"这一目标,故乙同样存在非法占有枪支的目的。故 B 项错误。

猥亵儿童罪的对象是儿童,其犯罪故意的成立要求行为人认识到对象是或者可能是儿童。故 C 项正确。

贩卖毒品罪的对象是毒品,成立贩卖毒品罪当然要求行为人认识到贩卖的对象是毒品。类似毒品这样的客观的、记述的构成要件要素,即使行为人不知道这一记述的概念本身,只要知道这一要素的形状、机能、效果、法益侵害性,就能认定故意。例如,即使不知道"甲基苯丙胺"这一名称,但知道其形状、性质,知道它是"滥用后会形成身体的、精神的依赖,可能对个人、社会带来重大危害的药物",就可以认定故意。所以对毒品这一对象的认识,不要求认识具体的种类、名称,只要求认识属于毒品即可。故 D 项错误。

65.违法性认识错误对故意成立的影响;违法性认识的可能性[B]

[解析] 故意的认识要素之一是有违法性意识。通常没有违法性意识不是排除故意罪责的理由,但是如果连"违法性认识的可能性"都没有,则认为不具备违法性意识的要素,不成立故意。违法性认识,是指认识到自己的行为是违法的。违法性认识的可能性,是指行为人在实施符合构成要件的行为时,能够认识到自己的行为是违法的,即对刑法的禁止规范或评价规范违反的认识,大体是对形式的违法性的认识。当行为人认识到自己的行为侵犯了某种法益,但合理地相信自己的行为并不被刑法所禁止时,即违法性的错误不可回避,就不具有非难可能性。例如,行为人遵从最高人民法院的判例产生了违法性的认识错误,或者信赖了主管机关的见解产生了违法性的认识错误,这些错误应属于不可避免的错误,不具有非难可

能性。甲在以书面形式向法院咨询后，法院正式书面答复其行为合法，可以认为甲没有违法性认识的可能性，不成立犯罪。故 B 项正确。

考点 9　事实认识错误

66.事实认识错误；选择性罪名中的认识错误[CD]

[解析] 盗窃罪可以包容评价为侵占罪，但侵占罪不能包容评价为盗窃罪。本题中，甲仅具有侵占罪的故意，不能包容评价为盗窃罪的故意。具体来说，客观上，甲将他人占有的财物转移为自己占有，具有盗窃罪的客观行为，但是主观上，甲没有盗窃罪的故意，因此不成立盗窃罪。因为盗窃罪的客观行为可以包容评价为侵占罪的客观行为，主观上甲又有侵占罪的故意，因此，甲成立侵占罪(既遂)。故 A 项正确。

运输假币罪的客体只要是假币即可，包括人民币和外币。乙误以为自己运输的是假欧元，实际是假英镑，这种认识错误属于同一犯罪构成(运输假币罪)内的认识错误，也即具体的事实认识错误，具体而言是对象错误。这种对象认识错误不影响运输假币罪的成立和既遂。故 B 项正确。

C 项考查过于自信的过失。丙雇用赵某伤害岳某，要求"只要岳某伤，不要岳某死"，这表明，丙已经预见到赵某可能致岳某死亡，但是轻信赵某会听自己的，不会致岳某死亡。因此，丙对死亡结果存在过于自信的过失。故 C 项错误。【分析拓展】由于本题中没有交代赵某对死亡结果的态度，因此，赵某可能构成故意伤害罪(过失)致人死亡，也可能构成故意杀人罪。但无论如何，丙作为教唆犯，均构成故意伤害罪(过失)致人死亡。

拐卖妇女、儿童罪是选择性罪名，存在选择性对象"妇女"和"儿童"。丁主观上想拐卖儿童，客观上拐卖了妇女(在刑法上，年满 14 周岁的女性属于妇女)，对于这种选择性对象之间的认识错误，应该按照"客观"方面来定罪，即对丁以拐卖妇女罪(既遂)定罪。故 D 项错误。【要点总结】(1)年满 14 周岁的女性属于刑法上的妇女；(2)对于选择性罪名中对象的认识错误，按照客观定。

67.事实认识错误[BC]

[解析] 第一个案例：甲欲开枪杀乙，误将丙当作乙杀死，属于对象错误。在对象错误这一问题上，无论是具体符合说还是法定符合说的观点，都认为行为成立故意杀人罪既遂。因此，观点一既可以是法定符合说，也可以是具体符合说。

第二个案例：甲欲开枪杀乙，瞄准乙开枪，由于枪法不准，杀死乙身旁的丙，属于打击错误。打击错误，又称方法错误、行为误差，是指由于行为本身的误差，导致行为人所欲攻击的对象与实际受害的对象不一致。关于打击错误，具体符合说认为，由于客观事实与行为人的主观认识没有形成具体的符合，甲对乙承担故意杀人未遂的责任，对丙承担过失致人死亡的责任，由于只有一个行为，故二者属于想象竞合犯，从一重罪(故意杀人罪未遂)处罚。法定符合说则认为，行为人客观上的杀人行为导致了他人死亡，主观上也具有杀人故意，二者在故意杀人罪的犯罪构成内是完全一致的，因而成立故意杀人既遂。所以，观点二为法定符合说。

综上，观点一既可以是法定符合说，也可以是具体符合说；观点二是法定符合说。故 B、C 项正确。

68.事实认识错误；正当防卫[AD]

[解析] 事实认识错误，也称构成要件认识错误，是指客观要件与主观要件不一致。这里的客观要件是指客观违法阶层前一板块的"客观要件"。题中，丙开枪杀甲，符合了客观要件，初步来说具有法益侵害性，只是因为在客观违法阶层的后一板块"客观违法阻却事由"中属于正当防卫行为而最终不具有法益侵害性。因此，防卫行为本身可以产生构成要件错误如对象错误、打击错误。

对象错误，是指行为人对某一行为对象的身份属性等特征产生主观认识错误。而在打击错误中，行为人在主观上对行为对象并没有这种认识错误，只是因为客观因素导致错误结果，是一种客观结果错误。丙对甲的身份属性没有认识错误，故不属于对象错误。造成错误结果是因为客观因素导致的，是一种客观结果错误，故丙的行为属于打击错误。

对于打击错误，依据具体符合说，丙对甲有杀害故意，但未杀死，丙对乙没有杀害故意，只有过失，属于过失致人死亡；依据法定符合说，丙对甲有杀害故意，但未杀死，丙对乙也有杀害故意，并且杀死了。

在客观违法阻却事由板块，丙的开枪属于防卫行为，而且属于正当防卫。关于正当防卫的对象，必须针对不法侵害人本人进行防卫。当不法侵害是共同犯罪时，对共同实行犯可以防卫；帮助犯如果也有攻击性侵害行为，对帮助犯也可以防卫；对于幕后的教唆犯原则上不可以防卫。例如，甲、乙共同杀害丙，由甲冲锋，乙在旁边持刀策应，丙针对乙防卫反击，成立正当防卫。题中，甲、乙属于共同实行犯，故丙对甲、乙都可以实施正当防卫。因此，无论根据法定符合说还是具体符合说，丙对甲、乙都构成正当防卫。故 A、D 项正确，B、C 项错误。

69.事实认识错误；偶然防卫[CD]

[解析] 打击错误和对象错误的区别在于：打击错误属于客观结果错误，行为人对行为所指向的对象并无主观认识错误，错误的结果是由行为方法等客观因素造成的；而对象错误属于主观认识错误，行为人对行为所指向的对象存在主观认识错误。本案中，甲

的行为属于打击错误而非对象错误。根据具体符合说甲的行为成立故意伤害罪未遂和过失致人重伤罪。故A、B项错误。

偶然防卫是指在客观上加害人正在或即将对被害人或他人的人身进行不法侵害,但被害人主观上没有认识到这一点,出于非法侵害的目的而对加害人使用了武力,客观上起到了人身防卫的效果。据此,甲误打中乙属于偶然防卫。甲意图伤害丙,客观上有伤害丙的高度危险,因误打中乙而致使丙趁机逃走。因此,甲对丙成立故意伤害罪未遂。故C项正确。

乙虽然与甲共同实施犯罪行为,但由于最终未能伤害丙,反而伤害了自己,使本人的身体受伤,不能构成故意伤害罪。故D项正确。

70.事实认识错误[A]

[解析] 甲为诈骗而拨打电话的行为属于预备行为,针对接电话的丙实施的欺骗行为才是实行行为,此时甲误将丙当作乙进行欺骗,属于具体事实认识错误中的对象错误,无论按照法定符合说还是具体符合说,都成立诈骗罪既遂。故A项正确。

甲意图杀乙,但由于行为偏差,将旁边的丙杀死,属于具体事实认识错误中的方法错误(打击错误):按照法定符合说,对乙成立故意杀人罪未遂,对丙成立故意杀人罪既遂;按照具体符合说,对乙成立故意杀人罪未遂,对丙成立过失致人死亡罪。故B项错误。

事前的故意属于因果关系错误中的一种情形,而因果关系错误的前提是实行行为与实害结果之间具有因果关系。由于因果发展进程不属于故意的认识内容,故因果关系的认识错误不影响故意犯罪的判断,按照故意犯罪既遂处理。因此,抽象的事实认识错误中不存在因果关系错误的判断。故C项错误。

甲教唆乙杀吴某,但乙误将王某当作吴某杀害,乙属于具体事实认识错误中的对象错误;但对于甲而言,甲没有对象的认识错误,而是由于乙的行为导致了最后侵犯的结果与甲期望的结果不一样,属于方法错误。故D项错误。

71.事实认识错误的判断[AC]

[解析] 甲为使被害人溺死而将被害人推入井中,但井中没有水,被害人被摔死。只是现实中的发展过程与行为人预想的不一样,系因果关系错误,而不是方法错误。因果关系错误不影响故意犯罪的成立,所以甲成立故意杀人罪既遂。故A项错误,当选。

乙使被害人吃安眠药,具有导致被害人死亡的紧迫危险,属于杀人的实行行为;该行为导致了被害人的死亡,即杀人的实行行为与被害人的死亡之间存在因果关系。但该结果提前实现,属于因果关系错误中的构成要件提前实现,成立故意杀人罪既遂。故B项正确,不当选。

丙打算将含有毒药的巧克力寄给王某,但因写错地址而寄给了汪某,汪某吃后死亡,属于具体事实认识错误中的对象错误的情形。无论按照具体符合说还是法定符合说,丙(对汪某)成立故意杀人罪既遂,即这种情形的认识错误不影响故意犯罪的成立。故C项错误,当选。同理,D项正确,不当选。

72.事实认识错误[ABCD]

[解析] 对象错误是指行为人误把甲对象当作乙对象加以侵害,而甲对象与乙对象体现相同的法益,行为人的认识内容与客观事实仍属同一犯罪构成的情况。甲将乙的哥哥当作乙进行打击,甲的行为属于对象错误。按照法定符合说,刑法规定故意伤害罪是为了保护一般人的人身,而不是保护特定人的人身,甲基于伤害乙的故意却伤害了乙的哥哥,成立故意伤害罪;按照具体符合说,由于甲本欲打乙,而客观上伤害了乙的哥哥,甲对乙成立故意伤害罪(未遂),对乙的哥哥成立过失致人重伤罪,因而无论按照具体符合说还是法定符合说,均不影响故意犯罪的成立。故A、B、C、D项均错误。

73.因果关系错误[C]

[解析] 甲本想实施第二个行为杀死乙,实际上其在实施第一个行为的时候就导致了乙的死亡,相对于行为人的计划来说,危害结果提前实现了,这属于因果关系错误中的犯罪构成提前实现。要认定这种情况是否成立故意犯罪既遂,关键在于行为人在实施第一个行为时,是否已经着手实行,如果能对此得出肯定结论,则应认定为故意犯罪既遂;如果得出否定结论,则不能成立故意犯罪既遂,而是其他形态。

在本案中,甲给乙投放了较多的安眠药,这一行为本身就有导致被害人死亡的可能性,属于杀人的实行行为。既然甲实施了杀人的实行行为,这一行为在客观上导致了乙的死亡,主观上行为人又有杀人的故意,故甲成立故意杀人罪既遂。至于因果发展进程与行为人预想的不一致,这只是因果关系错误的问题,不影响故意杀人罪既遂的判断。故C项正确。

投放过多安眠药的行为并非预备行为,而是有导致他人死亡紧迫危险的实行行为(区分预备行为和实行行为并不是以行为人自己的认识为准,而要考虑行为本身的属性,即是否具有法益侵犯的紧迫性),故甲的行为不可能成立故意杀人预备。故A项错误。

既然甲实施了杀人的实行行为,并导致了死亡这一实害结果,加上甲有杀人故意,甲就成立故意杀人罪既遂。至于行为人原本打算的行为是否实现,不影响行为性质的认定。故B项错误。

因果关系是讨论实行行为与危害结果之间引起与被引起的关系,如果没有实行行为,那就无所谓因果关系。但如果实施了实行行为,就只能按照因果关系错误的原理处理。故 D 项错误。

74.事实认识错误;在"打击错误"上具体符合说与法定符合说结论的差异[AB]

[解析] 事实认识错误分为对象错误、打击错误、因果关系错误。打击错误也称方法错误,是指由于行为本身的误差,导致行为人所欲攻击的对象与实际受害的对象不一致,但这种不一致仍然没有超出同一犯罪构成。具体符合说认为,由于客观事实与行为人的主观认识没有形成具体的符合,故甲对乙成立故意杀人罪既遂,对丙成立过失致人死亡罪,属于想象竞合犯,从一重罪论处。法定符合说则认为,行为人所认识的事实与实际发生的事实,只要在犯罪构成范围内是一致的,就成立故意的既遂犯。因此,甲对乙与丙都成立故意杀人既遂。当然,采取法定符合说并不意味着成立数个故意杀人罪,由于只有一个行为,故应按想象竞合犯以一罪论处。故 A、B 项正确,C、D 项错误。

75.共同犯罪;刑法上的事实认识错误[BCD]

[解析] 甲雇凶手乙杀丙,依据共犯理论,甲、乙当然构成共同犯罪。故 A 项正确。

乙几次杀丙均未成功,后采取爆炸方法,对丙的住宅进行爆炸,结果将丙的妻子丁炸死,丙无恙。依据具体符合说,乙对丙成立故意杀人未遂,对丁成立过失致人死亡罪。但目前刑法理论的通说是采取法定符合说,即行为人主观上具有杀人的故意,客观上的杀人行为也导致他人死亡,则成立杀人既遂。因而乙成立故意杀人罪的既遂,作为共犯的甲也成立故意杀人罪(既遂)。故 B、C 项错误。

乙对丙的爆炸行为,题中显示"周边没有其他人与物",即没有危害到公共安全,故不成立《刑法》第 114 条规定的爆炸罪。故 D 项错误。

专题三 犯罪排除事由

考点10 责任阻却事由:责任年龄、能力与期待可能性

76.刑事责任认定[ABC]

[解析] 首先,甲陷入无责任能力状态是乙的欺骗行为导致,并非甲的自由意志选择的结果。其次,甲本人并无犯罪的故意,而是产生幻觉后实施的行为,并且陷入幻觉状态与甲本人的意愿相左。因此,甲不需要对乙的死亡结果负责任。故 A 项正确。

刑法上的责任能力要求行为人同时具备辨认能力和控制能力,只具有辨认能力和控制能力其中一种能力的,属于没有责任能力。间歇性精神病人甲虽然能够辨认但不能控制自己的行为,而导致被害人死亡的,亦为无责任能力人,不负刑事责任。故 B 项正确。

根据《刑法》第 49 条第 2 款的规定,审判的时候已满 75 周岁的人,不适用死刑,但以特别残忍手段致人死亡的除外。本项中,甲拧开煤气罐致使老伴中毒身亡的行为,并不属于以特别残忍手段致人死亡,因此对甲不适用死刑。故 C 项正确。

根据《刑法》第 17 条第 2 款的规定,已满 14 周岁不满 16 周岁的人,犯故意杀人、故意伤害致人重伤或者死亡、强奸、抢劫、贩卖毒品、放火、爆炸、投放危险物质罪的,应当负刑事责任。甲抢劫枪支、弹药、炸弹、危险物品,该类物品既具有危害公共安全的属性,亦具有财产权利的属性,甲的行为既触犯了抢劫枪支、弹药、爆炸物、危险物质罪,亦触犯了抢劫罪。根据刑法的规定,抢劫枪支、弹药、爆炸物、危险物质罪属于危害公共安全的犯罪,甲对此不负刑事责任,对甲应认定为抢劫罪。故 D 项错误。

77.刑事责任能力的认定[D]

[解析]《刑法》第 19 条规定:"又聋又哑的人或者盲人犯罪,可以从轻、减轻或者免除处罚。"又聋又哑的人或者盲人不是无刑事责任能力的人,他们犯了罪,理应负刑事责任。例如,体弱的人、残疾人,其实施犯罪行为的能力会下降,但是其辨认、控制自己行为的能力(刑事责任能力)以及理解犯罪行为的能力、辨别是非的能力并不会下降,属于有完全刑事责任能力的人。故 A、B 项错误。【知识拓展】(1)根据刑事责任的有无,可将刑事责任能力分为完全有刑事责任能力、完全无刑事责任能力、相对有刑事责任能力。(2)相对有刑事责任能力人原则上是指《刑法》第 17 条第 2 款所规定的 14 至 16 周岁的人,仅对 8 种犯罪行为承担刑事责任。《刑法修正案(十一)》增加规定已满 12 周岁不满 14 周岁的人,犯故意杀人、故意伤害罪,致人死亡或者以特别残忍手段致人重伤造成严重残疾,情节恶劣,经最高人民检察院核准追诉的,应当负刑事责任。(3)在具有刑事责任能力的基础上,刑事责任能力是否减弱会影响量刑的轻重,如尚未完全丧失辨认或者控制自己行为能力的精神病人的刑事责任能力低于通常人,这一情形称为减轻刑事责任能力(限定刑事责任能力)。限定刑事责任能力人主要是指:又聋又哑的人;盲人;尚未完全丧失辨认或控制自己行为的精神病人。但是,上述人员并非一定是限定刑事责任能力人,如果因为其双目失明或者聋哑等生理特征,使得其在特定的案件中辨认和控制自己行为的能力减弱,可以认为是限定刑事责任能力人,对其犯罪行为可以从轻、减轻或者免除处罚,如果其生理特征并未影响其辨认和控制能力,仍属于具有完全刑事责任能力的人。

熟睡的人并没有丧失刑事责任能力。故 C 项错误。

醉酒的人分为病理性醉酒和生理性醉酒。前者是指因酒精中毒导致幻觉、妄想等精神病症状,是精神病的一种,属于完全无刑事责任能力。后者是指日常生活的醉酒,属于有完全刑事责任能力。丁属于生理性醉酒,具有完全刑事责任能力。故 D 项正确。

78.刑事责任能力;假想防卫[A]

[解析] 吸毒后产生幻觉,误以为他人追杀自己而伤害他人,属于假想防卫。甲主观上没有伤害他人的故意,应当认定为过失致人重伤罪。故 A 项正确。

乙在突发精神病前已有杀人故意,并基于此故意实施了相应的行为,在乙着手杀人时突发精神病,陷入无刑事责任能力状态,继续实施杀人行为致人死亡。对此应如何处理,理论上有不同看法。有学说认为,行为人对之后的砍杀行为和死亡结果不负刑事责任,对此应按故意杀人未遂处理。有学说认为,其前行为是自由意志支配下实施的,需要对该行为及其后续引发的结果承担刑事责任,即成立故意杀人罪既遂。B 选项认为,不管采取何种学说,乙都成立故意杀人罪未遂,这一说法过于绝对。故 B 项错误。

根据《刑法》第 17 条第 2 款的规定,14～16 周岁的人需要对爆炸罪承担刑事责任。虽无法查清丙的具体出生日期,但有证据证明其已满 15 周岁,应当承担刑事责任。故 C 项错误。

丁在实施杀人行为时不满 14 周岁,死亡结果发生时丁已满 14 周岁(生日当天视同不满 14 周岁,生日第 2 天才认定满 14 周岁),此时已满 14 周岁的丁对于其之前的行为有防止结果发生的义务。丁将被害人送往医院的行为表明了其已经履行了防止结果发生的义务,因此不需要再追究丁的刑事责任。故 D 项错误。【思路拓展】被害人的死亡应归责于行为人的砍杀行为(当时未满 14 周岁),丁在其达到刑事责任年龄后(达到 14 周岁以后)没有实施违反刑法规定的行为,故不承担刑事责任。如果丁第二天未实施救助行为,则成立不作为犯罪。

79.刑事责任年龄;刑事责任能力[C]

[解析] 不满 14 周岁的甲对其安放定时炸弹的行为不负刑事责任,因其没有达到刑事法定年龄。但是,甲在已满 14 周岁之后对先前安放的炸弹负有拆除、防止其爆炸的义务,因为已满 14 周岁的人对爆炸罪应当负刑事责任,即甲应当负不作为方式的爆炸罪的刑事责任。故 A 项错误。

刑事责任能力,是指行为人构成犯罪和承担刑事责任所必须具备的刑法意义上的辨认和控制自己行为的能力。根据《刑法》第 18 条第 2 款的规定,间歇性精神病人实施犯罪行为时如果精神正常,具有辨认和控制能力,则应当追究刑事责任。反之,该行为不成立犯罪。因此,间歇性精神病人的行为是否成立

犯罪,应以其实施行为时是否具有刑事责任能力为标准。乙在精神正常时着手实行故意伤害行为,如果构成犯罪的,应对故意伤害行为负责,但是乙在实施抢走被害人财物行为时丧失责任能力,此时乙对于抢劫行为不具备辨认和控制能力,不能以抢劫罪追究其刑事责任。故 B 项错误。

丙将毒药放入丁的茶杯,实施故意杀人行为时精神是正常的,而且故意杀人行为已经实施完毕,丙具有辨认、控制能力,因此应当承担故意杀人罪既遂的刑事责任。故 C 项正确。

戊为了杀人喝酒壮胆,故意将自己陷入没有刑事责任能力的状态,并在丧失责任能力时实现了预想的杀人行为,这属于原因自由行为,即行为人可以自由决定自己是否陷入无责任能力状态。按照原因自由行为的理论,只要行为人在实施与结果的发生具有因果关系的行为时具有责任能力,而且具有故意或者过失,就具有非难可能性,应当追究刑事责任。《刑法》第 18 条第 4 款规定,醉酒的人犯罪,应当负刑事责任。因此戊应当负故意杀人的刑事责任。故 D 项错误。

80.故意;违法性[CD]

[解析] 买卖黄金的行为不违反刑法,不构成犯罪,因此即使行为人存在违法性认识错误,也不构成犯罪,更不构成犯罪未遂。故 A 项错误。

甲对法律规定是否有准确认识,并不影响对于甲行为的定性。如果甲主观上认识到盗窃的对象是枪支,有盗窃枪支的故意,客观上实施了盗窃枪支的行为,就可以以盗窃枪支罪追究甲的刑事责任。故 B 项错误。

甲主观上有拘禁他人的故意,客观上实施了非法拘禁的行为,其犯罪动机及对于行为违法性的认识并不影响其行为成立非法拘禁罪。故 C 项正确。

甲已认识到行为是有害的,只是对行为是否违反刑法产生了错误认识,某中学语文教师乙的告知,只是一般性的个人解释。乙的答复造成甲的认识错误是完全可以避免的。因此,这并不影响依照刑法追究甲的刑事责任。故 D 项正确。

81.责任能力的认定[C]

[解析] 刑事责任能力,是指行为人辨认和控制自己行为的能力。实施了犯罪行为的人,具有这种辨认能力(认识因素)与控制能力(意志因素),是令其对自己故意或过失犯罪行为承担刑事责任的前提。在判断甲的刑事责任能力时,应同时采用医学标准与法学标准。首先,判断甲是否患有精神病。本题中,甲患有抑郁症,抑郁症是一种情感性精神障碍疾病,属于医学上的精神病,但不属于刑法上的精神病。其次,判断是否因为患有精神病而不能辨认或者不能控

制自己的行为。甲患有的抑郁症在精神病中程度较轻,从其所想、所为可以看出,甲为了自杀,意将路人乙杀死,其并未丧失辨认或者控制自己行为的能力。甲具有刑事责任能力,依法应当负刑事责任。故A、B项错误,C项正确。

我国《刑法》第18条第3款规定,尚未完全丧失辨认或者控制自己行为能力的精神病人犯罪的,应当负刑事责任,但是可以从轻或者减轻处罚。如上,抑郁症并不属于刑法上的精神病范围,因此也不属于"应当"从宽的情节,而只作为酌情量刑的情节考虑。故D项错误。

82.未成年人的刑事责任[B]

[解析]《刑法》第17条第2款规定,已满14周岁不满16周岁的人,犯故意杀人、故意伤害致人重伤或者死亡、强奸、抢劫、贩卖毒品、放火、爆炸、投放危险物质罪的,应当负刑事责任。A项中,甲14周岁未满16周岁,其失火行为主观上不是故意,不属于8项罪责之一,故不构成犯罪;C项中,甲受车主张某教唆骗取保险金,而将张某的汽车推到悬崖下毁坏,张某是间接正犯,应对张某单独定罪,构成保险诈骗罪;D项中,甲拿刀刺摊主致其轻伤的行为属于故意伤害致人轻伤的行为。上述三种情况均不属于上述8种罪的范围。故A、C、D项不当选。

《关于审理未成年人刑事案件具体应用法律若干问题的解释》第10条第1款规定,已满14周岁不满16周岁的人盗窃、诈骗、抢夺他人财物,为窝藏赃物、抗拒抓捕或者毁灭罪证,当场使用暴力,故意伤害致人重伤或者死亡,或者故意杀人的,应当分别以故意伤害罪或者故意杀人罪定罪处罚。B项中,甲骗取他人数额巨大的财物,为抗拒抓捕,当场使用暴力将他人打成重伤,构成故意伤害罪。故B项当选。

83.犯罪主体[C]

[解析]强制猥亵、侮辱罪的行为主体不限于男性,妇女不仅可以成为本罪的教唆犯与帮助犯,而且可以成为直接正犯、间接正犯与共同正犯。故A项错误。

携带凶器抢夺的,按照抢劫罪论处。由于15岁的人可以构成抢劫罪,所以乙构成抢劫罪。故B项错误。

丙的行为仍构成非法拘禁罪,没有转化为故意伤害或故意杀人罪。依《刑法》第17条对已满14周岁不满16周岁的人承担刑事责任的范围的规定,15岁的丙对非法拘禁罪不负刑事责任。故C项正确。

放纵走私罪的行为主体是海关工作人员;而司法工作人员依据《刑法》第94条的规定,是指有侦查、检察、审判、监管职责的工作人员,其不可能构成放纵走私罪。司法工作人员在履行职责过程中放纵走私的,

可能成立徇私枉法罪。故D项错误。

84.刑事责任年龄[ABD]

[解析]《刑法》第17条第2款规定,已满14周岁不满16周岁的人,犯故意杀人、故意伤害致人重伤或者死亡、强奸、抢劫、贩卖毒品、放火、爆炸、投放危险物质罪的,应当负刑事责任。该规定中的8种犯罪是指具体犯罪行为而不是具体罪名。15周岁的甲在拐卖幼女的过程中强行奸淫幼女的行为构成强奸罪。故C项正确,不当选;A、B、D项错误,当选。

考点11 违法阻却事由之一:正当防卫与紧急避险

85.正当防卫的认定[B]

[解析]正当防卫并非犯罪形态,其效力只及于实施正当防卫者一方,因此若乙成立正当防卫,不能认为甲也成立正当防卫。故A项错误。

丙从后门出来时,乙并未看到丙,此时,乙的蹲守行为不会对丙的人身形成紧迫的危险,丙先掏出随身携带的铁棍击打乙,对乙造成了客观的、现实的不法侵害,因此乙的反击行为可以被认定为正当防卫。故B项正确。

是否成立防卫过当与乙是否有过错无关,如果乙的防卫行为明显超过必要限度造成重大损害,则成立防卫过当。本题中,丙用铁棍击打乙,乙用小刀回击,只造成了丙轻伤的结果,而自己也负轻伤,可见乙的防卫行为并未超过必要限度造成重大损害,不属于防卫过当。故C项错误。

如果认为甲、乙的不法侵害在去歌舞厅后就已经形成现实、紧迫的危险,则丙的行为可以成立正当防卫。故D项错误。

86.正当防卫[D]

[解析]本题中,乙反击甲的行为属于正当防卫。但是,乙扔刀不慎砸中丙,致丙重伤,该结果不能归因于甲的抢劫行为,这是因为:这一事件比较异常,丙受伤与甲的抢劫是独立关系;甲的抢劫行为对丙没有制造危险。因此,丙受伤应归因于乙的扔刀行为。故C项错误。乙扔刀砸中丙的行为,如果乙没有预见可能性,则属于意外事件,有预见可能性,则属于过失行为,无论如何不属于正当防卫,因此也无需判断防卫过当问题。故A、B项错误。

甲未取得财物而骑自行车逃跑,此时乙追赶,不存在夺回财物的问题,不属于正当防卫,而是扭送行为。乙实施扭送行为导致自己受伤,该结果不能归因于甲,因为甲并未主动伤害乙,甲的逃跑行为本身对乙没有制造危险。因此,甲构成抢劫罪,但不构成抢劫罪致人重伤。故D项正确。

87.正当防卫的时间条件[A]

[解析]《关于依法适用正当防卫制度的指导意

见》第6条中规定,对于不法侵害是否已经开始或者结束,应当立足防卫人在防卫时所处情境,按照社会公众的一般认知,依法作出合乎情理的判断,不能苛求防卫人。对于防卫人因为恐慌、紧张等心理,对不法侵害是否已经开始或者结束产生错误认识的,应当根据主客观相统一原则,依法作出妥当处理。根据该规定,A项正确。

88.正当防卫[C]

[解析] 成立正当防卫,要求行为形式上具有"犯罪行为"的特征,即初步具有违法性(法益侵害性),然后才需要用正当防卫排除违法性。本题中,甲大喊一声,叫乙站住,这一行为虽然制止了乙的不法侵害(乙放下蛇皮袋),但是甲的这一行为本身不具有违法性,故不构成正当防卫。

当乙放下蛇皮袋,抛弃赃物,那么甲的追赶行为就不属于为了挽回财物,不是正当防卫行为,而是扭送行为。扭送行为是合法行为,是一种法令行为。但是,扭送行为的目的和任务是控制犯罪人的人身自由,然后交给司法机关。超出这个目的和限度,便有可能构成不法侵害行为。当乙倒地后,甲便能控制住乙。此后甲对乙实施暴力,便超出了扭送行为的限度,构成不法侵害行为,具体而言构成故意伤害罪致人死亡。故A项错误,C项正确。

假想防卫是指客观上并无不法侵害,但行为人误以为存在不法侵害,因而进行防卫。本案中,确实存在不法侵害,即乙的盗窃行为,因此甲不属于假想防卫。故B项错误。

防卫过当的前提是,行为本身属于"防卫"行为。本案中,甲对乙的行为根本不是防卫行为,属于故意伤害行为,那么也就不存在防卫过当的问题。故D项错误。

89.偶然防卫;防卫认识学说;防卫过当;共同犯罪的成立条件[ABCD]

[解析] 根据《刑法》第20条第3款的规定,对正在进行行凶、杀人、抢劫、强奸、绑架以及其他严重危及人身安全的暴力犯罪,采取防卫行为,造成不法侵害人伤亡的,不属于防卫过当,不负刑事责任。本题中,甲在杀害乙,乙的防卫行为造成甲重伤,不属于防卫过当,属于正当防卫。故A项正确。

B项中,丙的行为在客观上制止了甲的不法侵害,但丙主观上并没有防卫意图,这属于偶然防卫。理论上对于这种情况的处理存在两种观点:(1)防卫认识必要说。该说认为正当防卫需要主观上的防卫意图,如此则丙的行为不成立正当防卫;丙具有伤害的故意,可能涉嫌故意伤害罪。(2)防卫认识不要说。该说认为正当防卫不需要主观上的防卫意图,如此则丙的行为成立正当防卫。故B项正确。

不能用丙的行为定义乙的行为的性质,是指乙的行为的性质具有正当性还是违法性不取决于丙的行为的性质,而是由乙的行为本身所决定的。本案中,乙有防卫认识,丙没有防卫认识,只有犯罪故意。(1)根据防卫认识不要说,丙的行为具有正当性,但不会基于此认为乙的行为具有正当性,也即乙的行为的正当性不取决于丙的行为的正当性。(2)根据防卫认识必要说,丙的行为具有违法性,但不会基于此认为乙的行为具有违法性,也即乙的行为是否违法不取决于丙的行为的违法性。故C项正确。

乙和丙的主观认识内容不同,乙有防卫认识,丙没有防卫认识,只有犯罪故意,二人没有共同的犯罪故意。(1)根据防卫认识不要说,丙是正当防卫,乙也是正当防卫,不会认为乙和丙是共同犯罪。(2)根据防卫认识必要说,丙是故意伤害罪,乙是正当防卫,也不会认为乙和丙是共同犯罪。故D项正确。

90.防卫过当;不作为犯罪的等价性;紧急避险[AC]

[解析] 父亲作为第三人可以实施正当防卫,且防卫行为不过当。根据《刑法》第20条第3款的规定,对正在进行行凶、杀人、抢劫、强奸、绑架以及其他严重危及人身安全的暴力犯罪,采取防卫行为,造成不法侵害人伤亡的,不属于防卫过当,不负刑事责任。故A项正确。

吴某实施的是盗窃罪,属于财产犯罪,侵犯的是财产法益,没有侵犯人身法益,而郑某将其砍成重伤,在法益衡量上不具有相当性,构成防卫过当。故B项错误。【思路拓展】如果吴某是携带凶器入户抢劫,郑某将其砍成重伤,则防卫不过当。

丈夫有保护、救助妻子的义务,其故意不履行该义务,构成故意的不作为犯罪。故C项正确。【思路拓展】如果将题目改为"田某误以为自己没有救助义务,而不予以救助",同样构成故意杀人罪(不作为犯),此种情况属于违法性认识错误或禁止的错误,亦不阻却故意的成立。

D项中负有救助义务的是李某,而王某作为无关的第三人,并没有救助周某的义务,对周某不存在不作为的不法侵害,因此不能认为李某是制止不作为的不法侵害的正当防卫。故D项错误。【思路拓展】李某的行为属于紧急避险。李某因为自己的违法行为导致周某重伤,周某的生命面临危险,李某为了避免这种危险,侵犯无辜的第三人王某,因而属于紧急避险行为。但是,李某的行为属于避险过当。李某为了避免周某死亡而将王某砍成重伤,导致王某同样面临死亡威胁,其避险手段明显超过了必要限度。

91.正当防卫中不作为的不法侵害;防卫过当[A]

[解析] 正当防卫是在制止不法侵害。不法侵害

刑法 [答案详解]

25

既包括作为的不法侵害,也包括不作为的不法侵害。本题中,甲驾车导致乙受到重伤,甲的这种先行行为产生了作为义务,也即救助乙的义务。甲不履行该义务就是一种不作为的不法侵害。

正当防卫的防卫人不限于被害人本人,还可以是无关的第三人。本题中,行人丙作为第三人实施了防卫行为。面对甲的不作为的不法侵害,丙迫使其履行作为义务,属于制止甲不作为的不法侵害,成立正当防卫。另外,丙的防卫行为不构成防卫过当。甲将乙撞成重伤,甲的不作为导致乙的生命受到严重威胁,这是对乙的生命的严重不法侵害。丙的防卫行为只是导致甲轻伤,不属于"超过必要限度造成重大损害",符合必要性和相当性条件,因此并不过当。故本题 A 项当选。

92.正当防卫和紧急避险[D]

[解析]

	正当防卫	紧急避险
起因	人为的不法侵害	自然力破坏、动物侵袭、人生理病理造成的危险以及人所实施的违法犯罪行为
限制	并无不得已的规定	不得已而为之
对象	不法侵害者本人(人身或财产)	无辜的第三人的合法权益
限度	可以等于或者大于不法侵害可能造成的损害,只要不过于悬殊	所造成的损害必须小于或等于所避免损害(要尊重无辜第三人)
主体	无特殊限制	避免本人危险的主体不包括职务、业务上负有特定责任的人

二者范围不同,正当防卫的不法侵害只包括人的不法侵害;而紧急避险中既包括人的不法侵害,还包括自然灾害、野生动物袭击。故 A 项错误。

正当防卫中,实施正当防卫要求不法侵害"正在进行",是指已经开始("着手"),尚未结束。紧急避险的前提也是面临"正在发生"的危险。但二者的紧迫性程度有所不同,正当防卫的程度高些,紧急避险的程度低些,危险距离发生实害结果的时间间隔可以长一些。由上图可知,二者危险的来源不同,那么对正当防卫中不法侵害是否"正在进行"的认定与紧急避险中危险是否"正在发生"的认定肯定就不同。另外,正当防卫反击的是"坏人"(不法侵害人),没有那么严格;而紧急避险损害的是"好人"(无辜第三人),

应适度慎重。故 B 项错误。

《刑法》第 20 条第 2 款规定:"正当防卫明显超过必要限度造成重大损害的,应当负刑事责任,但是应当减轻或者免除处罚。"第 21 条第 2 款规定:"紧急避险超过必要限度造成不应有的损害的,应当负刑事责任,但是应当减轻或者免除处罚。"防卫行为"明显"超出"必要限度"的,才需要追究防卫过当的责任;而避险行为只要超过必要限度就应该追究刑事责任,二者对"必要限度"的认定不同。故 C 项错误。

不具有防卫意图的情形是指偶然防卫,不具有避险意图的情形是指偶然避险。如果坚持结果无价值论,认为成立正当防卫不要求具有防卫意图,也即偶然防卫构成正当防卫,那么也应认定紧急避险不要求避险意图,也即偶然避险构成紧急避险。如果坚持行为无价值论,认为成立正当防卫要求具有防卫意图,也即偶然防卫不构成正当防卫,那么也应认定紧急避险要求避险意图,也即偶然避险不构成紧急避险。故 D 项正确。

93.正当防卫;紧急避险[D]

[解析]法律并没有对防卫的主体进行限定,任何人均可为保护国家利益实施防卫行为,均可能构成正当防卫,而不限于国家工作人员。故 A 项错误。

正当防卫是防卫人直接与不法侵害行为作斗争,而紧急避险则是避险人在面临危险的情况下,通过损害第三者的利益来保护自己。使用第三者的财物反击不法侵害人的,对不法侵害人而言,该反击行为属于防卫行为,构成正当防卫;对第三者而言,反击者通过损害第三者的财物避免自己所面临的危险,构成紧急避险。故 B 项错误。

只有在针对不法侵害或自然灾害等时才可能成立紧急避险。在面临合法追捕的情况下,被追捕者没有逃避的权利,更不可能通过侵入他人住宅来实施紧急避险。故 C 项错误。

成立紧急避险要求保护的利益大于被损害的利益,为保护个人较大的利益免受正在发生的危险,损害较小的公共利益的,仍然可以成立紧急避险。故 D 项正确。

94.紧急避险[B]

[解析]避险意图是成立紧急避险的主观条件,指行为人实行紧急避险的目的在于使国家、公共利益、本人或者他人的人身、财产和其他权利免受正在发生的危险。甲认识到从鱼塘抽水的目的是救火,是为了避免仓库及其中的物品被烧毁,故应认定甲具有避险意图。即便甲有报复动机,也无法否定避险意图的存在。故 A 项错误。

紧急避险是通过损害一个合法权益而保全另一合法权益,所以对于紧急避险的可行性必须严格限制。只有在不得已即没有其他方法可以避免危险时,才允许实行紧急避险。甲的仓库边虽然有其他的鱼塘,但在当时的情况下,火势紧急,无论从哪一家鱼塘抽水,都会造成损失,因此从乙的鱼塘抽水是不得已而采取的避险行为。故B项正确。

甲的行为不但避免了仓库中价值2万元的财物被烧毁,而且还避免了人员伤亡,属于保全了更大的权益,符合避险限度要件。因此,甲的行为成立紧急避险,对2万元鱼苗的死亡,甲不成立故意毁坏财物罪。故C、D项错误。

95.正当防卫;转化型抢劫;故意伤害罪[C]

[解析]《刑法》第269条规定,犯盗窃、诈骗、抢夺罪,为窝藏赃物、抗拒抓捕或者毁灭罪证而当场使用暴力或者以暴力相威胁的,以抢劫罪定罪处罚。本案中,甲盗窃财物后已离开现场1公里,其使用暴力的地点不属于"当场",因此不构成转化型抢劫罪。乙在深夜、偏僻路段向甲索要财物,已构成《刑法》上的"不法侵害",甲的伤害行为也未超出必要限度、未造成不必要的伤害,属于正当防卫,不构成犯罪。故C项正确,A、B、D项错误。

96.正当防卫[ACD]

[解析]本案中,乙客观上实施了侵犯法益的行为,但属于没有责任能力的人;甲明知乙没有责任能力,为阻止其违法行为而将其打成重伤。

观点①认为,"不法侵害"不以侵害者具有责任能力为前提,即只要客观上具有法益侵犯可能就可认定"不法侵害"。按照该观点,甲成立正当防卫。

观点②认为,"不法侵害"以侵害者具有责任能力为前提,即没有责任能力者实施的行为不可能成为"不法侵害"。按照该观点,甲不成立正当防卫。

观点③其实是从主观方面对观点①的阐释,"不法侵害"不以防卫人是否明知侵害者具有责任能力为前提,即客观上不要求侵害者具有责任能力,主观上当然也就不要求明知侵害者具有责任能力。按照该观点,甲成立正当防卫。

观点④其实是从主观方面对观点②的阐释,"不法侵害"以防卫人明知侵害者具有责任能力为前提,即客观上要求侵害者具有责任能力,主观上要求防卫人明知侵害者具有责任能力。按照该观点,甲不成立正当防卫。

综上,按照观点①③,甲成立正当防卫;按照观点②④,甲不成立正当防卫。故B项正确,不当选;A、C、D项错误,当选。

97.正当防卫[C]

[解析]本案中,甲对正在实施一般伤害的乙进行正当防卫,致乙重伤(仍在防卫限度之内),此时甲的行为属于正当防卫。但是,乙重伤之后已经失去继续侵害的能力,并有死亡的危险,甲具有救助的义务(合法行为仍然可以成为不作为犯罪中的义务来源)。面对乙的哀求,甲既不报警也不将其送往医院抢救,导致乙流血过多而死亡,而该死亡结果"明显超过必要限度造成重大损害",故甲的行为属于防卫过当。应当认为,本题考查的重心不是甲故意还是过失导致乙的死亡,因为案情设计本身无法确定甲是故意还是过失的责任心理。此外,认定甲的防卫行为导致过当的结果必须结合之前的防卫行为加以理解,故难以评价甲不救助的行为独立构成不作为犯罪。故C项正确,A、B、D项错误。

98.正当防卫[B]

[解析]甲在扭送罪犯顾某时,顾某已经被制服,并没有处于正在进行不法侵害过程中,甲却死死扼住顾某的头导致其窒息死亡,明显限度过当,甲不成立正当防卫。故A项错误。

乙的行为不成立正当防卫,因为齐某的死亡并非乙的行为导致,乙的行为从形式上不符合任何犯罪的客观违法要件,对其行为也就没必要认定为正当防卫。故B项正确。

丙的行为不成立正当防卫,应认定为故意毁坏财物罪。因为防卫行为的对象只能是不法侵害人本人。只有当不法侵害人将其财产作为不法侵害的手段或者工具时,通过毁损其财物可以制止不法侵害、保护法益,才能认定为正当防卫。故C项错误。

丁的行为不成立正当防卫,应认定为故意伤害罪。正当防卫的本质在于通过防卫行为减少或者避免不法侵害,所以,作为正当防卫前提条件的不法侵害行为并非任何违法行为,而是那些具有进攻性、紧迫性、破坏性并且通过防卫行为能够减少、避免不法侵害的违法行为;否则,应根据具体情形认定为相应犯罪。针对何某偷越国(边)境的行为,不能进行正当防卫。故D项错误。

99.正当防卫[A]

[解析]本案中乙正在实施现实的不法侵害,甲认识到不法侵害正在进行(具有防卫认识),但并非为了保护妇女的利益而实施了制止不法侵害的行为(缺乏防卫意志),客观上阻止了乙的强奸行为。

观点①,正当防卫不需要有防卫认识,只要客观上阻止了不法行为,就可以成立正当防卫。所以甲成立正当防卫,即结论a。

观点②,正当防卫只需要防卫认识,即要求防卫人认识到不法侵害正在进行,不需要防卫意志。甲认识到不法侵害正在进行(具有防卫认识),实施了制止不法侵害的行为,成立正当防卫,即结论a。

观点③,正当防卫只需要防卫意志,即要求防卫人具有保护合法权益的意图。甲虽然有防卫认识,但不具有防卫意志,不成立正当防卫,即结论b。

观点④,正当防卫既需要有防卫认识,也需要有防卫意志。甲有防卫认识,但不具有防卫意志,不成立正当防卫,即结论b。

因此,观点①②与a结论对应;观点③④与b结论对应。故A项正确。

100.相互斗殴中的正当防卫[D]

[解析] 相互斗殴是指参与者在其主观上的不法侵害故意的支配下,客观上所实施的连续相互侵害的行为。在相互斗殴的情况下,由于行为人主观上没有防卫意图,双方的行为也不是制止不法侵害、保护法益的行为,故不成立正当防卫。本题中,甲、乙两人的行为属于相互斗殴,因此甲不成立正当防卫,更不存在防卫过当的问题。故A、C项错误。

紧急避险要求为保护合法利益而不得已损害他人的合法利益。甲、乙的行为都具有非法性,甲不属于紧急避险。故B项错误。

《刑法》第292条第2款规定,聚众斗殴,致人重伤、死亡的,按照故意伤害罪、故意杀人罪定罪处罚。甲用木棒击中乙头部,致乙死亡,应定故意杀人罪。故D项正确。

101.正当防卫[D]

[解析] 正当防卫成立的时间条件是不法侵害正在进行。A项的情形属于不法侵害已经结束,成立故意伤害罪。故A项正确。

在财产性违法犯罪情况下,行为虽然已经既遂,但在现场来得及挽回损失的,应认为不法侵害尚未结束,可以实行正当防卫,属于合法行为。故B项正确。

在我国,不法侵害应是人的不法侵害。在饲主唆使其饲养的动物侵害他人的情况下,动物是饲主进行不法侵害的工具,这种侵害属于不法侵害。打死、打伤该动物的,属于使用给不法侵害人造成财产损失的方法进行正当防卫。但动物对人的自发侵害,不是不法侵害,因为刑法评价的是人的行为。故C项正确。

正当防卫要求必须存在现实的不法侵害行为,"不法"即违反法律。不法侵害不限于故意犯罪,对于过失不法侵害,符合其他条件的,也可以进行正当防卫,这即是不法侵害的客观性。同样,对于精神病人等无刑事责任能力人的侵害也可进行正当防卫。故D项错误。

102.紧急避险[B]

[解析] 紧急避险是通过损害一种法益保护另一种法益,其成立条件比正当防卫更严格,即必须发生了现实危险、必须是正在发生的危险、必须出于不得已损害另一法益、必须具有避险意识、必须没有超过必要限度造成不应有的损害。在本题情形中,甲遭乙追杀,情急之下夺过丙的摩托车致丙被撞骨折和车被

毁损,是对无辜第三者权益的损害,其行为完全符合紧急避险的成立条件。故B项正确,A、C、D项错误。

103.正当防卫等排除犯罪事由[A]

[解析] 正当防卫的条件必须具备:存在现实的不法侵害;不法侵害正在进行;具有防卫意识;针对不法侵害人本人进行防卫;没有明显超过必要限度造成重大损害。甲突遇精神病人丙持刀袭来,在迫于无奈时与丙搏斗将其打成重伤,对于这种不具有责任能力的人的侵害,应当认为可以进行正当防卫。但是,对此情形的正当防卫应尽量限制在必要场合。故A项正确,D项错误。

紧急避险是在两个合法权益相冲突的情况下,迫不得已而采取的损害另一较小的合法权益的行为,从而为了国家、本人或他人的人身、财产和其他权利免受正在发生的危险。本题情形中,因精神病人丙的袭击而使甲攻击,并不存在两个合法权益的冲突,不是紧急避险。故B项错误。

自救行为要求通过法律程序,依靠国家机关不可能或明显难以恢复受侵害的法益,这表明,通过自救能够恢复受侵害的法益。甲的反击以致造成丙的重伤,可以认为是在侵害发生前作出的"防卫"以保护自己的人身权利不受侵害,而并非恢复受侵害的法益,甲的行为不是自救。故C项错误。

考点12 违法阻却事由之二:被害人承诺

104.被害人承诺中的意思表示[ABD]

[解析] 被害人承诺,是指如果被害人同意他人对其加害,那么他人不构成犯罪。例如,甲同意乙毁坏自己的财物,乙的毁坏行为便不构成犯罪。被害人的承诺必须是其真实意思表示。因行为人欺骗、胁迫而作出的承诺无效。

兽医作为一名医生,有义务告知真相(该疾病已经有药物可以治疗),不告知属于不作为的欺骗。行为人的欺骗与被害人的认识错误有两种关系:一种是欺骗导致被害人从无到有产生认识错误。另一种是被害人自己先产生认识错误,行为人通过欺骗维持、利用被害人已有的认识错误。兽医的这种欺骗维持、利用了甲已有的认识错误,导致甲的承诺不是真实的意思表示,因此甲的承诺是无效的。兽医构成故意毁坏财物罪。故A项正确。

行为人欺骗被害人作出承诺,被害人的承诺无效。但是,行为人没有欺骗被害人,被害人自己产生认识错误并作出承诺,该承诺对行为人而言是有效的。本题中,乙没有欺骗被害人甲,甲因自己的疏忽大意作出了错误的承诺。该承诺对乙而言是有效的。因此,乙不构成故意毁坏财物罪。故B项正确。

《刑法》第234条之一第1款规定,组织他人出卖人体器官的,构成组织出卖人体器官罪。本罪的实行

行为只包括组织他人出卖人体器官的行为。本罪的保护法益是合法的器官捐献制度(社会法益),不包括器官提供者的身体健康(个人法益),后者由故意伤害罪保护。本题没有交代器官的出卖者乙是未成年人或受到强迫或欺骗,表明其有承诺能力,是真实的意思表示,那么其承诺是有效的。在此前提下,组织者甲不构成故意伤害罪,而构成组织出卖人体器官罪。故C项错误。

被害人的承诺必须是其真实的意思表示,因行为人欺骗、胁迫而作出的承诺无效。但是,行为人没有欺骗被害人,被害人自己产生认识错误并作出承诺的,该承诺对行为人而言是有效的。本题中,乙没有欺骗甲,甲是自己产生认识错误而作出错误的承诺,该承诺对乙而言是有效的。故D项正确。

105.被害人承诺[D]

[解析] 被害人的承诺,是指符合一定条件,便可排除损害被害人法益的行为的犯罪性。通说认为,被害人承诺的有效要件至少包括以下条件:(1)被害人应对被侵害的权益具有处分权限。被害人承诺允许行为人损害国家利益、公共利益、他人利益是无效的,只有对自己权益的处分,被害人的承诺才有可能犯罪。(2)被害人对所承诺事项的性质、意义、范围具有理解能力。(3)承诺出于被害人的真实意志。被害人在遭受胁迫等情况下作出的承诺是违背真实意志的,因而是无效的。(4)被害人必须具有现实的承诺。承诺的时间必须是在行为实施之前或者实施之际,事后的承诺无效。此外,被害人承诺使得犯罪行为排除还要求经承诺实施的行为没有超过承诺的范围。故D项正确。

106.被害人承诺[D]

[解析] 被害人承诺符合一定条件便可以排除损害被害人法益的行为的违法性。经被害人承诺的行为符合下列条件时,才排除犯罪的成立:(1)承诺者对被侵害的法益具有处分权限。(2)承诺者必须对所承诺的事项的意义、范围具有理解能力。(3)承诺必须出于被害人的真实意志,戏言性的承诺、基于强制或者威压作出的承诺,不排除犯罪的成立。(4)必须存在现实的承诺。(5)承诺至迟必须存在于结果发生时,被害人在结果发生前变更承诺的,则原来的承诺无效。事后承诺不影响行为成立犯罪。(6)经承诺所实施的行为不得超出承诺的范围。

甲虽得到儿童父母的有效承诺,但承诺者对被侵害的法益没有处分权限,不影响拐卖儿童罪的成立,故甲将儿童赵某卖至富贵人家的行为仍构成拐卖儿童罪。故A项错误。

乙在钱某家发生火灾之际,独自闯入其住宅搬出贵重物品,无论事前或事后是否得到钱某的认可,仍属于基于推定的承诺的行为,即为了避免烧毁被害人的贵重财产。被害人知道事实真相后当然会承诺,即使钱某事后对此不予认可,原则上不影响推定承诺有效的判断。因此排除了乙非法侵入住宅罪的成立。故B项错误。

孙某为戒掉网瘾,让其妻子丙将其反锁一星期,此承诺是孙某自身意志的体现且对其有利,孙某放弃自己人身自由的承诺有效,妻子丙的行为不成立非法拘禁罪。故C项错误。

李某同意丁砍掉自己的一个小手指,丁却砍掉其大拇指,虽然被害人承诺侵害自己的法益时可排除犯罪的成立,但超出承诺的范围的,承诺无效。砍掉大拇指属于重伤害,而重伤不能承诺,依据《刑法》第234条的规定,丁构成故意伤害罪。故D项正确。

专题四 犯罪形态

考点13 犯罪预备、未遂、中止与既遂的判断

107.犯罪中止;犯罪既遂;共犯关系的脱离[AC]

[解析] 在共同犯罪过程中,有人中途退出成立犯罪中止的条件为脱离共犯关系,即消除自己的贡献,包括物理性、心理性的贡献。本题中,甲、乙共谋运输毒品,并约定开枪拒捕(故意杀人),这种共谋行为属于预备行为。乙见到警察抓捕便举手投降,此时乙的杀人行为尚未着手实行,仍处在预备阶段。乙并未提供物理性贡献(提供作案工具等),此时乙要消除的是心理性贡献,也即共谋所产生的对甲的心理性影响。乙要消除这种心理性贡献,只需要明确向甲表达退出的意思即可,即让甲意识到自己只能单打独斗了。乙在遇到警察抓捕时当即举手投降(甲看到乙投降),便向甲传递了退出的意思,因此消除了心理性贡献,能够成立犯罪中止,属于预备阶段的中止。甲开枪打死一名警察,构成故意杀人罪既遂。故A、C项正确,B、D项错误。**【特别提醒】**在犯罪预备阶段,乙成立犯罪中止并不要求乙阻止甲的犯罪。若故意杀人行为已经进入实行阶段(已经着手开枪了,尚未打死警察),此时乙要成立犯罪中止就需要阻止甲的行为;如果未能阻止甲的杀人行为,则乙需要对甲的故意杀人既遂结果负责。

108.犯罪中止;犯罪未遂;共犯关系的脱离[AB]

[解析] 在共同犯罪过程中,有人中途退出成立犯罪中止的条件为脱离共犯关系,即消除自己的贡献,包括物理性、心理性的贡献。本题中,甲、乙作为共同正犯,在入户前乙提出要放弃作案,此时犯罪处于预备阶段,尚未着手实行。因为乙此时尚未提供物理性贡献(如提供作案工具等),所以不存在消除物理性贡献的问题;乙告知自己想放弃,也就消除了心

理性贡献(甲知道自己只能单干了),因此乙构成预备阶段的犯罪中止。故B项正确,D项错误。【特别提醒】在犯罪预备阶段,乙成立犯罪中止,并不要求乙阻止甲的犯罪。如果进入实行阶段,乙要成立犯罪中止就需要阻止甲的犯罪。

甲独自入户后,发现这户人家很穷,心生可怜,便放弃抢劫,属于在实行阶段自动放弃犯罪,成立实行阶段的犯罪中止。故A项正确,C项错误。

109.既遂的条件[ABC]

[解析] 甲将毒牛奶递给丙,属于故意杀人的着手,进入实行阶段。丙未死亡,甲构成故意杀人罪未遂。故A项正确。当实行犯甲对丙构成故意杀人罪未遂,那么教唆犯乙对丙也构成故意杀人罪未遂。故C项正确。

甲对丁有救助义务:首先,甲的先行行为(递毒牛奶行为)对丁制造了危险,有消除危险的义务;其次,甲是丁的父亲,有救助义务。甲能够阻止丁喝牛奶却故意不阻止(甲对丁的死亡结果持故意心理,至少是间接故意),构成不作为的故意杀人罪既遂。故B项正确。【特别提醒】甲不构成对象错误,因为甲没有误将丁当作丙的错误心理活动。甲也不构成打击错误,因为打击错误要求对实害结果持过失心理。

教唆犯的成立条件是,教唆行为引起正犯的违法行为(法益侵害行为)。教唆犯的既遂条件是,教唆行为引起正犯的违法结果(法益侵害结果),即与正犯的违法结果具有因果性。具体到本题中的逻辑推理过程是:乙教唆甲杀害的是丙,而没有教唆甲杀害丁→丁的死亡是甲的不作为导致的→甲的不作为不是乙教唆的,是甲自己的独立行为→因此,乙的教唆行为与正犯甲的违法结果(丁的死亡)之间不具有因果关系→乙对丁的死亡不承担教唆犯的责任→不能因为丁的死亡而给乙定故意杀人罪既遂。故D项错误。【思路拓展】从另一个角度看,甲的不作为导致丁死亡是甲的实行过限,超出了甲、乙共同故意的范围,该违法事实与乙无关。【陷阱点拨】注意传统理论的一个认识误区:"一人既遂,则全部既遂;实行犯既遂,则教唆犯、帮助犯一定既遂。"根据这句话,实行犯甲也构成故意杀人罪既遂,因此教唆犯乙也构成故意杀人罪既遂。但这句话过于绝对,具体来说,其他人是否既遂,还需要进一步论证因果关系。

110.取得型财产犯罪的既遂标准[B]

[解析] 所有取得型财产犯罪(盗窃罪、敲诈勒索罪、诈骗罪等),都要求具有非法占有目的,其既遂标准为:取得控制财物,也即建立对财物的占有。

盗窃机动车,行为人只要发动车辆驶离原地,就视为其已经取得控制了车辆,构成既遂。盗窃行为是否被他人监视,不直接影响盗窃罪的既遂认定,因为监视只是看到,不等于物理控制,因此甲构成盗窃罪既遂。故A项错误。

乙敲诈勒索秦某,虽然秦某按照要求将现金放入指定地点,但最终乙没有取得财物,故不构成犯罪既遂,只能是犯罪未遂。故B项正确。【特别提醒】秦某的财产损失与乙的敲诈勒索行为有因果关系,但这并不意味着乙构成犯罪既遂。

丙在网上销售假酒,程某购买并向支付平台支付了货款,但该货款并未打入丙的账户,也即丙并未实际取得该笔货款,因此不构成诈骗罪既遂,而是未遂。故C项错误。

入户盗窃的既遂标准是拿走财物离开住宅。这样,行为人才能真正取得控制财物,建立对财物的占有。本题中,丁拿着财物未能出曹某的家门,只能构成犯罪未遂。故D项错误。【关联对比】(1)在街道、火车、商场等公共场所扒窃,将财物装入口袋就构成既遂(原因:普通公民无搜身权,装入口袋即为取得控制财物)。(2)保姆、客人在主人家里盗窃,将财物装进口袋就构成既遂(原因:主人不能对保姆、客人搜身)。

111.犯罪中止[BD]

[解析] 甲的行为成立犯罪中止。甲在共同犯罪的过程中,已经明确告知乙其退出共同犯罪的意思,并且得到了乙的同意。因此,无论乙后续的犯罪行为是否既遂,甲均不需要对乙的后续行为负责,甲的行为成立犯罪中止。故A项错误,B项正确。

乙的行为成立犯罪中止。乙在实施抢劫罪的过程中,因为被害人家里太穷而放弃犯罪,属于"出于己意"而自动放弃犯罪,成立犯罪中止。故D项正确。

共同犯罪中,各共犯人的犯罪停止形态并非必须完全一致。例如,部分共犯人中途停止犯罪而退出,并得到了其他人的同意,即便其他人将犯罪完成(成立犯罪既遂),退出者亦可以成立犯罪中止。又如,共同犯罪中,即便犯罪未达既遂,但各共同犯罪人对于犯罪未完成的心态是不完全一样的,有的是主动放弃,有的是被动放弃,也可能呈现不同的犯罪停止形态。故C项错误。

112.犯罪中止与犯罪未遂的观点学说[ABD]

[解析] 犯罪中止,是指犯罪人认为能够继续犯罪而主动放弃犯罪。犯罪未遂,是指犯罪人认为无法继续犯罪而被迫放弃犯罪。其中,犯罪人认为"能够继续犯罪",属于前提条件(外在条件)。犯罪人认为"自己是主动放弃犯罪",属于主观条件(内在条件)。做题时,需先判断"继续犯罪的可能性",再判断"放弃犯罪的主动性与被迫性"。

本题中,根据观点一,基于同情、后悔而放弃犯罪,可以成立犯罪中止。这是限定主观说的看法。基于此,行为一:甲举刀砍杀乙,乙求饶:"请可怜可怜我!"甲见乙可怜而放弃犯罪。甲成立犯罪中止。故A项正确。

根据观点二,客观上能继续犯罪,主观上放弃犯罪,即使从伦理角度看不能继续犯罪,也能成立犯罪中止。这是主观说的看法。基于此,行为二:甲举刀砍杀父亲,刀已经举起,又觉得对方是亲生父亲,难以下手,便放弃犯罪。甲成立犯罪中止。故B项正确。

根据观点三,犯罪人经过理性判断,认为不能继续犯罪而放弃犯罪,属于犯罪未遂;犯罪人基于感性因素(同情、后悔、恐惧等非理性因素)而放弃犯罪,属于犯罪中止。这是犯罪人理性说的看法。基于此,行为三:甲举刀砍杀妻子,此时年幼的孩子走进来,哀求甲不要杀妈妈。甲不忍心在孩子面前杀妻子,便放弃犯罪。甲成立犯罪中止。故C项错误。

根据观点四,若从社会一般人的角度看,当时不能继续犯罪,那么可以认为犯罪人也是在不能继续犯罪的情况下放弃犯罪,不构成犯罪中止,而构成犯罪未遂。这是客观说的看法。基于此,行为四:甲准备朝乙开枪,警察们赶到,举枪朝向甲,要求甲住手。甲见状逃离。甲成立犯罪未遂,因为从社会一般人角度看,此时无法继续犯罪。故D项正确。

113.数额在财产犯罪中的地位[B]
[解析]《刑法》第224条规定:"有下列情形之一,以非法占有为目的,在签订、履行合同过程中,骗取对方当事人财物,数额较大的,处3年以下有期徒刑或者拘役,并处或者单处罚金;数额巨大或者有其他严重情节的,处3年以上10年以下有期徒刑,并处罚金;数额特别巨大或者有其他特别严重情节的,处10年以上有期徒刑或者无期徒刑,并处罚金或者没收财产:……"本案中,合同诈骗100万元显然属于数额特别巨大的既遂,而另外120万元属于未遂。

《关于办理诈骗刑事案件具体应用法律若干问题的解释》第6条规定:"诈骗既有既遂,又有未遂,分别达到不同量刑幅度的,依照处罚较重的规定处罚;达到同一量刑幅度的,以诈骗罪既遂处罚。"根据这一规定,本案中,100万元(既遂)、120万元(未遂)均属于"数额特别巨大"这一量刑幅度,根据该解释规定,应以合同诈骗100万元既遂论处,当然,另外120万元(未遂)作为情节加以考虑。故B项正确,A、C、D项错误。

114.绑架罪;非法拘禁罪[D]
[解析]本案中,甲、乙、丙有共同犯罪故意,且实施了共同绑架吴某的行为,已构成共同犯罪。但乙和丙误以为绑架吴某的行为系为了索要合法债务,因此乙和丙构成非法拘禁罪而非绑架罪。故A项错误。

对于绑架罪,通说认为,只要行为人控制了人质就成立犯罪既遂,是否实施勒索财物的行为不影响既遂的认定。因此本案中甲的行为构成绑架罪既遂。甲让乙、丙放人的行为也不构成绑架罪中止。故B项错误。

《刑法修正案(九)》已经删除了绑架致人死亡构成结果加重犯的规定,且在本案中,吴某在回家路上溺水身亡,属于意外事件,与甲、乙、丙的绑架行为之间没有刑法上的因果关系。故C项错误。

乙和丙构成非法拘禁罪,甲构成绑架罪,不论甲的犯罪形态如何,乙、丙均构成非法拘禁罪既遂。故D项正确。

115.犯罪未遂;犯罪中止[BC]
[解析]甲的行为构成犯罪中止。成立中止犯并不必然以中止行为与危害结果未发生之间具有因果关系为前提。犯罪中止是"能达目的而不欲"。甲实施故意杀人行为,实行行为终了但未造成他人死亡后果,此时甲具备继续实施杀人行为的条件,但其选择将郝某送去医院,这种情形属于犯罪中止而非犯罪未遂。故A项错误。

乙没有抢到财物,而且没有抢到财物是违背其主观意愿的。乙虽然暂时收起刀子,但并未放弃取财行为,不能认为其已经自动放弃犯罪,故乙不属于犯罪中止,应认定其构成犯罪未遂。故B项正确。

丙误以为商场橱柜展示的是真金锭,其实是价值300元的仿制品,其实施的盗窃行为属于对象不能犯的未遂,构成犯罪未遂。故C项正确。

资助危害国家安全犯罪活动罪系单独罪名,规定在《刑法》第107条当中,该条将帮助行为正犯化。因此,即使林某未实施危害国家安全的犯罪行为,也不影响丁成立资助危害国家安全犯罪活动罪。故D项错误。

116.犯罪未遂[D]
[解析]为了贩卖毒品而购买毒品,属于贩卖毒品罪的预备行为。贩卖毒品罪的实行行为是出售行为,开始实施出售毒品的行为才是贩卖行为的"着手",将毒品实际交易给购买者才是"既遂"。因此,以贩卖为目的,在网上订购毒品,付款后尚未取得毒品即被查获的,仅属于贩卖毒品罪预备,而非未遂。故A项错误。

国家工作人员非法收受的是请托人给予的现金支票,可以随时支取,属于收受贿赂的行为,构成犯罪既遂。故B项错误。

行贿罪既遂与未遂的标志是交付是否完成,交付完成即为犯罪既遂。因此C项已经构成行贿罪的既遂,即使第二天钱款被退回,也不能影响犯罪既遂的成立。故C项错误。

行为人虽然实施了诈骗行为,受骗人也基于这一信任主动交付财物而造成财产损失,但是由于受害人误操作并未汇入行为人的账户,行为人并未实际控制钱款,构成犯罪未遂。故 D 项正确。

117.犯罪既遂;犯罪中止;犯罪未遂[A]

[解析] 犯罪中止是指犯罪分子在实施犯罪过程中自动放弃犯罪或者自动有效地防止犯罪结果的发生。甲以杀人故意对乙实施了杀害行为,有导致乙死亡的紧迫、现实危险,即甲已经"着手"实行杀人行为。乙最终死亡,但是乙并非死于甲之前的杀人行为,而是介入乙自己的行为致使其死亡,这属于异常、偶然、罕见的介入因素,属于乙自陷风险、自我答责的行为,因此,甲的杀人行为与乙的死亡之间没有因果关系。换言之,甲的杀人行为没有导致乙死亡,即犯罪"未得逞",甲的行为不属于犯罪既遂。故 B 项错误。甲在实施杀人行为之后,心生悔意,开车送乙前往医院救治,而且送往医院可以防止乙死亡,表明甲自动采取了中止行为,加上杀人行为没有导致死亡结果发生,故甲的行为成立故意杀人罪中止,甲不对乙的死亡承担责任。故 A 项正确。对于乙跳车逃走,不愿接受救治,将自己的生命直接置于危险境地,甲没有防止义务,因此甲没有阻止乙逃走的行为,不成立不作为的故意杀人罪。故 C、D 项错误。

118.犯罪中止[C]

[解析] 甲架好枪支准备杀乙,见已患绝症的乙跟跄走来,顿觉可怜,认为已无杀害必要,便收起枪支,但不小心触动扳机,乙中弹死亡,符合中止犯的时间性、自动性、客观性要件。甲的行为能否成立中止犯,取决于其是否满足中止犯的有效性要件,因为客观上出现了乙死亡的犯罪结果。外观上乍一看,死亡结果确实是甲的行为造成的,但是,这里需要严格区分死亡结果是甲的故意杀人行为造成的,还是后来的过失行为造成的。甲收起枪支的行为足以防止死亡结果的发生,不小心触动扳机属于异常的介入因素,是异常的介入因素导致了死亡结果的发生,因此,死亡结果与甲的故意杀人行为之间不存在因果关系,不可将死亡结果归责于甲的故意杀人行为。既然死亡结果不是甲的行为造成的,就应认为甲收起枪支的行为有效地防止了死亡结果的发生,满足有效性要件,成立中止犯。当然,乙的死亡结果是甲的过失行为造成的,甲对此应承担过失致人死亡罪的刑事责任。甲触犯故意杀人罪(中止)与过失致人死亡罪两罪。故 C 项正确,A、B、D 项均错误。

119.犯罪中止[AB]

[解析] 如果认为乙的死亡结果应归责于驾车行为,即中止行为导致了死亡结果,该结果与甲投毒的行为无关;而甲投毒之后实施了客观的中止行为,甲的行为成立故意杀人罪中止。故 A 项正确。

如果认为乙的死亡结果应归责于投毒行为,即甲的投毒行为与乙的死亡结果之间存在因果关系,无论这个过程中甲实施了什么行为,甲的行为都成立故意杀人罪既遂。故 B 项正确。

如果发生了构成要件的结果,而且与甲的投毒行为存在因果关系,则成立犯罪既遂,不可能成立犯罪中止;如果甲的投毒行为与该构成要件结果没有因果关系,而是其他原因导致该结果,则只要甲存在客观的中止行为就可以认定其行为成立犯罪中止。故 C 项错误。

中止的成立要求有效性,即犯罪行为没有导致构成要件危害结果的发生。如果犯罪行为最终导致了构成要件危害结果的发生,这意味着该犯罪行为的法益侵犯达到了最高程度。在这种情况下,无论犯罪分子做了什么努力,都不可能认定为犯罪中止。故 D 项错误。

120.共同犯罪的犯罪未遂[D(原答案为CD)]

[解析] 犯罪是否得逞是犯罪既遂与犯罪未遂的界限所在。犯罪得逞时,表现为法益受到侵害,发生了行为人所希望或者放任的、行为性质所决定的犯罪结果。

乙将银行卡和密码交给甲时,甲已经实际控制了卡内的 50 万元钱款,此时受贿行为已经既遂,乙事后挂失并取回钱款的行为并不影响甲所犯受贿罪的犯罪既遂形态。故 A 项不属于犯罪未遂。

尽管甲未到达现场,但其事先与乙有共谋,且向乙讲解了犯罪方法,乙的行为既遂则导致甲、乙的共同犯罪行为既遂。故 B 项不属于犯罪未遂。【**特别提醒**】本项考查的是共谋共同正犯,这是指甲、乙共同谋议实行犯罪,但后来只有乙去实施的犯罪现象。成立共谋共同正犯的条件是:其谋议行为对犯罪的发展起到重要支配作用。本题中,甲的谋议行为起到了支配作用,故成立共谋共同正犯。

成立帮助犯,须帮助行为促进正犯制造违法行为,二者有促进关系。为此,帮助行为需要具备两个条件:(1)帮助行为本身具有可能的促进作用,即行为本身具有法益侵害的危险性、可能性。(2)这种合格的帮助行为须连接到(作用于)正犯的违法行为上。如果帮助行为由于意志以外原因未能连接到(作用于)正犯行为的危险流中,便不可能发挥促进作用,不可能对法益具有危险性,因此不成立帮助犯。C 项中,甲错将钥匙放入丙的信箱,后乙是用其他方法将车盗走,故甲的帮助行为未能连接到正犯行为的危险流中,不成立帮助犯,不构成犯罪,而非犯罪未遂。故 C 项错误。【**旧题新解**】本题原答案认为 C 项正确,构成犯罪未遂。但根据新的命题观点,甲的帮助行为本身不具有法益侵害的危险性、可能性,故不成立犯罪甲、乙杀人结束,甲离开现场后,二人的共同犯罪已经终局,由于丙没死,二人的共同犯罪是未遂。此后乙杀死丙,属于实行过限。甲对乙的后续杀人没有参与行为,也没有参与意识,不用负责。因此,甲最终仍构成故意杀人罪未遂。故D项正确。

121.故意犯罪的形态[AC]

[解析] 绑架罪是目的犯,行为人以勒索财物为目的绑架他人或者以其他目的扣押他人为人质的,即可构成本罪,至于行为人是否向被绑架人近亲属等人告知财物要求或者其他要求并不影响本罪的成立。因此,行为人开始采取绑架手段时为实行行为的着手,被绑架人处于行为人或第三人的实际控制之下时为既遂。甲已经控制乙,故已既遂。故A项正确。

抢夺罪的实际危害在于直接造成公私财物的损失,判断既遂或未遂应以是否使公私财物所有权实际受到侵害为标准。甲已控制住了半条项链且数额较大,构成抢夺罪既遂。扔掉行为是对赃物的处分,不影响既遂的认定。故B项错误。

C项考查帮助犯的成立与既遂问题。(1)帮助犯的成立条件:帮助行为促进正犯制造违法行为,二者有促进关系。为此,帮助行为需要具备两个条件:第一,帮助行为本身具有可能的促进作用;第二,这种合格的帮助行为连接到(作用于)正犯的违法行为上。(2)帮助犯的既遂条件:帮助行为对正犯结果具有促进作用(果然性)。当帮助行为连接到正犯行为上,帮助犯便成立帮助犯。当帮助行为与正犯结果具有因果性时,帮助犯便既遂。也即,在正犯行为的危险流导致结果的过程中,帮助行为要发挥实际贡献,帮助犯才既遂。本项中,甲已经将钥匙给乙,甲的帮助行为连接到乙的正犯行为,甲成立盗窃罪的帮助犯。乙拿着钥匙开车门,表明盗窃已经着手,也表明甲的帮助行为对正犯行为发挥的作用维持到了正犯行为的着手实行阶段。但是,在正犯行为的危险流导致结果的过程中,甲的帮助行为没有发挥实际贡献,因此构成犯罪未遂,而非既遂。故甲构成盗窃罪(帮助犯)未遂,C项正确。

盗窃罪既遂的认定是以他人实际控制或占有的财物转移到行为人实际控制之下为判断标准。甲偷拿戒指的行为就意味着甲已经占有了该财物,被害人失去了占有,故成立盗窃罪既遂。之后被保安发现并被抓获的,属于盗窃之后的案情发展,不影响盗窃罪既遂的判断。故D项错误。

122.犯罪形态的认定[B(原答案为A)]

[解析] 本题考点有二:一是犯罪未遂与犯罪中止的区分;二是判断成立犯罪未遂、犯罪既遂和犯罪中止的时间点。犯罪未遂与犯罪中止的关键区别在于犯罪未得逞的原因是否为意志以外的原因;如果基于犯罪意志以外的原因未得逞的,属于犯罪未遂;如果基于犯罪意志以内的原因未得逞的,属于犯罪中止。因客观障碍或者主观障碍导致犯罪未得逞的,属于意志以外的原因;但自动放弃犯罪或者自动有效地防止犯罪结果发生的,属于意志以内的原因。

对于犯罪中止,可分为行为实行终了的中止与行为未实行终了的中止。这里的行为是指实行行为。实行行为实行终了,是指能够导致既遂结果的行为已经实行完毕,否则属于未实行终了。判断实行终了的中止,重点考察是否自动有效地防止犯罪结果发生;判断未实行终了的中止,重点考察是否自动放弃犯罪。例如,甲举刀砍了乙脖子一刀,导致致命伤,属于实行终了。此时甲后悔,想成立犯罪中止,仅自动放弃犯罪是不行的,必须要有效地防止死亡结果发生。

本题中,题干交代"经查,第一刀已致乙重伤",这表明第一刀已经导致致命伤,能够导致死亡结果的行为已经实行完毕。此时要成立中止,属于实行终了的中止。要成立实行终了的中止,需要的不是考察犯罪人自动放弃犯罪还是被迫放弃犯罪,而是考察犯罪人是否有效地防止死亡结果发生。题目中的"遂将乙送医,乙得以保命",表明甲采取了有效的抢救措施(中止行为),防止了死亡结果发生,故应成立犯罪中止。由于造成重伤,属于造成一定损害结果的犯罪中止,根据《刑法》第24条的规定,在处罚时适用"造成损害的,应当减轻处罚"。故A项错误,B项正确。【**思路拓展**】根据弗兰克公式,能达目的而不欲,是中止;欲达目的而不能,是未遂。判断"能达目的",即能不能继续犯罪,应从社会一般人的角度判断,而不能从主观的角度判断。本题中,从社会一般人角度看,甲的行为能够导致乙死亡,在此前提下放弃杀人,而主动采取救助措施,防止了实害结果的发生,因此属于犯罪中止。【**旧题新解**】本题原答案为A,认为甲构成犯罪未遂,但根据新的命题观点,B项是正确的。如果将题干修改为"甲用尽了各种方法,仍没有杀死乙,甲因为封建迷信,认为乙有上天保佑,是杀不死的,只好放弃",则案件属于行为人对客观障碍存在认识错误,对此处理标准是:根据行为人的主观认识来判断。甲主观上误以为不能继续犯罪而放弃,实际客观上仍可以继续,对甲应认定为犯罪未遂。

甲成立故意杀人罪中止,不可能再认定为故意伤害罪,即行为人重罪未遂或者中止,但造成了轻罪的"既遂"的,不能认定为轻罪既遂,仍然要认定为重罪未遂或者中止。此外,甲的行为尽管没有导致乙死亡,但其行为有导致乙死亡的紧迫危险,属于故意杀人罪的实行行为,不属于不能犯。故C、D项错误。

123.犯罪未遂;不能犯;过失犯;因果关系[ACD]

[解析] 不能犯,是指行为人主观上有意实行犯

罪,但就行为的性质看并无实现构成要件内容的可能性,现实上不能发生法益侵害结果而不受处罚的情况。本题中,甲欲以硫酸泼乙,情急之下未能拧开杯盖说明行为完全有可能达到既遂,但由于意志以外的原因而未得逞。故只能认定为未遂,而不是不能犯。故 A 项错误。

《刑法》第 15 条第 1 款规定:"应当预见自己的行为可能发生危害社会的结果,因为疏忽大意而没有预见,或者已经预见而轻信能够避免,以致发生这种结果的,是过失犯罪。"丙到教室,误将甲的水杯当作自己的杯子,拧开杯盖时硫酸淋洒一身,灼成重伤。甲未尽妥善管理危险物品的义务,对丙的重伤构成过失致人重伤罪,应当承担刑事责任。故 D 项错误,B 项正确。

因果关系,是行为与结果之间的引起与被引起的关系,其是一种客观联系,不以行为人的意志为转移,行为人是否认识到自己的行为可能发生危害结果,不影响对因果关系的认定。在行为人的行为介入了第三者或者被害人的行为而导致结果发生的场合,要判断某种结果是否是行为人的行为所造成的,应当考察行为人的行为导致结果发生的可能性的大小、介入情况的异常性大小以及介入情况对结果作用的大小。综上考虑,甲准备硫酸的行为是丙重伤的前提条件,故甲的行为和丙的重伤之间具有客观上的因果关系。故 C 项错误。

124.犯罪停止形态[ABCD]

[解析]《刑法》第 23 条第 1 款规定:"已经着手实行犯罪,由于犯罪分子意志以外的原因而未得逞,是犯罪未遂。"该法第 24 条第 1 款规定:"在犯罪过程中,自动放弃犯罪或者自动有效地防止犯罪结果发生的,是犯罪中止。"

甲指使黄某将 500 万元的收入在申报时予以隐瞒,为单位逃税罪的着手,但后来黄某向税务机关如实申报,属于单位意志以外的原因而未得逞,故单位属于犯罪未遂;黄某是在犯罪过程中自动放弃且自动有效地防止犯罪结果的发生,故黄某属于犯罪中止。故 A 项正确。

抢夺罪是指以非法占有为目的,直接夺取他人紧密占有的公私财物,数额较大或者多次抢夺的行为。一般来说,只要行为人取得了被害人的财物,即被害人丧失了对自己财产的控制,就成立既遂。即使乙在抢夺后发现全部都是假币,仍然构成抢夺罪既遂。故 B 项正确。

《刑法》第 240 条第 2 款规定:"拐卖妇女、儿童是指以出卖为目的,有拐骗、绑架、收买、贩卖、接送、中转妇女、儿童的行为之一的。"拐卖儿童罪只要是以出卖为目的,有上述行为之一就构成拐卖儿童罪既遂,

将婴儿送回原处只是拐卖儿童的事后行为,不影响既遂的成立,只影响量刑。故 C 项正确。

根据《刑法》第 232 条的规定,故意非法剥夺他人生命的行为,构成故意杀人罪。丁是以杀人故意向胡某开枪,虽然胡某是死于心脏病突发,但其结果达到了丁所希望发生的犯罪结果,死亡结果终究是行为人造成的,这只是狭义的因果关系错误,不影响犯罪的成立。丁应当成立故意杀人罪既遂。故 D 项正确。

125.犯罪中止的认定[ABCD]

[解析]《刑法》第 24 条第 1 款条规定,在犯罪过程中,自动放弃犯罪或者自动有效地防止犯罪结果发生的,是犯罪中止。中止行为是犯罪中止形态的决定性原因,其必须发生在"犯罪过程中",即在犯罪行为开始实施之后、犯罪呈现结局之前均可中止。"在犯罪过程中"表明,犯罪还没有形成结局,既不是已经未遂,也不是已经形成了犯罪预备形态,更不是已经既遂。因此,犯罪既遂后自动恢复原状的,不成立犯罪中止。需要特别注意的是,犯罪中止的成立并不要求没有发生任何犯罪结果,而是只要求没有发生作为既遂标志的犯罪结果。

甲已经收买了儿童,并以日后出卖为目的,其行为已经构成拐卖儿童罪的既遂。甲看到拐卖儿童犯罪分子被判处死刑的新闻,偷偷将儿童送回家,属于犯罪既遂后恢复原状的行为,显然不能成立犯罪中止。故 A 项当选。

乙已经使用暴力绑架被害人,说明其行为已经构成绑架罪的既遂,没有成立犯罪中止的可能了。被害人反复向乙求情,乙释放了被害人,这仅仅是犯罪既遂后的悔罪表现而已,并不是中止行为,因而也不能成立犯罪中止。故 B 项当选。

只要有积极参加恐怖组织的行为就构成参加恐怖组织罪的既遂,无论恐怖组织成立后是否实施了恐怖活动。所以经家人规劝后,退出恐怖组织的行为,不是中止行为,不成立犯罪中止。故 C 项当选。

挪用公款罪,是指国家工作人员利用职务上的便利,挪用公款归个人使用,进行非法活动的,或者挪用公款数额较大、进行营利活动的,或者挪用公款数额较大、超过 3 个月未还的行为。丁为国家工作人员,挪用公款 3 万元用于孩子学费,4 个月后才主动归还,可见其早已构成挪用公款罪的既遂而非中止。故 D 项当选。

126.故意犯罪的停止形态[B]

[解析] 犯罪预备,是指为了犯罪准备工具、制造条件。犯罪未遂,是指已经着手实行犯罪,由于犯罪分子意志以外的原因而未得逞。犯罪中止,是指犯罪分子在实施犯罪过程中,自动放弃犯罪或者自动有效地防止犯罪结果发生。犯罪预备与犯罪未遂的区别

· 34 ·

在于是否已经着手实行。如果着手实行之后由于行为人意志以外的原因而停止,则属于犯罪未遂;如果尚未着手实行就因为行为人意志以外的原因而停止,则属于犯罪预备。对于着手的认定,通说认为开始实施刑法分则所规定的具体犯罪构成要件的行为时就是着手。本案中,乙的行为并未使甲服毒,乙的杀人行为并未着手,仍处于犯罪预备阶段。故 C、D 项错误。乙惧怕法律制裁,出于自身意志放弃犯罪,构成犯罪中止,所以,乙成立犯罪预备阶段的犯罪中止。故 B 项正确,A 项错误。

对于本案,千万不要认为开始投毒就是着手,投毒完成就是实行行为完成。在投毒杀人的场合,只有当被害人将要服用毒药的时候,才有侵犯他人生命的紧迫危险,此时才能认定实行行为的着手;之前准备毒药、投放毒药的行为只是为这一实行行为制造条件的行为,属于预备行为。

127.犯罪中止;犯罪对象的转换[ABD(原答案为AB)]

[解析] 对于害怕处罚的问题,依据社会一般人的看法,害怕当场被捕(以当场必然被捕为前提),此时放弃,是未遂;害怕日后被捕(客观上不会当场被捕),此时放弃,是中止。A 项中,甲害怕受刑罚处罚,不是害怕当场被处罚,而是害怕日后被处罚。甲当场仍然可以继续犯罪,此时自动放弃,属于犯罪中止。故 A 项正确。B 项中,甲正在抢劫时,意识到犯罪要受刑罚处罚,便放弃犯罪,也属于害怕日后被处罚。甲在能够继续犯罪的情况下,自动放弃犯罪,成立犯罪中止。故 B 项正确。

现金和珠宝都属于个人的私有财产,在性质上是一样的。甲入室欲盗窃现金,但由于发现大量珠宝便放弃盗窃现金的意思,甲这种犯罪对象的转化属于同一犯罪构成内的转化,已经成立犯罪既遂,不成立犯罪中止。故 C 项错误。

成立犯罪中止,要求具有有效性,这是指有效地防止实害结果的发生。即使行为人自动放弃或积极努力防止,但结果仍发生了,也不能成立犯罪中止。但是,如果犯罪行为与实害结果之间没有因果关系,则行为人不构成犯罪既遂,而构成犯罪中止。这种情形被称为有效性的例外,其行为模型是:犯罪行为→中止行为(防止措施)→介入因素→实害结果发生。D 项属于阻断救助类案件,这种案件的特点是,正常情况下,救助行为能够防止实害结果发生(医生证明,早半小时送到医院,乙就不会死亡),因为阻断了救助行为(交通事故耽误一小时),所以导致了实害结果发生。结论:实害结果应归属于阻断救助的行为,而不归属于先前犯罪行为。这是因为:第一,当正常情况下救助行为能够防止实害结果发生,阻断先前行为的危险流,则表明先前行为已经没有导致结果发生的可能性(医生证明,早半小时送到医院,乙就不会死亡)。第二,阻断救助的行为与实害结果发生之间存在充分且必要条件,即没有阻断救助的行为,实害结果就不会发生;因为出现了阻断救助的行为,所以才导致实害结果发生。因此,本项中,死亡结果应归属于阻断救助的行为(交通事故耽误一小时),而不应归属于甲的先前投毒行为,甲不构成故意杀人罪既遂。由于甲有中止行为(抢救措施),主观上想主动放弃犯罪,所以不能认定为犯罪未遂,只能认定为犯罪中止。故 D 项正确。【特别提醒】阻断救助类案件中有两个介入因素:一是救助行为(甲的抢救行为),二是阻断救助的行为(交通事故耽误一小时)。这与一般介入因素的案件不同。一般介入因素的案件中,介入因素只有一个,而且该介入因素是对法益制造了危险的因素。阻断救助的案件中,第一个介入因素(救助行为)不是对法益制造危险的因素,而是要阻断危险的因素;第二个介入因素(阻断救助的行为)也不是直接侵害法益对象的因素,而是要阻断救助。解决这种案件的关键是判断是犯罪行为还是阻断行为导致实害结果的发生,也即先前的犯罪行为与实害结果之间是否有因果关系。【旧题新解】当年公布的答案认为 D 项错误,不构成犯罪中止,而成立犯罪既遂。但根据新的命题观点,甲的犯罪行为与实害结果没有因果关系,甲不成立犯罪既遂,因为有中止行为而成立犯罪中止。

128.犯罪中止与犯罪未遂的区分[B]

[解析] 甲欲重伤乙,将乙推倒在地举刀便砍,该行为具有侵犯乙身体健康的紧迫危险,属于故意伤害罪的实行行为,即甲"已经着手实行犯罪"。甲不成立故意伤害罪的说法错误。故 A 项错误。

甲对乙的伤害结果并未实现(犯罪未得逞),其原因在于甲自动放弃了犯罪行为。本案中甲之所以放弃犯罪,是因为相信了乙的话,以为是丙将其父亲推下粪池。但是在中止的自动性认定中,放弃犯罪的原因本身并不重要,只要行为人认为还能继续实施犯罪行为或者能够达到既遂但不愿既遂的,就能认定中止的自动性。故 B 项正确。

甲的行为不具有正当性。因为乙将甲的父亲推下粪池的行为已经结束,整个过程不存在正在发生的不法侵害或者紧急危险,甲行为不可能具有正当性。故 C 项错误。

判断犯罪中止形态是否具有法益侵犯的可能性,不是以中止行为本身为标准来判断,而是以中止行为之前的犯罪行为为标准。因为中止行为本身是法律所鼓励的行为,而非犯罪行为,这是对犯罪中止形态应当减轻或者免除处罚的根据;但中止行为之前的行为属于犯罪行为,这也是行为人负刑事责任的事实根据。甲将乙推倒在地,举刀便砍,该行为对乙的身体健康具有侵犯的紧迫危险,但甲随后自动放弃了犯罪行为,属于犯罪中止,而非犯罪未遂。故D项错误。

129.犯罪未遂[BC]
[解析] 根据《刑法》第24条的规定,犯罪中止成立的根本特征是行为人出于本人的意志而自动放弃犯罪或自动有效地防止犯罪结果发生。《刑法》第23条规定:"已经着手实行犯罪,由于犯罪分子意志以外的原因而未得逞的,是犯罪未遂。对于未遂犯,可以比照既遂犯从轻或者减轻处罚。"犯罪未遂区别于犯罪中止的关键在于前者犯罪的未完成是犯罪分子意志以外的原因,后者是自觉且彻底地放弃。本题中,甲枪杀乙,因乙穿着防弹背心而未受伤,甲构成故意杀人罪的未遂,而非中止。前者是"欲而不能",后者则是"能而不欲"。故B项正确,A项错误。

甲向乙开枪的行为是否具有法益侵犯性或者说有无导致乙死亡的可能性,要以行为时的所有客观事实为标准判断,同时舍弃阻却结果发生的事实。乙没有死亡的原因在于乙身穿防弹背心,甲向乙开枪的行为完全有导致乙被击中死亡的可能性,所以甲的行为应当成立犯罪。故C项正确,D项错误。

130.故意犯罪的停止形态;盗窃罪与侵占罪的区分[C]
[解析] 甲以非法占有为目的,排除权利人的支配和控制,采取平和手段转移他人对财物的占有,成立盗窃罪。尽管甲在转移皮箱占有状态之后没有实际控制该财物,但被害人对该皮箱已经失去控制,侵犯他人财产的实害结果已经发生,故甲成立盗窃罪既遂。院墙外无人看管的皮箱原则上属于脱离他人占有但他人所有的财物,即属于遗忘物。丙认识到该财物处于院墙之外并无人看管的事实,即认识到该财物属于遗忘物,随之将财物拿走,并据为己有,客观上实施了侵占行为,成立侵占罪。故C项正确。

专题五 共同犯罪

考点14 共同犯罪的成立与共同正犯

131.共同犯罪的认定[B]
[解析] 成立帮助犯的前提是帮助犯的帮助行为对正犯的实行行为提供了物理性或者心理性作用(贡献)。甲对乙的望风并不知情,不存在心理上的因果性,而望风期间没有任何事情发生,因此也不能认为存在物理性的因果作用。因此,乙不成立(片面)帮助犯。故A项不当选。

拐卖妇女、儿童罪,是指以出卖为目的,拐骗、绑架、收买、贩卖、接送、中转妇女、儿童的行为。其中,中转妇女系为拐卖妇女的罪犯提供中途场所或机会的行为,属于拐卖实行行为之一。乙知情后收留甲和被拐卖妇女,属于中转行为,与甲成立拐卖妇女罪的共犯。故B项当选。

烧香祈福并不能给甲实施电信诈骗提供任何物理性或心理性作用,因此不能成立共同犯罪。故C项不当选。

乙用摄像机拍摄甲寻衅滋事的过程并进行网络直播,对甲的寻衅滋事无法产生直接的物理性或心理性作用,不成立共同犯罪。故D项不当选。

132.共同犯罪;违法的连带性;"部分实行、全部负责"原则[B]
[解析] 四人合谋加害刘某,表明四人是共同犯罪,在违法性上具有连带性。赵某、钱某、孙某属于共同实行犯,根据"部分实行、全部负责"的原则,即使无法查明具体是谁的行为导致死亡结果,也无需查明,三人对死亡结果均需负责。李某属于帮助犯,在旁边助威,表明提供了心理性的帮助作用,基于此,其与实行犯制造的结果具有违法上的连带性,对于实行犯的结果也需要负责。所以,四个人均需对死亡结果负责。故B项正确。

133.帮助犯的成立和既遂[D]
[解析] 乙所提供的钥匙,对于甲的盗窃行为虽然起到了一定的促进作用,但该促进作用仅延续至甲着手开门盗窃时。之后,乙所提供的钥匙对盗窃实行行为没有任何帮助,所以,乙的行为与甲的盗窃"既遂结果"之间不存在因果关系,乙不成立盗窃罪既遂的帮助犯。故A、B项错误。

帮助犯未遂(未遂的帮助犯)指帮助者一开始就以被帮助者的实行行为未遂而始终来实施帮助的,这种帮助行为本身根本就不可能让被帮助者成功地完成犯罪。例如,张三拿着李四提供的有用的钥匙盗窃王五家,王五家门开着,张三走进去盗窃既遂,李四构成帮助犯未遂。本案中乙提供的钥匙根本就不可能起到作用,故乙的行为成立"未遂的帮助犯"。帮助未遂,是指帮助者欲提供帮助行为,因意志以外的原因未能提供可能有用的帮助行为。实行犯可以是预备阶段,也可在实行阶段。例如,张三欲杀害王五,让李四提供毒药,李四答应并买到毒药,但送药的途中毒药被偷了,李四属于帮助未遂。本题C项错在用帮助未遂的理由得出帮助犯未遂的结论。故C项错误,D项正确。

134.帮助犯的故意[C]
[解析] 《刑法》第25条第1款规定,共同犯罪是指二人以上共同故意犯罪。现阶段,刑法理论上及近年来考试对"共同犯罪"的成立采取"部分犯罪共同说",即只要各行为人的犯罪行为存在部分的"共同",

客观共同、主观共同,二者之间就成立共同犯罪。客观上的共同是指各行为人客观上"手拉手",共同在客观上推进了事情的发展;主观上的共同是指各行为人对于客观上共同推进的事情,各行为人主观上均明知,并且也知道彼此在相互共同努力。

本题中,甲有杀人的故意,"入户"杀人。乙有盗窃的故意,"入户"盗窃。A项,甲利用不知情的乙,甲的行为成立故意杀人罪的间接正犯。乙无杀人的故意,不可能成立故意杀人罪的共犯。故A项错误。B项,乙虽然有帮助盗窃的故意,但由于甲没有盗窃行为,根据共犯从属性说,乙不构成盗窃罪的帮助犯。故B项错误。C项,甲主观上有"入户"杀人的故意,是非法侵入住宅罪与故意杀人罪的吸收犯,应成立故意杀人罪。乙主观上只有"入户"盗窃的故意,但由于其所谓的"盗窃"行为根本不具有侵犯他人财产法益的可能,故只能认定为非法侵入住宅罪。甲、乙二人至少在"非法侵入住宅罪"(即"入户")的范围内可以成立共同犯罪。故C项正确。D项,由于乙不构成盗窃罪的帮助犯,更不存在根据盗窃罪来量刑的问题。故D项错误。

135.挪用公款罪;包庇罪;贪污罪[C]
[解析]《全国法院审理经济犯罪案件工作座谈会纪要》规定,挪用公款罪与贪污罪的主要区别在于行为人主观上是否具有非法占有公款的目的,具有以下情形之一的可以认定行为人具有非法占有公款的目的:(1)携带挪用的公款潜逃的,对其携带挪用的公款部分,以贪污罪定罪处罚。(2)行为人挪用公款后采取虚假发票平账、销毁有关账目等手段,使所挪用的公款已难以在单位财务账目上反映出来,且没有归还行为的,应当以贪污罪定罪处罚。(3)行为人截取单位收入不入账,非法占有,使所占有的公款难以在单位财务账目上反映出来,且没有归还行为的,应当以贪污罪定罪处罚。(4)有证据证明行为人有能力归还所挪用的公款而拒不归还,并隐瞒挪用的公款去向的,应当以贪污罪定罪处罚。周某从村委会账户取款20万元购买玉器,并指使会计刘某将账做平,表明其有非法占有目的,构成贪污罪。故A项错误。

周某将公款从村委会账户挪出后,即构成贪污罪的既遂,事后归还属于悔过表现,仅影响量刑,不影响定罪。故B项错误。

周某出于非法占有的目的,挪用村委会20万元,构成贪污罪,刘某第一次帮助周某平账的行为,属于帮助周某贪污,构成贪污罪的帮助犯。故C项正确。

《刑法》第310条第1款规定,包庇罪是明知是犯罪的人而为其作假证明包庇的行为。其行为是向公安司法机关提供虚假证明,刘某第二次平账的行为,不属于该情形,不构成包庇罪,而构成帮助毁灭、伪

证据罪。故D项错误。

136.共同犯罪[D]
[解析]甲、乙、丙基于伤害的故意实施了特定的行为,在故意伤害的范围内成立共同犯罪,无论致命伤是甲还是乙造成,均未超出三人的共同犯罪故意,甲、乙、丙均应对丁的死亡结果承担刑事责任。甲、乙、丙均成立故意伤害(致死)罪。该结论与存疑有利于被告原则不矛盾,在共同犯罪的情况下,无论是谁的行为导致了结果,全体行为人均需对结果负责。如果三人属于同时正犯,才有可能适用存疑时有利于行为人的原则。故A、B、C项错误,D项正确。

137.共同犯罪;从犯;间接正犯;片面共犯[D]
[解析]如果不考虑责任年龄、责任能力,甲与乙对非法侵入计算机信息系统形成了共同故意的意思联络,并且实施了犯罪行为,因此构成共同犯罪。故A项正确。

从犯在共同犯罪中起次要、辅助作用,乙为甲侵入计算机信息系统编写侵入程序,为犯罪的实施提供了有利条件,是从犯。故B项正确。

如果甲、乙成立共同犯罪,则乙的行为属于帮助行为,而不是实行行为,故乙不成立间接正犯(间接正犯的行为是实行行为)。如果甲、乙不成立共同犯罪,即便要追究18周岁的乙的刑事责任,也不能认定乙成立非法侵入计算机信息系统罪的间接正犯,因为成立间接正犯,要求行为人对所利用的工具具有支配性,而在本案中,乙是应甲的要求为其编写侵入程序,甲是否侵入以及何时入侵尖端科技研究所的计算机信息系统,乙都不具有支配性,无法将本案评价为如同乙本人亲自非法侵入计算机信息系统一般,故乙不属于间接正犯。因此,不管甲、乙是否成立共犯,都不能认为乙成立非法侵入计算机信息系统罪的间接正犯。故C项正确。

片面共犯是指参与同一犯罪的人中,一方认识到自己是在和他人共同犯罪,而另一方没有认识到他人和自己共同犯罪。由于甲和乙对于非法侵入计算机信息系统的行为都是明知的,所以不构成片面正犯。故D项错误。

138.因果关系;认识错误;间接正犯[ACD(原答案为ABCD)]
[解析]甲为杀乙,实施了足以导致其死亡的杀人行为,该行为直接导致了丁的死亡,而且没有甲的行为,就不会有丁的死亡,故甲的行为与丁的死亡之间存在因果关系,甲的行为成立犯罪。故A项正确。

对于B项,需要判断甲是否存在认识错误,是对象错误还是打击错误。具体的判断步骤是:第一步,判断行为人对实害对象及结果持何种心理。甲在公共道路设置路障,想摔死骑摩托车的乙,此时甲一定

会认识到,在公共道路设置路障,即使是偏僻路段,也有可能将其他骑车的路人摔死。这表明甲对其他路人的死亡持放任的态度,这是一种间接故意。结果路人丁骑车摔死,这种死亡是在甲的间接故意的认识范围内的。由于甲对实害对象及结果不是持过失心理,由此排除了构成打击错误的可能。第二步,判断行为人在实施行为时对实害对象的身份有无认识错误。甲在设置路障时,对实害对象丁、欲害对象乙的身份并没有认识错误,没有"误将丁当作乙"的心理活动。因此,甲也不构成对象错误。综上分析,甲没有任何事实认识错误。由于甲对实害对象丁的死亡持间接故意,因此甲构成故意杀人罪既遂。故 B 项错误。

【特别提醒】(1)判断是否存在认识错误,首先应判断对实害对象及结果持何种心理,而不能先判断实害对象的身份有无认识错误。(2)在判断行为人对实害对象的身份有无认识错误时,应以行为实施时的认识为标准,而不能以结果发生时的认识为标准。【旧题新解】本题原答案认为 B 项是正确的,即甲构成对象错误。这是基于当年旧理论得出的结论。旧理论是以结果发生时为标准判断行为人对实害对象的身份有无认识错误。依此判断,从结果发生时看,甲"以为死者是乙,实际是丁",因此属于对象错误。这种做法不仅违反了"行为与故意同时存在原则",而且导致打击错误均成为对象错误。根据新理论,B 项是错误的。

丙明知甲设置的障碍有导致骑车人摔死的紧迫现实危险,而利用该障碍致使丁死亡,成立故意杀人罪既遂,而且客观的违法事实与丙之前预想的违法事实完全一致,不存在事实认识错误问题。故 C 项正确。

间接正犯的成立条件是:对实行者具有支配力。一个人对他人能形成支配力,主要源于两种情形:一是强制手段。典型情形是强迫被害人实施自损行为。二是欺骗手段。典型情形是欺骗被害人实施自损行为。本题中,丙的确利用了甲的行为,但要注意,这里的"利用"只是普通的利用,不是间接正犯能形成支配力的"利用"。具体来说,丙能成为间接正犯,要形成支配力,但不是对甲形成支配力,因为当丙欺骗被害人丁时,甲的行为已经实施完毕,丙对甲的行为并没有支配力。丙能够成为间接正犯,利用的是被害人丁的不知情,欺骗丁自行陷入死亡之地。丙通过这种欺骗对被害人丁形成支配力,构成故意杀人罪的间接正犯。但 D 项说"丙利用甲的行为造成丁死亡",也是说得通的,因为丙的确"利用"了甲的行为,只是需要知道,这里的"利用"只是普通的利用,不是间接正犯能形成支配力的"利用"。综上,D 项正确。【特别提醒】成为间接正犯,要形成支配力,但这里的支配力是对被害人的支配力。

139. 共同犯罪[D]

[解析] 共同犯罪是指二人以上共同故意犯罪。达到刑事责任年龄、具有刑事责任能力的人支配没有达到刑事责任年龄、不具备刑事责任能力的人实施犯罪行为的,不构成共同犯罪,利用者被称为间接正犯。但是,当被利用者在事实上具有一定的辨认控制能力、利用者并没有支配被利用者时,二者能够成立共同犯罪,此时,有责任能力者不是间接正犯。故 A 项错误。

根据部分犯罪共同说,如果二人以上持不同的故意共同实施了某种行为,则只就他们所实施的性质相同的部分或重合部分成立共同犯罪。故 B 项错误。

对向犯是指以存在二人以上相互对向的行为为要件的犯罪。其中片面的对向犯是指只处罚一方的行为。对于片面的对向犯,立法者仅将其中一方的行为作为犯罪类型予以规定,说明立法者认为另一方的行为不可罚。因此,一般情况下不可运用共同犯罪理论将另一方认定为共犯进行处罚。故 C 项错误。

片面共犯是指参与同一犯罪的人中,一方认识到自己是在和他人共同犯罪,而另一方没有认识到有他人和自己共同犯罪。目前刑法理论通说承认片面的帮助犯。故 D 项正确。

140. 共同犯罪;刑事责任;犯罪中止[D]

[解析] 根据《刑法》第 17 条第 2 款的规定,已满 14 周岁不满 16 周岁的人只对故意杀人、故意伤害致人重伤或者死亡、强奸、抢劫、贩卖毒品、放火、爆炸、投放危险物质 8 种违法行为承担刑事责任。本案中 15 周岁的甲实施了抢夺行为,其行为不构成抢夺罪,不负刑事责任。故 A 项正确。

共同犯罪理论并不解决共犯人成立什么罪名的问题,而是为了解决对共同导致的结果是否都承担刑事责任的问题。考虑到刑法中"犯罪"一词在不同语境中具有不同含义,共同犯罪中的"犯罪"不限于参与犯罪的人都必须达到刑事法定年龄、具有刑事责任能力,共同犯罪在有的情形就是指具备客观要件意义上的共同犯罪。本案中,甲尽管没有达到刑事法定年龄,但在客观上与乙共同实施了抢夺行为,因此二人在抢夺罪的违法层面成立共同犯罪。故 B 项正确。

在本案中,甲、乙二人成立抢夺罪的共犯,即使甲没有达到刑事法定年龄,乙也不成立间接正犯。只有通过强制或者欺骗手段支配直接实施者进而支配构成要件实现的,才属于间接正犯。本案中,甲求乙为其抢夺作接应,这一事实表明乙并未支配、控制甲的行为,故不能认定为间接正犯。故 C 项正确。

既然甲、乙二人成立抢夺罪共犯,按照"部分实行、全部责任"原则,二人的共同行为是个有机整体,对共同行为导致的结果都应当承担责任。甲已经夺取了被害人的手提包,已经转移了财物的占有,属于抢夺既遂,相应地,乙也应当承担抢夺既遂的责任。犯罪既遂之后,不可能再成立犯罪中止,因此,乙之后基于害怕而将手提包扔掉的行为并不影响犯罪既遂的认定。故 D 项错误。

141.必要的共同犯罪[BCD]

[解析]《刑法》第 25 条第 1 款规定,共同犯罪是指二人以上共同故意犯罪。共同犯罪要求各共犯人均有相同的犯罪故意和各共犯人之间具有意思联络。对向犯,是指以存在二人以上相互对向的行为为要件的犯罪。对向犯分三种情况:(1)双方的罪名与法定刑相同,如重婚罪。B 项中,乙明知赵某已经结婚,仍与其领取结婚证,二人均具有重婚罪的犯罪故意,故乙与赵某构成重婚罪的共犯。故 B 项当选。(2)双方的罪名与法定刑不同,如贿赂罪中的行贿罪与受贿罪。C 项中,丙构成行贿罪,国家工作人员构成受贿罪,属于双方罪名与法定刑都不同的对向犯。故 C 项当选。(3)只处罚一方的行为,如贩卖淫秽物品牟利罪,只处罚贩卖者,不处罚购买者。A 项中,甲出于可怜小贩的意思买下淫秽影碟,与小贩并无意思联络,故不构成共同犯罪。故 A 项不当选。

丁帮助组织卖淫的王某招募、运送卖淫女,构成协助组织卖淫罪,其原本是组织卖淫罪的帮助犯,在刑法分则将其拟制为正犯后(法律拟制),其和组织卖淫者之间的共同犯罪关系仍然存在,只是对其不能再引用刑法总则第 27 条关于"对于从犯,应当从轻、减轻或者免除处罚"的规定,从而可以认为协助组织卖淫者和组织卖淫者成立共同正犯。故 D 项当选。

142.共同犯罪的成立[ABD]

[解析] 甲教唆赵某入户抢劫,使得赵某听了教唆后实施了抢劫罪的行为,甲成立抢劫罪的教唆犯,与赵某成立抢劫罪的共犯。当然,按照共犯独立性说,甲成立抢劫罪的加重情形,赵某成立普通的抢劫罪;按照共犯从属性说,甲与赵某都成立普通抢劫罪。故 A 项正确。

乙以盗窃罪的故意实施了望风行为,但客观上却为吴某的入户抢劫行为提供了帮助,按照抽象的事实认识错误中法定符合说的处理原则,乙成立盗窃罪。但吴某仍然单独成立抢劫罪;按照部分犯罪共同说(行为共同说也会得出相同的结论),乙与吴某成立盗窃罪的共犯。故 B 项正确。

丙以帮助杀人的故意提供帮助行为,但事实上被帮助者钱某只是实施了故意伤害行为,按照部分犯罪共同说(行为共同说也会得出相同的结论),丙与钱某在故意伤害罪的范围内成立共犯。既然丙与钱某成立共犯,那么二人都要对犯罪行为导致的法益侵害结果负责,即丙也要对钱某造成的伤害结果负责。故 C

项错误。

丁尽管之前以帮助孙某犯罪的意思将盗车钥匙交给了孙某,但在孙某实施具体盗车行为之前要回了盗车钥匙,表明其已经脱离共犯。在之后孙某实施的盗窃行为中,丁没有任何帮助行为和帮助效果,所以丁对孙某的盗车结果不负刑事责任,仅成立盗窃罪预备阶段的中止。故 D 项正确。

143.私放在押人员罪;脱逃罪;共同犯罪的构成要件[A]

[解析] 共同犯罪,是指二人以上共同故意犯罪,一人为过失的,不构成共犯。因此甲、乙二人不成立共犯关系。故 B 项错误,A 项正确。

看守所值班武警甲擅离职守,严重不负责任,致使在押的犯罪嫌疑人乙脱逃,但其主观上没有私放乙的故意,故甲的行为不构成私放在押人员罪(属于故意犯罪),如果造成严重后果,则构成失职致使在押人员脱逃罪(属于过失犯罪)。故 C 项错误。

脱逃罪是指依法被关押的罪犯、被告人、犯罪嫌疑人脱逃的行为。该罪的主观方面为故意,且属行为犯。虽然乙刚跑到监狱外的树林即被抓回,但不影响其构成该罪。故 D 项错误。

144.共同犯罪的成立要件;共同过失犯罪的处理[C]

[解析]《刑法》第 25 条第 2 款规定:"二人以上共同过失犯罪,不以共同犯罪论处;应当负刑事责任的,按照他们所犯的罪分别处罚。"甲、乙二人的过失行为结合在一起导致丙死亡,二人的过失行为和丙的死亡之间都有因果关系,分别成立过失致人死亡罪,不需要认定甲、乙成立共同过失犯罪。故 A 项错误。

甲在与乙没有通谋的情况下,为犯罪后的乙提供隐藏处和财物的,属于窝藏犯罪的人,成立窝藏罪,不可能成立乙实施的故意杀人罪的共犯。当然,如果甲、乙事先通谋,甲在乙杀人后再窝藏的,成立故意杀人的共犯。本案中,乙也不可能成立针对自己为对象的窝藏犯罪,甲、乙二人也不成立窝藏罪的共犯。故 B 项错误。

交警甲明知他人实施保险诈骗行为而为其提供虚假鉴定意见,成立保险诈骗罪的共犯。该项直接考查《刑法》第 198 条第 4 款:"保险事故的鉴定人、证明人、财产评估人故意提供虚假的证明文件,为他人诈骗提供条件的,以保险诈骗的共犯论处。"故 C 项正确。

根据《刑法》第 417 条的规定,有查禁犯罪活动职责的国家机关工作人员,向犯罪分子通风报信、提供便利,帮助犯罪分子逃避处罚的,成立帮助犯罪分子逃避处罚罪。一方面,甲的行为单独成立帮助犯罪分子逃避处罚罪,不可能成立乙之前所实施犯罪的共犯；另一方面，甲通风报信帮助乙逃避处罚，乙本身也不可能成立甲帮助犯罪分子逃避处罚罪的共犯。故D项错误。

145.共同犯罪故意的形成与认定[A]

[解析] 共同犯罪的成立，要求必须二人以上，必须有共同故意，必须有共同行为。共同故意要求各共犯人都明知共同犯罪行为、性质和危害社会的结果，并且希望或放任危害结果的发生。

甲往儿子的牛奶放"毒鼠强"被乙看到并质问，甲不说话，乙离开，最终儿子被毒死。此情形表明乙虽未希望但放任了甲毒死儿子的结果发生，且事后二人一起掩埋尸体并对外宣称儿子是因病而死的，符合了各共犯人主观上相互沟通、彼此联络的主观要件。因此甲、乙构成故意杀人的共同犯罪。故A项正确。

乙作为被害人的母亲，具有救助被害人的法律义务，而且乙发现了甲的投毒行为，具有履行救助义务的可能性，但乙没有实施任何救助，而是默许放任，乙的行为构成了不作为的故意杀人罪。由于包庇行为是指明知是犯罪的人而作假证明包庇的，但本案中乙并没有实施作假证明包庇的行为，故不成立包庇罪。故B项错误。

遗弃是指对年老、年幼、患病等没有独立生活能力的人负有扶养义务而拒不扶养的行为，显然遗弃行为对被害人的生命没有现实紧迫的危险，而本案中乙发现儿子可能被毒死，却不采取任何措施，属于不作为的故意杀人行为，不属于遗弃罪。故C项错误。

显然，乙无罪的结论错误。故D项错误。

考点15 共犯人的分类及其刑事责任

146.教唆犯的主观要件；过失犯的认定[ABC]

[解析] 本题中，甲醉酒驾车10公里，构成危险驾驶罪。危险驾驶罪是故意犯罪，乙教唆甲实施故意犯罪，乙构成教唆犯。故A、B项正确。

甲醉酒驾车，导致一个重伤结果，根据司法解释，甲构成交通肇事罪。司法解释规定，造成以下实害结果之一，可成立本罪：死亡1人；重伤3人；重伤1人，并有严重情节（酒驾、吸毒驾驶、无照驾驶、严重超载、肇事后逃逸）。关于与危险驾驶罪的罪数问题，由于前后违章行为都是醉驾，根据吸收犯原理，重罪吸收轻罪，应定交通肇事罪。故C项正确。

既然甲构成交通肇事罪，是过失犯罪，而帮助犯、教唆犯、间接正犯都是故意犯罪，不是过失犯罪，那么只能说乙构成交通肇事罪。故D项错误。

147.教唆犯的刑事责任[D]

[解析] 教唆犯属于共犯的一种情形，只要能认定为共犯，无论是被教唆人接受教唆实施了犯罪，还是二人以上共同故意教唆他人犯罪，都可以适用《刑法》第29条第1款前段的规定。故A项正确。

对于教唆犯，刑法并没有规定独立的处罚原则，而是根据其在共同犯罪中所起的作用处罚：如果是起主要作用的，则属于主犯；如果是起次要作用的，则属于从犯。故B项正确。

教唆犯与间接正犯并不是对立关系。一方面，（故意）唆使不满14周岁的人犯罪因而属于间接正犯的，也符合"（故意）教唆他人实施违法行为"的条件，完全可以认定为"教唆不满18周岁的人犯罪"的情形。另一方面，教唆已满14周岁不满18周岁的人犯罪，应当适用该款规定，那么，教唆不满14周岁的人犯罪的，更应该适用该款的规定。故C项正确。

《刑法》第29条是关于教唆犯的处罚规定，而按照当前我国刑法规定以及主流的刑法理论，共同犯罪是指二人以上共同故意犯罪。因此，教唆犯的成立必须要求教唆他人实施故意犯罪，而不包括教唆他人实施过失犯罪。故D项错误。

148.教唆犯、帮助犯、主犯、从犯的认定[D]

[解析]《刑法》第29条规定，教唆他人犯罪的，应当按照他在共同犯罪中所起的作用处罚。教唆不满18周岁的人犯罪的，应当从重处罚。如果被教唆的人没有犯被教唆的罪，对于教唆犯，可以从轻或者减轻处罚。甲教唆乙强奸丙，乙只抢夺了丙的财物，按照共犯独立说，甲成立强奸罪的教唆犯，乙成立抢夺罪的实行犯；按照共犯从属说，甲不成立犯罪，乙成立抢夺罪。不管按照哪种观点，都是错误的。故A项错误。

教唆犯、实行犯与帮助犯是按照共同犯罪人在共犯中的分工不同所作的区分，在同一个犯罪中，一个犯罪行为不可能既是该罪的教唆犯，又是该罪的实行犯或者帮助犯。故B项错误。

根据《刑法》第353条第1款的规定，教唆他人吸食、注射毒品的，成立教唆他人吸毒罪，即单独成立本罪，不再成立教唆犯。故C项错误。

帮助犯的帮助行为促进了法益侵害，故帮助行为与正犯的行为结果之间必须具备因果关系，这就需要帮助行为给正犯以心理或者物理的影响，从而使行为更容易实施。依据《刑法》第27条第1款的规定，从犯包括两种，即在共犯中起次要作用的犯罪分子和为共犯提供方便、帮助创造条件的犯罪分子（帮助犯）。故帮助犯都是从犯。依据《刑法》第26条第1款的规定，主犯包括两类：组织、领导犯罪集团进行犯罪活动的犯罪分子和其他共犯中起主要作用的犯罪分子。后者即指除犯罪集团的首要分子以外的，在共犯中对共犯的形成、实施与完成起决定或重要作用的犯罪分子。教唆犯的教唆行为必须引起他人的犯罪故意，进而使之实行犯罪。故有的教唆犯可以是主犯。在此注意：对于帮助犯也有在刑法分则中独立成一罪的情形,如帮助毁灭证据罪,这种情形下即不可能有主从犯之分。但是从题目整体来看,D项的正确性之大较易判断,题目设置中出现的这一小瑕疵不影响正确作答。故D项正确。

149.主犯、从犯、胁从犯及其刑事责任;主犯与首要分子的关系[CD]

[解析]《刑法》第26条规定:"组织、领导犯罪集团进行犯罪活动的或者在共同犯罪中起主要作用的,是主犯。3人以上为共同实施犯罪而组成的较为固定的犯罪组织,是犯罪集团。对组织、领导犯罪集团的首要分子,按照集团所犯的全部罪行处罚。对于第3款规定以外的主犯,应当按照其所参与的或者组织、指挥的全部犯罪处罚。"依据该条第3款,对于犯罪集团的首要分子,应当按照集团所犯的全部罪行处罚,但不等于对"集团成员"所实施的全部犯罪要承担责任,即对于集团成员超出集团犯罪计划(集团犯罪故意)所实施的罪行,不承担责任。故A项错误。

《刑法》第27条规定:"在共同犯罪中起次要或者辅助作用的,是从犯。对于从犯,应当从轻、减轻处罚或者免除处罚。"B项中"所以,对于从犯不得按照其所参与的全部犯罪处罚"错误,因为对于从犯的从宽处罚是针对没有主犯情节而言的,而不是指对某些犯罪行为不承担刑事责任。故B项错误。

《刑法》第97条规定,本法所称首要分子,是指在犯罪集团或者聚众犯罪中起组织、策划、指挥作用的犯罪分子。首要分子分为两类:犯罪集团中的首要分子与聚众犯罪中的首要分子。但在聚众犯罪并不构成共同犯罪的情况下,不存在主犯、从犯之分,其中的首要分子当然无所谓主犯。故C项正确。

《刑法》第28条规定:"对于被胁迫参加犯罪的,应当按照他的犯罪情节减轻处罚或者免除处罚。"如果行为人起先是因胁迫而参加犯罪,但后来发生变化,积极主动实施犯罪行为,在共同犯罪中起主要作用,可以认定为主犯。故D项正确。

考点16 共犯的特殊问题:承继的共犯、片面的共犯、共犯与犯罪形态、共犯与身份、共犯与认识错误

150.片面共同正犯[AC]

[解析]片面共同正犯,是指甲暗中和乙共同实行犯罪,而乙实行犯罪时对此并不知情。

肯定说(多数说)认为,片面实行者构成片面实行犯(片面共同正犯)。成立片面实行犯,意味着片面实行者要对另一实行者的违法事实承担连带责任,违法是连带的,对片面实行者可适用"部分实行,全部负责"原则。

否定说认为,片面实行者不构成片面共同正犯,但否定说也承认片面帮助者能构成帮助犯。此

处,之所以存在否定说,是因为,单独处理片面实行者,一般不会导致无罪可定的问题,因为其是实行者而非帮助者,不需要依附其他人。

本题中,根据肯定说,甲的暴力行为不是孤立的,是为了乙的盗窃行为而实施的,要对乙的盗窃行为负责;将乙的盗窃行为联系起来,甲的暴力行为就是抢劫罪的暴力行为(实行行为),因此甲构成抢劫罪(致人重伤),属于片面共同正犯。乙仅构成盗窃罪既遂。故A项正确,B项错误。

根据否定说,由于乙不知道甲实施了暴力行为,甲的暴力行为与乙的盗窃行为是独立关系,应单独处理,暴力行为构成故意伤害罪(重伤),同时构成盗窃罪的帮助犯,由于甲只有一个行为,属于想象竞合,择一重罪论处,乙仅构成盗窃罪既遂。故C项正确,D项错误。

151.间接正犯;共犯与犯罪形态;共犯与认识错误;首要分子[ABC]

[解析]欺骗或强迫他人自杀,他人自杀的,构成故意杀人罪(间接正犯)。例如,教唆、欺骗幼儿、精神病患者,使其自杀,则构成故意杀人罪的间接正犯。故A项正确。

共同犯罪过程中,如果有人想中止,只有脱离共犯关系,才有可能成立犯罪中止。脱离条件:消除违法的连带性,就是不但自己自动停止,还要消除自己的行为对共同犯罪所产生的物理上、心理上的贡献。例如,甲在外望风,乙进屋正在盗窃主人的保险箱,甲打电话给乙,表示不再望风,并离开了现场。乙知道后继续实施盗窃并既遂。甲成立中止。故B项正确。

C项正确。例如,实行犯如果有对象错误或打击错误,教唆犯的犯罪形态会受到影响。

《刑法》第26条第3款规定,对组织、领导犯罪集团的首要分子,按照集团所犯的全部罪行处罚。注意:是按照"集团"所犯的全部罪行,而不是按照"全体成员"所犯的全部罪行处罚。《刑法》第26条第4款规定,对于第3款规定以外的主犯,应当按照其所参与的或者组织、指挥的全部犯罪处罚。D项认为,犯罪集团中的组织者、领导者需对全部罪行负责,这种看法是正确的。但是D项认为,其他共同犯罪中的组织者、指挥者,需对全部罪行负责,这种说法不准确。其他共同犯罪中的组织者、指挥者,应当按照其所参与的或者组织、指挥的全部犯罪处罚。故D项错误。

152.片面共同正犯[ACD]

[解析]片面共同正犯是指甲暗中和乙共同实行犯罪,而乙对此并不知情。

若承认片面共同正犯,甲知道乙抢劫的计划,为帮助乙取得财物,前往丙家中伤丙的行为应认定为片面共同正犯,则甲对乙的行为负责,甲成立抢劫罪。

由于乙并不知情,不能认定乙为共同正犯,即乙为单独犯罪,乙仅成立盗窃罪。故A项正确,B项错误。

若否定片面共同正犯,甲为单独犯罪,不需对乙的行为负责,则甲不成立抢劫罪,成立故意伤害罪。但否定片面共同正犯并不否认片面帮助犯的成立,即甲构成乙盗窃罪的片面帮助犯。因此,甲的行为构成故意伤害罪和盗窃罪的片面帮助犯的想象竞合犯,择一重罪论处。故C、D项正确。

153.共同犯罪[AB]

[解析] A项中,乙已有杀人故意,甲便不可能构成教唆犯。故A项正确。

甲属于帮助犯,帮助犯存在于实行犯已经着手实行但未实行终了以前的阶段,按照敲诈勒索罪承继的共同犯罪论处。故B项正确。

乙、丙在互殴时,乙向甲购买羊角锤,甲应当预见到乙购买羊角锤的目的在于对丙实施伤害,本应阻止或拒绝卖给乙羊角锤,但却依然放任乙的行为,应当构成故意伤害罪的帮助犯。故C项错误。

一般认为间接正犯的形态主要有以下几种:(1)利用无责任能力人犯罪。例如,甲教唆15岁的乙盗窃,因为乙未达刑事责任年龄,与甲不构成共犯,甲属于实行犯,即正犯。(2)利用他人过失或不知情的行为犯罪。例如,甲医生欲杀害病人丙,将毒针交给不知情的护士乙。乙给丙注射后,致丙死亡。甲医生为间接实行犯,乙被视为不知情的工具。本案中甲是自己擅自接受这笔贿赂且甲本身不符合受贿罪的身份要件,故不构成受贿罪的间接正犯。故D项错误。

154.承继的共犯;转化型抢劫[C]

[解析]《刑法》第25条第1款规定:"共同犯罪是指二人以上共同故意犯罪。"共同犯罪必须是"共同故意"的犯罪,即包括两个内容:一是各共犯人均有相同的犯罪故意;二是各共犯人之间具有意思联络。对于超出共同故意之外的犯罪(即实行过限),不成立共犯。《刑法》第269条规定:"犯盗窃、诈骗、抢夺罪,为窝藏赃物、抗拒抓捕或者毁灭罪证而当场使用暴力或者以暴力相威胁,依照本法第263条的规定定罪处罚。"甲在丙追赶抓捕过程中当场使用暴力致其轻伤,符合转化型抢劫,故甲构成抢劫罪;而乙只在两人共同抢夺故意中成立抢夺罪。故C项正确,A、B、D项错误。

155.共同犯罪的认定;帮助犯的成立;主犯[CD]

[解析]《刑法》第25条规定,共同犯罪必须是"共同故意"犯罪,即都明知共犯行为的内容、社会意义与危害结果并具有意思联络。本题中,甲为去乙的别墅盗窃,请熟悉乙家的丙为其标图,已显示丙对甲的犯罪意图明知且为其提供了图纸,成立帮助犯,即帮助行为比犯罪者的实行行为更容易实施。注意:帮助

犯的作用不仅有提供帮助的可能性,而且在精神上有促进与保证犯罪分子犯罪的作用。故即使甲未使用丙的标图,甲、丙也构成盗窃罪的共同犯罪。依据《刑法》第26条第1款,甲构成主犯。依据《刑法》第264条规定,"入户盗窃"并非法定从重处罚情节。故C、D项正确,当选;A、B项错误,不当选。

156.共同犯罪的停止形态[D]

[解析] 在认定共犯的犯罪形态时应注意:(1)共犯的犯罪行为是一个整体,其犯罪阶段都取决于整个犯罪实际到达的阶段。(2)如果只有部分共犯主动停止犯罪的,这些主动停止犯罪的人只有有效阻止了其他共犯人继续犯罪或防止犯罪既遂结果发生,才成立犯罪中止,即采用"部分实行、全部责任"的原则,行为人不仅要对自己的行为及结果负责,还要对其他共同犯罪人的行为及结果负责。(3)共犯的中止只及于自己。(4)不存在部分共犯人中止、部分共犯人既遂的犯罪形态。

甲、乙共谋盗窃汽车,甲表明放弃犯罪之意且向乙要回钥匙,甲有了中止的意图与行为,但乙在将甲的钥匙还给甲之前配制了一把并且盗窃了汽车,即甲的中止行为并没有有效阻止犯罪结果的发生,故甲与乙构成盗窃罪(既遂)的共犯。故D项正确,当选。

157.共同犯罪(承继的共犯)[AC]

[解析] 共同犯罪是指两人以上共同故意犯罪。各共犯人的故意犯罪行为之间相互联系、相互作用的方式不同,其社会危害性就不同。其中,如果先行为人已实施一部分实行行为后,后行为人以共同犯罪的意思参与实行或提供帮助,称为承继的共同犯罪。后行为人就其参与后的行为与先行为人构成共同犯罪。甲对丁实施暴力以完成抢劫行为,在致丁丧失反抗能力时,其朋友乙经过此地,在此情形下即乙明知甲正在实施抢劫,而仍然与甲一起取走丁的财物,乙与甲成立抢劫罪的共犯。故A项正确,B项错误。但对于甲致丁重伤或死亡的情况,这一犯罪结果是在乙参与犯罪之前甲的暴力所致与乙无因果关系,乙不承担丁重伤或死亡的刑事责任。故C项正确,D项错误。

专题六 单位犯罪

考点17 单位犯罪

158.单位犯罪;身份犯;责任年龄[C]

[解析] 根据《全国法院审理金融犯罪案件工作座谈会纪要》的规定,以单位的分支机构或者内设机构、部门的名义实施犯罪,违法所得亦归分支机构或者内设机构、部门所有的,应认定为单位犯罪。不能因为单位的分支机构或者内设机构、部门没有可供执行罚金的财产,就不将其认定为单位犯罪,而按照个

人犯罪处理。可见,单位分支机构或内设机构虽然不是独立法人单位,但也能成为单位犯罪的主体。故 A 项错误。【特别提醒】判断构成单位犯罪需要满足两个条件:(1)以单位名义实施犯罪;(2)违法所得归单位所有。

身份犯中的身份必须在开始犯罪时就具有,如果是在犯罪过程中形成的身份,则不属于身份犯中的身份。犯罪集团和聚众犯罪的首要分子均属于在犯罪过程中形成的身份,不属于身份犯中的身份。故 B 项错误。

根据《刑法》第17条第2款的规定,已满14周岁不满16周岁的人,犯故意杀人、故意伤害致人重伤或者死亡、强奸、抢劫、贩卖毒品、放火、爆炸、投放危险物质罪的,应当负刑事责任。因此,已满14周岁不满16周岁的未成年人在绑架过程中杀害被绑架人的,对杀人行为承担刑事责任,对绑架行为不承担刑事责任。故 C 项正确。

单位犯罪是单位本身的犯罪,不是单位主管人员与其他直接责任人员构成的特殊的共同犯罪,也不是单位与成员个人之间的共同犯罪。故 D 项错误。

159.单位犯罪[ABCD]

[解析] 无论是母公司(甲电器公司),还是子公司(乙物流公司),均具有独立的主体地位,均可以构成单位犯罪的主体。本案中,如果认为甲电器公司构成单位犯罪,那么乙物流公司与其共同实施违法犯罪行为,乙物流公司当然也可以构成单位犯罪。故 A 项正确。

如果子公司(乙物流公司)无法认定为单位犯罪,那么可以追究其具体实施犯罪行为的自然人的刑事责任。当然,如果该自然人是按照母公司(甲电器公司)要求实施犯罪行为的人,则可以作为甲电器公司单位犯罪中的直接责任人员。亦即,直接责任人员未必要求必须是本单位的"在编人员",只要是在该单位犯罪中受犯罪单位直接指挥、控制,并起重要作用的人员,均可以作为单位犯罪中的直接责任人员。故 B 项正确。

如果仅能认定子公司(乙物流公司)构成单位犯罪,而无法认定母公司(甲电器公司)构成单位犯罪,那么在承认子公司(乙物流公司)构成单位犯罪的基础上,可以认为母公司的责任人员是不受子公司(乙物流公司)直接操控的。母公司的责任人员有其自身的独立性,与子公司(乙物流公司)构成共同犯罪,即母公司的责任人员不宜认定为子公司的成员,而是独立于子公司之外的。自然人主体(母公司决策人员)与单位主体(子公司)这两个主体之间,成立共同犯罪。故 C 项正确。

如果无法认定单位犯罪,可以追究自然人(直接

责任人员)的刑事责任。《全国人民代表大会常务委员会关于〈中华人民共和国刑法〉第三十条的解释》规定,公司、企业、事业单位、机关、团体等单位实施刑法规定的危害社会的行为,刑法分则和其他法律未规定追究单位的刑事责任的,对组织、策划、实施该危害社会行为的人依法追究刑事责任。故 D 项正确。

160.单位犯罪[AD]

[解析] 对于同一犯罪,刑法规定的犯罪构成要件是相同的,而单位犯罪和个人犯罪只是犯罪主体的不同,犯罪既遂的标准不存在差别。故 A 项正确。

伪造货币罪未将单位规定为犯罪主体,因此不能构成单位犯罪,但这并不意味着相关自然人不构成犯罪。《全国人民代表大会常务委员会关于〈中华人民共和国刑法〉第三十条的解释》规定,公司、企业、事业单位、机关、团体等单位实施刑法规定的危害社会的行为,刑法分则和其他法律未规定追究单位的刑事责任的,对组织、策划、实施该危害社会行为的人依法追究刑事责任。故 B 项错误。

在《刑法修正案(九)》修改之前,拒不执行判决、裁定罪没有规定单位犯罪。因此,可以直接得出公司经理赵某为了公司利益,召集员工拒不执行判决、裁定,不成立单位犯罪,仅成立自然人犯罪。但根据《刑法修正案(九)》第39条的规定,拒不执行判决的犯罪主体可以是自然人也可以是单位。对此,需要考察经理赵某的行为是否体现了单位的整体意志。如果赵某得到单位授权,则体现单位整体意志,成立单位犯罪;如果赵某没有得到授权,是个人私自行为,则未体现单位整体意志,属于个人犯罪,不成立单位犯罪。题目中仅交代"赵某为维护公司利益",不能由此得出赵某的行为代表了公司的整体意志,C 项肯定地说成立单位犯罪是片面的。故 C 项错误。

对于涉嫌犯罪的单位被吊销营业执照的,仍应按照刑法的规定对该单位的主管人员和其他直接负责人追究刑事责任,对该单位不再追诉。故 D 项正确。

161.单位犯罪[ABCD]

[解析] 单位不仅可以成为故意犯罪的主体,也可以成为过失犯罪的主体,如出具证明文件重大失实罪。故 A 项错误。

单位犯罪不同于共同犯罪。单位本身与直接负责的主管人员等无法形成共同故意,因此不能归入共同犯罪的范畴。故 B 项错误。

单位犯罪的单罚制是只处罚直接负责的主管人员与直接责任人员(有时只处罚直接责任人员),不是处罚单位。故 C 项错误。

《刑法》第31条规定,单位犯罪的,对单位判处罚金。对于单位只能适用罚金刑,不适用没收财产,同时刑法分则也没有作出对单位判处没收财产刑的例

外规定。故 D 项错误。

162.单位犯罪、单位行贿罪的认定[C]

[解析] 单位犯罪,一般是公司、企业、事业单位、机关、团体为本单位谋取非法利益或者以单位名义为本单位全体成员或多数成员谋取非法利益,由单位的决策机构按照单位的决策程序决定,由直接责任人员具体实施,且刑法有明文规定的犯罪。其是单位本身犯罪,而非单位的各个成员的犯罪集合。何经理为销售本公司的医疗器械,安排公司监事刘某给某市立医院 4 位正、副院长回扣共计 25 万余元,属于单位犯罪。根据《刑法》第 393 条的规定,单位为谋取不正当利益而行贿,或者违反国家规定,给予国家工作人员以回扣、手续费,情节严重的,成立单位行贿罪,据此,该公司提供回扣的行为构成单位行贿罪。故 C 项正确。

《刑法》第 389 条规定的行贿罪主体为自然人。本题为单位。故 A 项错误。

《刑法》第 164 条规定的对非国家工作人员行贿罪,自然人和单位均可构成本罪主体,但其对象为公司、企业或者其他单位工作人员,本题的行贿对象是某市立医院的正、副院长,属于国家工作人员。故 B 项错误。

《刑法》第 391 条规定的对单位行贿罪,其行贿对象必须是单位,本题为个人。故 D 项错误。

专题七 罪数形态

考点18 罪数

163.法条竞合;不可罚的事后行为;加重犯;想象竞合[C]

[解析] "二人以上轮奸"是强奸罪的法定刑升格条件,也是强奸罪的情节加重犯。强奸罪是基本犯,"轮奸"是情节加重犯,二者也是法条竞合关系,基本犯(强奸罪)是一般法条,情节加重犯(轮奸)是特别法条。触犯"轮奸"必然触犯强奸罪。故 A 项错误。

虽然甲的盗窃罪存在对象认识错误,但是由于盗窃到了价值 4000 元的财物,因此构成盗窃罪既遂。实施财产犯罪后又销售赃物的,分两种情况:第一,拿到赃物销售渠道销售,买家知道是赃物。对这种销售行为不具有期待可能性,属于不可罚的事后行为,不再定掩饰、隐瞒犯罪所得罪。第二,伪装成是自己的财物,拿到正常渠道销售,欺骗买家,买家不知情,用正常价购买了。主流观点认为,这种销售行为欺骗买家,让买家遭受财产损失,因此,行为人对买家构成诈骗罪。由于这种销售行为侵犯新的法益,构成诈骗罪,因此要与前面的财产犯罪数罪并罚。甲将仿真品(价值 4000 元)冒充真品以 2 万元卖给他人,构成诈骗罪,侵犯了新的法益,因此不属于不可罚的事后行为,需要与前面的盗窃罪并罚。故 B 项错误。

"入户抢劫""持枪抢劫"都是法条规定的抢劫罪的法定刑升格条件,都是情节加重犯。钱某分别实施了两次入户抢劫,一次持枪抢劫,都是独立的犯罪行为,应当数罪并罚。故 C 项正确。

周某抢劫了陈某的财物后,担心暴露,杀害了陈某。该杀害行为带着杀人的故意,是故意杀人罪的实行行为,没有带着非法占有陈某财物的目的,因此不是抢劫罪的实行行为,故不构成抢劫罪致人死亡,而构成单独的故意杀人罪。周某构成抢劫罪和故意杀人罪,数罪并罚。故 D 项错误。

164.一罪与数罪[A]

[解析] 甲的前行为(盗窃国家机关证件罪)与后行为(招摇撞骗罪)之间存在手段与目的的关联,但不宜认定为牵连犯。成立牵连犯,要求目的行为与方法或手段行为的牵连(即主从关系)或者原因行为与结果行为的牵连(即高度伴随性)。本案中,盗窃国家机关证件并不是招摇撞骗罪的必经手段,二行为之间不具有高度伴随性,不宜认为二者具有牵连关系,应分罚。故 A 项正确。

《刑法》第 133 条之一第 3 款规定,有前两款行为(危险驾驶行为),同时构成其他犯罪的,依照处罚较重的规定定罪处罚。危险驾驶罪与交通肇事罪不是对立关系,严重的危险驾驶行为造成严重后果的,完全可能同时触犯交通肇事罪,应择一重罪处罚。故 B 项错误。

丙的第一个行为构成诈骗罪,第二个行为构成抢劫罪,抢劫财产性利益。因为两个行为的侵害结果具有关联性,是一体两面的关系,一面是财物,另一面是财产性利益,李某只遭受了一份财产损失,丙只获得了一份好处,因此没有必要数罪并罚,重罪吸收轻罪即可。故 C 项错误。

重婚罪与破坏军婚罪之间属于法条竞合。法条竞合是必然的竞合、法条本身的竞合,破坏军婚罪属于特别法,应优先适用;而想象竞合是偶然的竞合,竞合的两罪之间毫无关联,只是出现了具体的案件才导致两罪之间偶然存在一些竞合。例如,盗窃正在使用中的电线,既触犯了盗窃罪,也触犯了破坏电力设备罪,但盗窃罪、破坏电力设备罪完全是不相关的两罪,只是因为行为人的行为(盗窃正在使用中的电线)才使得两罪之间存在竞合,一行为会同时触犯这两罪。另外,《刑法》第 259 条第 1 款规定:"明知是现役军人的配偶而与之同居或者结婚,处 3 年以下有期徒刑或者拘役。"丁的行为直接构成破坏军婚罪。故 D 项错误。

【总结提示】想象竞合与法条竞合的区别和联系。

	想象竞合	法条竞合
相同	一行为触犯数罪名（行为的竞合）	一行为触犯数罪名（法条的竞合）
不同	(1)所触犯的两个罪名之间原来没有任何关系,是一种临时的竞合。如上述的盗窃罪与破坏电力设备罪 (2)损害的一般是两个客体(一行为造成数个结果)	(1)两个罪名之间天然就存在交叉或者包容关系,一眼就能够看出来,属于永恒的竞合。例如,贷款诈骗罪与诈骗罪,交通肇事罪与过失致人死亡罪 (2)损害的是一个客体,或者说使用一个罪评价就可以了(一行为造成的两个法益侵害高度一致)

165.法条关系[D]

[解析] 如果认为盗窃与诈骗是对立关系,一行为针对同一具体对象(同一具体结果)不可能同时触犯盗窃罪与诈骗罪,否则就不是对立关系。故 A 项错误。

法条竞合是指构成要件之间存在着包含关系,如果认为故意杀人与故意伤害是对立关系,就不可能是法条竞合关系。对立关系不可能存在法条竞合关系。故 B 项错误。

招摇撞骗罪侵犯了国家机关的威信与公私财产所有权两个不同的犯罪客体,而诈骗罪仅侵犯了公私财产的所有权,如认为法条竞合仅限于侵害一犯罪客体的情形,则一行为同时触犯招摇撞骗罪与诈骗罪就不属于法条竞合,而是想象竞合。故 C 项错误。

行为人使用公款赌博,在不能查明其是否具有归还公款的意思时,应认定行为人没有非法占有目的,不构成贪污罪;因该行为符合挪用公款罪的犯罪构成,故能够追究行为人挪用公款罪的刑事责任。可见,即便认为贪污罪与挪用公款罪存在对立关系,也能肯定挪用公款罪的成立。故 D 项正确。

166.破坏交通设施罪;结果加重犯[C]

[解析] 结果加重犯要求加重结果是基本犯罪行为本身的高度危险的直接现实化。破坏交通设施罪的结果加重犯要求加重结果必须是破坏交通设施本身的高度危险导致的结果。陈某的行为虽然造成了死亡结果,但该死亡结果不是由于火车倾覆、毁坏造成的,而是破坏轨道时将螺栓砸飞击中附近玩耍的幼童造成的,且陈某对幼童的死亡也不存在犯罪故意,不构成故意杀人罪。因此,陈某的行为同时触犯破坏交通设施罪的基本犯与过失致人死亡罪,成立想象竞合犯,对此应以破坏交通设施罪的基本犯论处。

故 A、B、D 项错误,C 项正确。

167.罪数[BD]

[解析]《刑法》第 172 条规定,使用假币罪的对象是伪造的货币,不包括变造的货币。因此,甲使用变造的货币购买商品,不触犯使用假币罪,可能构成诈骗罪。故 A 项错误。

走私毒品,又走私其他物品构成犯罪的,以走私毒品罪和其所犯的其他走私罪分别定罪,依法数罪并罚。因此,走私毒品,又走私假币构成犯罪的,构成走私毒品罪和走私假币罪两罪,实行数罪并罚。故 B 项正确。

牵连犯要求行为人实施了两个行为,且二者之间存在手段与目的的牵连关系。丙盗窃军人制服的行为与身穿军人制服招摇撞骗的行为并不具备刑法上的牵连关系,应当数罪并罚。故 C 项错误。

丁明知黄某在网上开设赌场而为其提供互联网接入服务,一个行为触犯了两个罪名,构成想象竞合犯。如果只评价开设赌场罪的帮助犯,就没有评价立法者对这种行为独立的规定,即帮助信息网络犯罪活动罪,反之亦然。故 D 项正确。

168.犯罪故意;罪数形态[B]

[解析] 如果认为甲只有一个故意,就是甲在主观上认识到开枪行为的危险性,并且希望打死警察结果的发生,那么甲主观上具有杀人的故意,但是仅仅造成警察受伤的后果,因此,成立故意杀人罪未遂。故 A 项正确。

如果认为甲有两个故意,即故意杀人和故意毁坏财物,由于一枪导致警察受伤、警犬死亡,所以构成故意杀人罪未遂和故意毁坏财物罪既遂。但是即使认为甲有数个故意,但甲只实施了一个行为,一行为触犯数罪名,属于想象竞合犯,应当从一重罪论处,不应数罪并罚。故 B 项错误。

由于甲在主观上希望打死警察,并且着手实施了开枪行为,因此,如果只打中警犬,没有导致警察死亡的结果,则成立故意杀人罪未遂。故 C 项正确。

如果没有打中任何目标,由于甲实施行为时希望打死警察,因此具有故意杀人的故意,并且在开枪后行为已经实施完毕,没有出现希望的后果,甲仍应承担故意杀人未遂的刑事责任。故 D 项正确。

169.结果加重犯[C]

[解析] 故意杀人是在故意伤害的基础上使人体器官机能彻底衰竭导致死亡结果的出现,在此意义上,两罪存在紧密的关系,但是,故意杀人罪并不是故意伤害罪的结果加重犯,因为比较故意伤害罪与故意杀人罪的法定刑,不能说出现死亡结果时,故意杀人罪的法定刑就比故意伤害罪的法定刑重。由于不符合"刑法就发生的加重结果加重了法定刑"这一要件,

故不能说故意杀人罪是故意伤害罪的结果加重犯。故意伤害罪的结果加重犯,在我国刑法学中,特指故意伤害致人死亡。故 A 项错误。

刑法没有规定强制猥亵致人重伤应如何处刑,或者说刑法并未对强制猥亵行为致妇女重伤的情形加重法定刑,因此,强制猥亵行为致妇女重伤的,不成立强制猥亵罪的结果加重犯。故 B 项错误。

乙死亡不是甲的非法拘禁行为本身所致,乙属于自杀,因此不成立结果加重犯。故 C 项正确。

抢劫致人死亡确实属于抢劫罪的结果加重犯,不过,作为结果加重犯的抢劫致人死亡是指抢劫行为导致抢劫行为所指向的对象死亡,抢劫行为与致人死亡、重伤之间存在因果关系。丙不是死于甲的抢劫行为,而是死于甲的故意杀人行为,甲成立抢劫罪与故意杀人罪两罪,而不属于结果加重犯。故 D 项错误。

170.贩卖毒品罪[C]

[解析] 盗窃、抢夺、抢劫毒品的,应当分别以盗窃罪、抢夺罪或者抢劫罪定罪,但不计犯罪数额,根据情节轻重予以定罪量刑。盗窃、抢夺、抢劫毒品后又实施其他毒品犯罪的,对盗窃罪、抢夺罪、抢劫罪和所犯的具体毒品犯罪分别定罪,依法数罪并罚。因此,对甲应以盗窃罪和贩卖毒品罪实行并罚。故 A、B 项正确。

贩卖毒品罪足以评价乙销售冰毒的行为,若另行认定为非法持有毒品罪、转移毒品罪则属于重复评价。掩饰、隐瞒自己犯罪所得的行为属于事后不可罚的行为,不应另行认定为掩饰、隐瞒犯罪所得罪。故 C 项错误,D 项正确。

171.冒充警察、军人实施相关犯罪行为的认定[C]

[解析] 依据《刑法》第 279 条的规定,冒充人民警察招摇撞骗的,依照招摇撞骗罪从重处罚。招摇撞骗罪是独立的罪名,与诈骗罪之间并不存在特别法条与普通法条的适用问题。故 A 项错误。

冒充军警人员抢劫的,属于加重犯,直接按照抢劫罪的加重情节处罚。故 B 项错误。

冒充军人招摇撞骗罪与诈骗罪都表现为欺骗行为,冒充军人招摇撞骗罪也可以如诈骗罪那样骗取财物,但在行为人冒充军人的身份或职称去骗取财物的情况下,一个行为同时触犯了两个罪名,属于想象竞合犯,应当按照从一重罪处罚的原则处理。故 C 项正确。

劫持航空器罪的主体为一般主体,并不要求特殊身份;冒充军人招摇撞骗是假冒军人身份进行炫耀、蒙骗以获取非法利益。冒充军人劫持航空器直接构成劫持航空器罪,而不构成冒充军人招摇撞骗罪。故

D 项错误。

172.想象竞合犯的认定[ABCD]

[解析] 关键在于甲是一个行为还是两个行为:甲购买危险物质,先是以现金交付,此时足以构成非法买卖危险物质罪,后又以毒品进行交付,第二次的交付行为应当作为独立的犯罪行为,即明知是毒品而为了获取危险物质而实施转让,应当认定为贩卖毒品罪。因此,两个行为触犯两个罪名,应当数罪并罚,不属于想象竞合犯。故 A 项错误。

在实施绑架行为时必然会限制被绑架人的人身自由,这是法条竞合关系,不是想象竞合关系。故 B 项错误。

甲实施昏醉抢劫,由于乙不是因为无法反抗而被迫放弃财物,所以甲构成抢劫罪未遂。甲取得财物的环节构成盗窃罪既遂。甲前后实施了两个行为,应以抢劫罪未遂与盗窃罪既遂并罚。故 C 项错误。

受贿行为与为境外非法提供国家秘密的行为明显可分为两个行为,分别构成两个罪,故不属于想象竞合犯。故 D 项错误。

173.玩忽职守罪;法条竞合[C]

[解析] 根据《刑法》第 399 条第 3 款的规定,执行判决、裁定失职罪是指在执行判决、裁定活动中,严重不负责任或者滥用职权,不依法采取诉讼保全措施、不履行法定执行职责,或者违法采取诉讼保全措施、强制执行措施,致使当事人或者其他人的利益遭受重大损失的行为。A 项中,法官执行判决时玩忽职守,导致重大损失,依法成立执行判决失职罪,不再认定为玩忽职守罪。故 A 项不当选。

根据《刑法》第 400 条第 2 款的规定,失职致使在押人员脱逃罪是指司法工作人员由于严重不负责任,致使在押的犯罪嫌疑人、被告人或者罪犯脱逃,造成严重后果的行为。B 项中,检察官讯问犯罪嫌疑人时,具有看管职责,但没有依法履行职责,致使犯罪嫌疑人脱逃的,成立失职致使在押人员脱逃罪,不再认定为玩忽职守罪。故 B 项不当选。

警察接到杀人举报,没有依法履行职责,玩忽职守,致使被害人被杀、歹徒逃走,由于法律没有就该种情形认定为其他特定犯罪,故应以普通条文规定的玩忽职守罪定罪处罚。故 C 项当选。

国家机关工作人员签订、履行合同失职被骗罪是指国家机关工作人员在签订、履行合同过程中,因严重不负责任被诈骗,致使国家利益遭受重大损失的行为。D 项中,国家机关工作人员在签订、履行合同的过程中,严重不负责任,未经审查便与对方签订建楼合同,致使被诈骗 300 万元,其行为成立国家机关工作人员签订、履行合同失职被骗罪,不再认定为玩忽职守罪。故 D 项不当选。

174.罪数的认定[ABCD]

[解析]《刑法》第 359 条第 1 款规定了引诱、容留、介绍卖淫罪,第 2 款规定了引诱幼女卖淫罪,即引诱、容留、介绍卖淫罪中引诱卖淫的对象不包括幼女,如果引诱幼女卖淫的,则成立引诱幼女卖淫罪。当然,容留、介绍幼女卖淫的,还是成立容留、介绍卖淫罪。所以,引诱幼女卖淫后又容留该幼女卖淫的,成立引诱幼女卖淫罪与容留卖淫罪,数罪并罚。故 A 项错误,当选。

《刑法》第 239 条规定,绑架被害人,又故意伤害被绑架人,致使被绑架人重伤、死亡的,成立绑架罪一罪,属于结合犯。按照这一规定,如果只是导致被绑架人轻伤的,还是应数罪并罚。故 B 项错误,当选。

盗窃汽车既遂意味着法益侵犯的实害结果已经发生,之后将该汽车推下山崖摔坏的行为没有侵犯新的法益,该行为属于不可罚的事后行为。所谓不可罚的事后行为,是指在状态犯的场合,利用该犯罪行为的结果的行为,如果孤立地看,符合其他犯罪的构成要件,具有可罚性,但由于被综合评价在该状态犯中,因而没有必要另外认定为其他犯罪。所以该案只成立盗窃罪一罪。故 C 项错误,当选。

明知在押犯脱逃后去杀害证人而私放,该犯果真将证人杀害的,从法益侵犯结果的法律评价上说,成立私放在押人员罪(实行犯)与故意杀人罪(帮助犯)。但从处罚意义上说,由于只有一个行为,属于想象竞合犯,只能择一重罪处罚,不能数罪并罚。故 D 项错误,当选。

175.吸收犯[AD]

[解析] 吸收犯的认定中最重要的内容就是吸收关系的判断。所谓吸收关系,是指前行为是后行为发展的所经阶段,或者后行为是前行为发展的当然结果。尽管持有、私藏枪支、弹药的行为单独成立非法持有、私藏枪支、弹药罪,但行为人制造枪支、弹药的当然结果就是继续持有、私藏该枪支、弹药的行为,所以属于吸收犯。故 A 项当选。

本犯出售赃物的行为缺乏期待可能性,所以行为人盗窃财物后又出售的行为属于不可罚的事后行为,仅成立盗窃罪,不是吸收犯。故 B 项不当选。

行为人套取金融机构信贷资金后又高利转贷他人的,属于高利转贷罪的行为,本身不成立数罪,不可能是吸收犯。故 C 项不当选。

尽管持有毒品的行为单独成立非法持有毒品罪,但行为人制造毒品之后继续持有该毒品的行为,属于制造毒品行为的当然结果,故 D 项当选。

176.罪数[BC]

[解析] 根据《刑法》第 198 条的规定,有下列情形之一,进行保险诈骗活动,数额较大的,成立保险诈骗罪:(1)投保人故意虚构保险标的,骗取保险金的;(2)投保人、被保险人或者受益人对发生的保险事故编造虚假的原因或者夸大损失的程度,骗取保险金的;(3)投保人、被保险人或者受益人编造未曾发生的保险事故,骗取保险金的;(4)投保人、被保险人故意造成财产损失的保险事故,骗取保险金的;(5)投保人、受益人故意造成被保险人死亡、伤残或者疾病,骗取保险金的。其中,有上述(4)(5)项行为,同时构成其他犯罪的,数罪并罚。投保人甲,为了骗取保险金杀害被保险人就属于第(5)项情形,依法应以保险诈骗罪和故意杀人罪并罚。故 A 项不当选。

《关于审理未成年人刑事案件具体应用法律若干问题的解释》第 10 条第 1 款规定:"已满14 周岁不满 16 周岁的人盗窃、诈骗、抢夺他人财物,为窝藏赃物、抗拒抓捕或者毁灭罪证,当场使用暴力,故意伤害致人重伤或者死亡,或者故意杀人的,应当分别以故意伤害罪或者故意杀人罪定罪处罚。"注意:如果甲已满 16 周岁,则转化为抢劫罪,而本题 15 周岁的甲盗窃时拒捕杀死被害人应以故意杀人罪处罚,不能数罪并罚。故 B 项当选。

根据《刑法》第 247 条的规定,司法工作人员对犯罪嫌疑人、被告人实行刑讯逼供的,成立刑讯逼供罪;刑讯逼供中致人伤残、死亡的,依照故意伤害罪、故意杀人罪定罪从重处罚。司法工作人员甲刑讯逼供致被害人死亡,应以故意杀人罪一罪处罚,不能数罪并罚。故 C 项当选。

根据《刑法》第 321 条的规定,在运送他人偷越国(边)境中,过失造成被运送人重伤、死亡的,仍成立运送他人偷越国(边)境罪一罪;若在运送过程中故意对被运送人有杀害、伤害、强奸、拐卖等犯罪行为,或者对检查人员有杀害、伤害等犯罪行为的,数罪并罚。D 项中,运送他人偷越边境的甲遇到检查将被运送人推进大海溺死,杀害他人的行为另外构成故意杀人罪,应当数罪并罚。故 D 项不当选。

177.抢劫致人死亡的认定[ABCD]

[解析]《关于抢劫过程中故意杀人案件如何定罪问题的批复》规定,行为人为劫取财物而预谋故意杀人,或者在劫取财物过程中,为制服被害人反抗而故意杀人的,以抢劫罪定罪处罚。甲为压制王某反抗将其刺成重伤,3 小时后王某被冻死,死亡的结果与甲抢劫行为具有因果关系,甲属于抢劫致人死亡。故 A 项正确。

乙抢劫妇女高某财物时,路人曾某上前制止,乙用自制火药枪将其打死的行为,属于抢劫致人死亡的情形。因其致第三人死亡的原因仍是为使抢劫顺利进行。故 B 项正确。

丙为压制严某的反抗而刺杀他,只是因严某的自保而刺死了其同伙贺某,属于打击错误,并不影响丙的抢劫致人死亡的认定。故C项正确。

丁盗窃时被被害人邱某发现,邱某阻止丁离开,丁开车将邱某撞死,依据《刑法》第269条的规定,丁转化为抢劫罪,属于抢劫致人死亡的情形。故D项正确。

178.罪数[B]

[解析] 甲主观上意图盗窃普通财物,客观上却盗窃了枪支,属于抽象的事实认识错误中的对象错误,按照法定符合说,在主客观一致的范围内成立盗窃罪既遂。事后甲又将枪支藏于家中,成立非法持有枪支罪。两罪应数罪并罚。故A项正确。

抢夺罪属于状态犯,即在抢夺行为结束之后,他人财物受到侵犯的不法状态仍在持续。在该不法状态存续期间,行为人乙出卖赃物的行为从形式上看单独成立掩饰、隐瞒犯罪所得罪,但是该行为属于不可罚的事后行为(虽然侵犯了新的法益,但缺乏期待可能性)。故B项错误。

职业犯的特征有:行为人主观上具有反复、多次实施犯罪行为的意思;将犯罪行为作为一种业务、职业而反复多次实施;不要求行为人将犯罪行为作为唯一职业;不要求具有不间断性,只要行为具有反复实施的性质,即使具有间断性,也不影响职业犯的认定。营业犯也具有上述特征,只是营业犯具有营利的目的。非法行医罪不要求营利目的,所以属于职业犯。此外,《刑法》第336条第1款规定,未取得医生执业资格的人非法行医,情节严重的,处3年以下有期徒刑、拘役或者管制,并处或者单处罚金;严重损害就诊人身体健康的,处3年以上10年以下有期徒刑,并处罚金;造成就诊人死亡的,处10年以上有期徒刑,并处罚金。非法行医造成就诊人死亡的,属于本罪的结果加重犯。故C项正确。

《刑法》第239条第2款规定,绑架并杀害被绑架人的,属于绑架罪与故意杀人罪的结合犯,仍然成立绑架罪,只是法定刑提高到"处无期徒刑或者死刑,并处没收财产"。故D项正确。

专题八 刑罚种类

考点19 主刑

179.违法所得的追缴和责令退赔[B]

[解析] 甲在赌场输掉200万元,没有违法所得,故不应追缴或者责令退赔。但甲如果赌博赢钱,即使赢的钱已经挥霍掉,也应当责令退赔。故A项错误。

乙挪用公款炒股获利500万元,属于违法所得,无论乙是用于购买房产还是用于其他消费方式,均应予以追缴,但作为违法所得的500万元本身已经不复存在时,对该违法所得不能追缴,只能责令其退赔,退赔数额为违法所得的500万元。故B项正确。

丙向国家工作人员李某行贿100万元,这100万元属于不法原因给付他人的财物,需直接没收。行贿人丙没有违法所得,故不能责令丙退赔100万元。故C项错误。

丁与王某共同窃取30万元,两人违法所得总共30万元,虽然丁与王某均对30万元承担刑事责任,但向两人追缴的总额只能以违法所得数额为限。若向二人各追缴30万元,意味着对两人超过违法所得的合法部分进行了追缴,显然是不正确的。故D项错误。

180.职业禁止[B]

[解析] 利用职务上的便利,要求和职业便利相关联,一定属于"利用职业便利"实施的犯罪。故A项错误。

《刑法》第37条之一规定:"因利用职业便利实施犯罪,或者实施违背职业要求的特定义务的犯罪被判处刑罚的,人民法院可以根据犯罪情况和预防再犯罪的需要,禁止其自刑罚执行完毕之日或者假释之日起从事相关职业,期限为3年至5年。被禁止从事相关职业的人违反人民法院依照前款规定作出的决定的,由公安机关依法给予处罚;情节严重的,依照本法第313条的规定定罪处罚。其他法律、行政法规对其从事相关职业另有禁止或者限制性规定的,从其规定。"故B项正确,D项错误。

职业禁止开始的时间为刑罚执行完毕之日,此处的刑罚应当指主刑,不包括附加刑。判处有期徒刑并附加剥夺政治权利,同时决定职业禁止的,在有期徒刑执行完毕后,开始执行剥夺政治权利时,即应执行职业禁止。故C项错误。

181.死刑的适用[A]

[解析] 《刑法》第48条第1款规定,死刑只适用于罪行极其严重的犯罪分子。A项中,当甲的杀人行为被评价为"罪行极其严重"时可判处甲死刑,符合《刑法》第48条的规定,也符合罪刑相适应原则。故A项正确。

"罪行极其严重"是适用死刑的必要条件而非充分条件(更非充要条件)。B、C项忽视法定量刑情节、酌定量刑情节,失之偏颇。故B、C项错误。

具体案件的判决应以事实为根据,以法律为准绳,尊重法律的严肃性,不能因网民呼声而影响定罪量刑。故D项错误。

182.死刑的适用对象[D]

[解析] 《刑法》第49条规定:"犯罪的时候不满

· 48 ·

18周岁的人和审判的时候怀孕的妇女,不适用死刑。审判的时候已满75周岁的人,不适用死刑,但以特别残忍手段致人死亡的除外。"故D项正确。

183.禁止令[ACD]

[解析] 对于被判处假释的犯罪分子,在假释考验期间,刑法并未规定对其可以适用禁止令的规定。所以法院裁定假释时,对甲可以宣告禁止令的说法错误。故A项错误,当选。

禁止令的内容是禁止犯罪分子在执行刑罚期间从事特定活动,进入特定区域、场所,接触特定的人。当然,应该根据案件的特殊情况,以特殊预防的需要为根据,从而决定禁止令的具体内容。故针对合同诈骗的犯罪分子,其附带民事赔偿义务尚未履行的,完全可以禁止其进入高档饭店或者奢侈品消费点消费等。故B项正确,不当选。

禁止令的内容不能限制犯罪人的正常生活。丙虽然在公共厕所猥亵儿童,但不能因此而禁止其进入公共厕所。故C项错误,当选。

根据《刑法》第38条第2款的规定,判处管制,可以根据犯罪情况,同时禁止犯罪分子在执行期间从事特定活动,进入特定区域、场所,接触特定的人。故判处管制同时宣告禁止令的,应当从管制执行之日起计算禁止令的时间,而非从管制执行完毕之日起计算。故D项错误,当选。

184.犯罪数额的计算[A]

[解析]《刑法》第17条第2款规定,已满14周岁不满16周岁的人,对故意杀人、故意伤害致人重伤或死亡、强奸、抢劫、贩卖毒品、放火、爆炸、投放危险物质罪应当负刑事责任。依据《刑法》第267条第2款的规定,携带凶器抢夺的,构成抢劫罪。甲15周岁时仍要对其抢劫财物价值3万元承担责任,再加之其17周岁抢劫的财物价值2万元,同种数罪,累计处罚,因此甲的犯罪数额为5万元。故A项正确。

乙收受贿赂15万元,即便其中3万元用于单位招待费使用,甚或用于公益事业等其他事由,仍不影响其受贿罪成立与数额的认定,其犯罪数额仍为15万元。故B项错误。

对于连环诈骗的情形,判断犯罪数额的时候,不以犯罪人最终获利多少作为数额判断的标准。实际上,犯罪分子每次诈骗得手的时候,诈骗已既遂,即使归还先前的数额,只属于既遂后的表现,不影响已经对被害人财产法益侵犯的判断。故C项错误。

尽管丁最终获利1万元,但丁只成立盗窃罪一罪,犯罪金额为6000元,其事后销售赃物的行为属于不可罚的事后行为,不成立犯罪,其中1万元所得属于违法所得,应予以没收。故D项错误。

考点20 附加刑

185.没收财产的对象及执行[ABCD(原答案为ABC)]

[解析] 没收财产,是将犯罪分子个人所有的合法财产的部分或全部强制无偿地收归国有的刑罚方法。

《刑法》第64条规定:"犯罪分子违法所得的一切财物,应当予以追缴或者责令退赔;对被害人的合法财产,应当及时返还;违禁品和供犯罪所用的本人财物,应当予以没收。没收的财物和罚金,一律上缴国库,不得挪用和自行处理。"300万元属于犯罪分子违法所得的财物,应当予以追缴或者责令退赔,不属于没收财产刑的执行对象。故A项错误。

汽车属于被害人的合法财产,应当及时返还,而非上缴国库。故B项错误。

《刑法》第60条规定:"没收财产以前犯罪分子所负的正当债务,需要以没收的财产偿还的,经债权人请求,应当偿还。"赌债属于非法债务,不应偿还。故C项错误。

《刑法》第69条第3款规定,数罪中有判处附加刑的,附加刑仍须执行,其中附加刑种类相同的,合并执行,种类不同的,分别执行。故D项错误。

186.没收财产[ABCD(原答案为C)]

[解析]《刑法》第59条规定:"没收财产是没收犯罪分子个人所有财产的一部或者全部。没收全部财产的,应当对犯罪分子及其扶养的家属保留必需的生活费用。在判处没收财产的时候,不得没收属于犯罪分子家属所有或者应有的财产。"没收财产只能适用于刑法分则明文规定可以判处没收财产的犯罪。刑法规定"并处"没收财产的,在判处主刑的同时,必须依法判处没收财产;规定"可以并处"的,则应当根据案件具体情况及犯罪分子的财产状况,决定是否适用没收财产。

根据《刑法》第263条的规定,对于抢劫数额巨大的,处10年以上有期徒刑、无期徒刑或者死刑,并处罚金"或者"没收财产,而A项说法为"并处"没收财产。故A项错误。

没收全部财产的,应当对犯罪分子个人及其扶养的家属保留必需的生活费用,并非"对成年家属不必考虑"。故B项错误。

《刑法》第264条规定,盗窃公私财物,数额巨大或有其他严重情节的,处3年以上10年以下有期徒刑,并处罚金;数额特别巨大或者有其他特别严重情节的……并处罚金或者没收财产。故C项错误。

《刑法》第60条规定:"没收财产以前犯罪分子所负的正当债务,需要以没收的财产偿还的,经债权人请求,应当偿还。"必须经债权人请求,才能以没收的

刑法 [答案详解]

· 49 ·

财产偿还。故D项错误。

专题九 刑罚裁量

考点21 量刑情节

187.吸毒的责任能力问题;故意杀人罪的量刑情节[B]

[解析]刑法中的量刑情节可以分为法定量刑情节与酌定量刑情节。法定量刑情节,是指刑法(不包括司法解释)明文规定在量刑时必须予以考虑的情节。它既包括刑法总则规定的对各种犯罪共同适用的情节,也包括刑法分则对特定犯罪适用的情节。酌定量刑情节是指,虽然不是刑法明文规定的情节,但对量刑仍然起着重要影响作用。主要种类有:犯罪的手段、犯罪的时空及环境条件、犯罪的对象、犯罪行为造成的危害结果、犯罪的动机、犯罪后的态度、犯罪人的一贯表现等。

我国刑法并没有将吸毒状态认定为丧失或减轻责任能力的情形,因此吸毒状态仍然被认为具有刑事责任能力,不是责任阻却事由,也不是责任减轻事由。因此,不能将吸毒状态认定为免除处罚或从宽处罚情节。故B项错误,当选。鉴于王某是初次犯罪(偶犯),且与被害人之间存在特殊身份关系(男女朋友),可酌情从轻处罚。故A、D项正确,不当选。当然,考虑到王某在公众场合行持刀行凶,社会影响恶劣,这一酌定情节也可以从重处罚。故C项正确,不当选。

考点22 累犯

188.累犯;数罪并罚[BD]

[解析]甲不构成累犯。累犯要求前后犯罪均为故意犯罪,甲的前罪事实上是过失犯罪(过失致人死亡罪),故甲不构成累犯。故A项错误,B项正确。

甲的行为不需要适用数罪并罚。数罪并罚要解决的是在前罪的刑罚执行期间再犯新罪或者发现漏罪的问题。本案中,甲的前罪的刑罚(过失致人死亡罪)事实上已经执行完毕。刑罚执行完毕之后又犯罪的,属于是否构成累犯的问题,而非数罪并罚问题。因为甲不构成累犯,故对于甲所犯的新罪(盗窃罪)直接执行刑罚即可,即5年有期徒刑。考虑到其前罪本该执行1年,但事实上执行了3年,即被错误地多执行了2年,故应扣除。因此,甲仅需要执行3年有期徒刑。故C项错误,D项正确。

189.累犯;假释[D]

[解析]《刑法》第74条规定,对于累犯与犯罪集团的首要分子,不适用缓刑。其中的"首要分子"不同于"积极参加者"。故A项错误。

《刑法》第81条第2款规定,对于累犯,不得假释。因此,即使假释后对所居住的社区无不良影响的,只要是累犯,也不得假释。故B项错误。

《刑法》第50条第2款规定,对于被判处死刑缓期执行的累犯,以及因故意杀人、强奸、抢劫、绑架、放火、爆炸、投放危险物质或者有组织的暴力性犯罪被判处死刑缓期执行的犯罪分子,人民法院根据犯罪情节等情况可以同时决定对其限制减刑。故C项错误。

《刑法》第66条规定,危害国家安全犯罪、恐怖活动犯罪、黑社会性质的组织犯罪的犯罪分子,在刑罚执行完毕或者赦免以后,在任何时候再犯上述任一类罪的,都以累犯(特殊累犯)论处。只要行为人前后罪是这三种类型犯罪,无论前后时间间隔多久,都可能成立累犯。故D项正确。

190.一般累犯、特殊累犯的成立条件[B]

[解析]《刑法》第65条第1款规定:"被判处有期徒刑以上刑罚的犯罪分子,刑罚执行完毕或者赦免以后,在5年以内再犯应当判处有期徒刑以上刑罚之罪的,是累犯,应当从重处罚,但是过失犯罪和不满18周岁的人犯罪的除外。"

一般累犯的成立,要求前罪刑罚执行完毕之后5年之内再犯新罪。这里的"执行完毕"是指主刑执行完毕,而非附加刑执行完毕。在特殊累犯中,如果前罪判处主刑,"执行完毕"就是指主刑执行完毕;如果前罪只判处附加刑,"执行完毕"就是指附加刑执行完毕。甲因抢劫罪被判处有期徒刑10年,并被附加剥夺政治权利3年,应该是10年有期徒刑执行完毕后5年内犯罪才成立累犯。故A项错误。

《刑法》第85条规定,假释考验期满后,符合相应要求,剩余刑罚视为执行完毕,即甲在前罪刑罚已经执行完毕之后5年内再故意犯重罪,应当成立累犯。故B项正确。

《刑法》第66条规定,危害国家安全犯罪、恐怖活动犯罪、黑社会性质的组织犯罪的犯罪分子,在刑罚执行完毕或者赦免以后,在任何时候再犯上述任一类罪的,都以累犯论处。虽然甲所犯前罪为危害国家安全罪,但其所犯后罪为杀人罪而不是危害国家安全、恐怖活动或黑社会性质的组织犯罪中的任一类罪,因此甲的行为不成立特殊累犯。由于后罪发生在前罪刑罚执行完毕后的第6年,甲也不成立一般累犯。故C项错误。

对累犯,应当从重处罚,而非"可以"从重处罚。故D项错误。

191.累犯[B]

[解析]《刑法》第65条规定:"被判处有期徒刑以上刑罚的犯罪分子,刑罚执行完毕或者赦免以后,在5年以内再犯应当判处有期徒刑以上刑罚之罪的,是累犯,应当从重处罚,但是过失犯罪和不满18周岁的人犯罪的除外。前款规定的期限,对于被假释的犯

· 50 ·

罪分子,从假释期满之日起计算。"

累犯的成立必须前后两罪都为故意犯罪,而甲后罪为交通肇事罪属于过失犯罪,且后罪不是发生在前罪刑罚执行完毕以后,不构成累犯。故A项错误。

乙后罪为盗窃,被判处4年有期徒刑且是在前罪刑罚执行完毕后5年内发生的,构成累犯。故B项正确。

《刑法》第66条规定,危害国家安全犯罪、恐怖活动犯罪、黑社会性质的组织犯罪的犯罪分子,在刑罚执行完毕或者赦免以后,在任何时候再犯上述任一类罪的,都以累犯论处。本条规定了特殊累犯的成立条件。丙前后两罪都为危害国家安全犯罪,构成特殊累犯。故C项错误。

丁的前罪失火罪为过失犯罪,无论后罪是什么犯罪,均不构成累犯。故D项错误。

考点23 自首与立功
192.立功的认定[ABD]

[解析]根据《关于处理自首和立功若干具体问题的意见》第4条的规定,犯罪分子通过贿买、暴力、胁迫等非法手段,或者被羁押后与律师、亲友会见过程中违反监管规定,获取他人犯罪线索并"检举揭发"的,不能认定为有立功表现。张某系贩卖毒品罪的教唆犯,其通过非法手段获得的线索,不能认定为立功。故A项正确。

根据《关于办理减刑、假释案件具体应用法律的规定》第5条的规定,认定为有"重大立功表现"的发明创造或者重大技术革新,应当是罪犯在刑罚执行期间独立或者为主完成并经国家主管部门确认的发明专利,且不包括实用新型专利和外观设计专利。李某的专利是其家人在监狱外购买他人发明成果获取的,非自己独立或为主完成,不能认定为立功。故B项正确。

王某对自己的行贿事实成立坦白,同时,交代刘某向其索贿的事实成立立功。若一个如实供述的行为同时符合坦白和立功的条件,只能选择对其最有利的量刑情节。故C项错误。

钱某自己贩毒与其上家周某贩毒是两个犯罪事实,能够成立立功。故D项正确。

193.自首;立功;脱逃罪[AD]

[解析] 根据《刑法》第316条的规定,脱逃罪是指依法被关押的罪犯、被告人、犯罪嫌疑人脱逃的行为。张某是依法被关押的犯罪嫌疑人,在刑事拘留期间潜逃,构成脱逃罪。故A项正确。

根据《关于处理自首和立功若干具体问题的意见》第4条的规定,犯罪分子通过贿买、暴力、胁迫等非法手段,或者被羁押后与律师、亲友会见过程中违反监管规定,获取他人犯罪线索并"检举揭发"的,不能认定为有立功表现。这里的贿买,是指向国家工作人员行贿,从国家工作人员处购买犯罪线索。张某向裴某购买犯罪线索,不属于贿买,且张某对裴某没有实施暴力、胁迫等非法手段,因此张某提供犯罪线索的行为构成立功。故B项错误。

张某涉嫌诈骗罪被抓获归案,属于被动归案,对诈骗罪不能成立自首。其在刑事拘留期间潜逃,构成脱逃罪,后又自动投案,因此成立脱逃罪的自首。故C项错误,D项正确。【思路拓展】若张某犯诈骗罪后自动投案,如实供述,则成立诈骗罪的自首。后又逃跑,则不再成立自首,且逃跑的行为构成脱逃罪。若张某逃跑后又自动投案,如实供述,则一方面恢复其对诈骗罪的自首,另一方面成立脱逃罪的自首,二者想象竞合。

194.自首的成立条件[B]

[解析]《刑法》第67条第1款规定,犯罪以后自动投案,如实供述自己罪行的,是自首。本案中,甲不具有"自动性",是在警方已经到场而"投案",换言之,无路可逃,而不是"能逃而不逃"。"能逃而不逃"才符合"自动"投案的特征,本案更像是"被动(被迫)"归案,即甲不成立自首的原因不是因为在"犯罪过程中",而是因为没有"自动"投案。注意:"犯罪以后"不应理解为"犯罪完成以后",而应理解为"犯罪实施以后"。故A项错误。

《关于处理自首和立功若干具体问题的意见》规定,交通肇事后保护现场、抢救伤者,并向公安机关报告的,应认定为自动投案。但乙"自动投案"之后,交警到达现场询问时,乙否认了自己的行为,不符合如实供述的条件,故不能认定为自首。故B项正确。

行为人如实供述了案件事实,但对案件事实的定性存在不同理解、有不同看法、进行辩解,仍属于如实供述。例如,认为自己不是杀人,而是正当防卫、紧急避险或者意外事件的,不影响如实供述的成立,即只要求就"事实判断"如实供述,至于"价值评价"上不作要求。丙属于对事实作评价性质的辩解,不影响如实供述,能够成立自首。故C项错误。

《关于处理自首和立功若干具体问题的意见》规定,如实供述自己的罪行,除供述自己的主要犯罪事实外,还应包括姓名、年龄、职业、住址、前科等情况。犯罪嫌疑人供述的身份等情况与真实情况虽有差别,但不影响定罪量刑的,应认定为如实供述自己的罪行。犯罪嫌疑人自动投案后隐瞒自己的真实身份等情况,影响对其罪量刑的,不能认定为如实供述自己的罪行。D项没有特别交代表明身份不影响定罪量刑,故不影响自首的成立。故D项错误。

195.自首[C]

[解析] 一般自首的成立需要具备两个条件:自

动投案和如实供述。所谓自动投案是指犯罪分子在犯罪以后、归案之前,出于本人的意愿而主动向司法机关或者个人承认自己的犯罪事实并自愿置于司法机关或个人的控制之下,且进一步交代自己犯罪事实的行为。

甲虽然向单位领导如实承认了犯罪事实,但是不愿意让领导将自己移送司法机关,即不愿接受司法机关的控制并进一步交代自己的犯罪事实,因此不属于自动投案,不成立自首。故 A 项错误。

乙因涉嫌贪污被检察院讯问,表明其已被司法机关采取强制措施,其行为不属于"自动投案",不成立自首。故 B 项错误。

丙主动投案,并且如实供述了自己在共同犯罪中参与盗窃的具体情况,符合自首的条件,自动投案的动机并不影响自首的成立。故 C 项正确。

丁虽然主动报警投案,但是在公安机关到达之前,其已经逃离现场,并未在司法机关的控制之下进一步交代犯罪事实,因此,丁的行为不构成自首。故 D 项错误。

196.自首;坦白;立功[B]

[解析] 自首是指犯罪以后自动投案,如实供述自己的罪行。准自首是指被采取强制措施的犯罪嫌疑人、被告人和正在服刑的罪犯,如实供述司法机关还未掌握的本人其他罪行。坦白,是指犯罪嫌疑人虽不具有自首情节,但是如实供述自己罪行的行为。无论是构成自首、准自首还是坦白,都要求供述的内容构成犯罪。题干中甲供述的行为因行贿数额未达法定标准不构成犯罪,因此甲不构成自首、准自首或坦白。故 A、C、D 三项均错误。

犯罪分子揭发他人犯罪行为,查证属实,或者提供重要线索,从而得以侦破其他案件的,构成立功。题干中甲陈述的向乙行贿的事实同时也是乙受贿的事实,虽然甲所在单位的行贿行为不构成犯罪,但乙的受贿行为已达到数额标准,构成受贿罪。甲揭发乙受贿的行为构成立功。故 B 项正确。

197.立功的认定[ACD]

[解析]《关于处理自首和立功若干具体问题的意见》第 5 条规定:"犯罪分子具有下列行为之一,使司法机关抓获其他犯罪嫌疑人的,属于《解释》第 5 条规定的'协助司法机关抓捕其他犯罪嫌疑人':1. 按照司法机关的安排,以打电话、发信息等方式将其他犯罪嫌疑人(包括同案犯)约至指定地点的;2. 按照司法机关的安排,当场指认、辨认其他犯罪嫌疑人(包括同案犯)的;3. 带领侦查人员抓获其他犯罪嫌疑人(包括同案犯)的;4. 提供司法机关尚未掌握的其他案件犯罪嫌疑人的联络方式、藏匿地址,等等。犯罪分子提供同案犯姓名、住址、体貌特征等基本情况,

或者提供犯罪前、犯罪中掌握、使用的同案犯联络方式、藏匿地址,司法机关据此抓捕同案犯的,不能认定为协助司法机关抓捕同案犯。"据此,甲主动供述裴某手机号,侦查机关据此采用技术侦查手段将裴某抓获,以及丁被抓获后,向侦查机关提供同案犯的体貌特征,同案犯由此被抓获的行为,都不属于立功。故 A、D 项不属于立功,当选。根据该司法解释,按照司法机关的安排,以打电话、发信息等方式将其他犯罪嫌疑人(包括同案犯)约至指定地点的,属于"协助司法机关抓捕其他犯罪嫌疑人",应当认定为立功。据此,乙因购买境外人士赵某的海洛因被抓获后,按司法机关要求向赵某发短信"报平安",并表示还要购买毒品,赵某因此未离境,等待乙时被抓获的行为属于立功。故 B 项属于立功,不当选。

《关于处理自首和立功若干具体问题的意见》第 4 条第 3 款规定:"犯罪分子亲友为使犯罪分子'立功',向司法机关提供他人犯罪线索、协助抓捕犯罪嫌疑人的,不能认定为犯罪分子有立功表现。"丙被抓获后,通过律师转告其父想办法协助司法机关抓捕同案犯,丙父最终找到同案犯藏匿地点,协助侦查机关将其抓获,不应认定为立功。故 C 项当选。

198.自首中"如实供述"的认定[AD]

[解析]"如实"的实质是既不缩小也不扩大自己的罪行,侧重于客观犯罪事实。甲如实交代了自己的杀人行为已构成自首,即使拒绝说明凶器藏匿地点,也不影响自首的成立。故 A 项错误,当选。

乙只如实供述自己的抢夺行为,对其故意伤害行为主张为正当防卫,其仍然成立自首。这种辩解并不影响"如实供述",因其并不属于"行为人隐瞒了表明其真实内心的重要客观事实"。故 B 项正确,不当选。

《关于办理职务犯罪案件认定自首、立功等量刑情节若干问题的意见》第 1 条规定,没有自动报案,但办案机关所掌握线索针对的犯罪事实不成立,在此范围外犯罪分子交代同种罪行的,仍以自首论。故 C 项正确,不当选。

《关于处理自首和立功具体应用法律若干问题的解释》第 1 条第 2 项规定,犯罪嫌疑人自动投案并如实供述自己的罪行后又翻供的,不能认定为自首;但在一审判决前又能如实供述的,应当认定为自首。丁在"一审"判决前又如实供述的,才认定为自首。故 D 项错误,当选。

考点24 数罪并罚

199.数罪并罚[ABCD]

[解析]《刑法》第 69 条第 2 款规定:"数罪中有判处有期徒刑和拘役的,执行有期徒刑。数罪中有判处有期徒刑和管制,或者拘役和管制的,有期徒刑、拘役执行完毕后,管制仍须执行。"故 A、B 项正确

《刑法》第70条规定:"判决宣告以后,刑罚执行完毕以前,发现被判刑的犯罪分子在判决宣告以前还有其他罪没有判决的,应当对新发现的罪作出判决,把前后两个判决所判处的刑罚,依照本法第69条的规定,决定执行的刑罚。已经执行的刑期,应当计算在新判决决定的刑期以内。"发现漏罪的,先并后减。有期徒刑吸收拘役,仍为有期徒刑6年,减去已执行的4年,尚未执行的为2年有期徒刑。故C项正确。

《刑法》第71条规定:"判决宣告以后,刑罚执行完毕以前,被判刑的犯罪分子又犯罪的,应当对新犯的罪作出判决,把前罪没有执行的刑罚和后罪所判处的刑罚,依照本法第69条的规定,决定执行的刑罚。"发现新罪的,先减后并。有期徒刑和新罪管制是分别执行的关系,执行2年有期徒刑,还需执行1年管制。故D项正确。

200.数罪并罚[ABC]

[解析]《刑法》第69条规定:"判决宣告以前一人犯数罪的,除判处死刑和无期徒刑的以外,应当在总和刑期以下、数刑中最高刑期以上,酌情决定执行的刑期,但是管制最高不能超过3年,拘役最高不能超过1年,有期徒刑总和刑期不满35年的,最高不能超过20年,总和刑期在35年以上的,最高不能超过25年。数罪中有判处有期徒刑和拘役的,执行有期徒刑。数罪中有判处有期徒刑和管制,或者拘役和管制的,有期徒刑、拘役执行完毕后,管制仍须执行。数罪中有判处附加刑的,附加刑仍须执行,其中附加刑种类相同的,合并执行,种类不同的,分别执行。"因此,主刑中有死刑的,只执行死刑。无期徒刑可以吸收有期徒刑。有期徒刑可以吸收拘役,但拘役不能吸收管制,而且主刑不能吸收附加刑。故A、B、C项正确,D项错误。

201.数罪并罚[D]

[解析]我国刑法对有期徒刑的并罚采取了限制加重的原则,即在数刑中最高刑期以上总和刑期以下判处刑罚,如果总和刑期不满35年,上限不超过20年;如果总和刑期35年以上,则上限不超过25年。甲犯三罪,分别判处15年、14年、10年有期徒刑,根据上述并罚原则,则应该在15年(数刑中的最高刑)以上25年(总和刑期39年,上限不超过25年)以下判处刑罚。因此,A项中判处35年的说法错误。故A项错误。

对于附加刑,种类相同的,合并执行,种类不同的,分别执行。甲因两罪分别判处没收财产5万元与罚金20万元,数罪并罚应当分别执行,既要执行没收财产5万元,也要执行罚金20万元。故B项错误。

甲有两罪分别被判处剥夺政治权利5年、3年,数罪并罚应当判决剥夺政治权利8年。故C项错误。

综上,判处甲有期徒刑23年,没收财产5万元,罚金20万元,剥夺政治权利8年。故D项正确。

202.数罪并罚[ABCD]

[解析]甲犯三罪,分别被判处13年、8年、15年,这属于判决宣告之前一人犯数罪的情形,应按照《刑法》第69条的规定进行并罚:在总和刑期以下、数刑中最高刑期以上判处刑罚(如果总和刑期不满35年的,最高不能超过20年;总和刑期在35年以上的,最高不能超过25年)。甲应该在15年以上25年以下酌情判处刑期,因此,对其判处18年有期徒刑的判决正确。故A项正确。

乙在执行有期徒刑5年后发现还有漏罪没有判决,应当适用《刑法》第70条"先并后减"方法进行并罚:将漏罪判决的结果(15年有期徒刑)与先前判决的结果(18年)按照第69条的规定进行并罚(之前抢劫罪、盗窃罪判决的13年、6年在并罚中没有意义),即在18年以上20年以下(总和刑期不满35年,最高不能超过20年)判处刑罚。所以判处乙19年有期徒刑符合刑法规定;然后减去已经执行的5年,乙还须执行14年有期徒刑,即作为并罚结果的19年包含已经执行的有期徒刑(先并后减)。故B项正确。

丙在执行5年有期徒刑后犯新罪,应当适用《刑法》第71条"先减后并"方法进行并罚:先前判决结果(18年有期徒刑)减去已经执行的刑期5年(之前抢劫罪、盗窃罪判决的13年、8年在并罚中没有意义),再将这一结果(13年有期徒刑)与新罪判决的结果(15年有期徒刑)按照第69条的规定并罚,即在15年以上20年以下判处刑罚(总和刑期不满35年,上限为20年)。所以判处丙16年有期徒刑符合刑法规定。这一判决结果是犯罪分子实际还要执行的刑罚,即已经执行的刑期,不计算在新判决决定的刑期之内。故C项正确。

丁犯数罪,分别被判处罚金和没收全部财产两种不同的附加刑,按照《刑法》第69条第3款的规定,附加刑必须执行,其中附加刑种类相同的,合并执行,种类不同的,分别执行。因此,对丁应该判处罚金10万元(合并执行),对没收全部财产分别执行。故D项正确。

考点25 缓刑

203.缓刑;累犯[ABD]

[解析]《刑法》第72条规定,缓刑的适用对象包含被判处拘役、3年以下有期徒刑的犯罪分子。第99条规定:"本法所称以上、以下、以内,包括本数。"甲所适用的是"3年以上10年以下有期徒刑"的法定刑,可以适用缓刑。故A项错误,当选。

拘役和管制的并罚采取分别执行原则,若故意伤害罪符合缓刑的适用条件,应当适用缓刑。故B项错

刑法 [答案详解]

误,当选。

《刑法》第74条规定:"对于累犯和犯罪集团的首要分子,不适用缓刑。"丙前罪是危害国家安全犯罪,后罪是帮助恐怖活动罪,符合《刑法》第66条的规定,成立特别累犯。故C项正确,不当选。

《刑法》第65条第1款规定:"被判处有期徒刑以上刑罚的犯罪分子,刑罚执行完毕或者赦免以后,在5年以内再犯应当判处有期徒刑以上刑罚之罪的,是累犯,应当从重处罚,但是过失犯罪和不满18周岁的人犯罪的除外。"丁实施抢劫罪时未满18周岁,刑满释放后的第4年又犯盗窃罪不构成累犯,可以适用缓刑。故D项错误,当选。

204.缓刑[ABCD]

[解析] 对于累犯与犯罪集团的首要分子,不适用缓刑;但对于数罪并罚之后仍然符合缓刑条件的,可以适用缓刑。故A项正确。

缓刑适用的对象是被判处拘役或者3年以下有期徒刑的犯罪分子,对于被判处管制的犯罪分子,不适用缓刑。故B项正确。

缓刑适用对象中的"被判处拘役或者3年以下有期徒刑"是针对实际宣告刑而言的,而非指法定刑。因此,即使法定最低刑为5年有期徒刑,但减轻处罚后被判处3年以下有期徒刑的,也可能适用缓刑。故C项正确。

不是累犯或者犯罪集团的首要分子,只要符合缓刑条件的,都可以适用缓刑。丁犯前罪时不满18周岁,后罪就不成立累犯,因此,对丁可能适用缓刑。故D项正确。

205.缓刑;假释[B]

[解析]《刑法》第77条第1款规定:"被宣告缓刑的犯罪分子,在缓刑考验期限内犯新罪或者发现判决宣告以前还有其他罪没有判决的,应当撤销缓刑,对新犯的罪或者新发现的罪作出判决,把前罪和后罪所判处的刑罚,依照本法第69条的规定,决定执行的刑罚。"故B项正确。

206.缓刑的认定与适用[D]

[解析] 被宣告缓刑的犯罪分子,在缓刑考验期限内犯新罪或者发现判决宣告以前还有其他罪没有判决的,应当撤销缓刑,对新犯的罪或者新发现的罪作出判决,把前罪和后罪所判处的刑罚,依照《刑法》第69条的规定数罪并罚,决定执行的刑罚。值得注意的是,如果一人犯数罪,实行数罪并罚后,决定执行的刑罚为3年以下有期徒刑或者拘役的,也可以适用缓刑。但是,如果在缓刑考验期内再犯应当数罪并罚的,说明其没有悔改表现,对其所犯新罪已经不符合适用缓刑的条件了,因此不得再次宣告缓刑。故A项正确,不当选。

《刑法》第72条第2款规定:"宣告缓刑,可以根据犯罪情况,同时禁止犯罪分子在缓刑考验期限内从事特定活动,进入特定区域、场所,接触特定的人。"此外,禁止令的适用可以适用于被判处管制的犯罪分子。故B项正确,不当选。

《刑法》第74条规定:"对于累犯和犯罪集团的首要分子,不适用缓刑。"故C项正确,不当选。

《刑法》第76条规定:"对宣告缓刑的犯罪分子,在缓刑考验期限内,依法实行社区矫正,如果没有本法第77条规定的情形,缓刑考验期满,原判的刑罚就不再执行,并公开予以宣告。"故D项错误,当选。

207.刑期的折抵[B]

[解析] 徐某在缓刑考验期限内,违反有关缓刑的监督管理规定,应当撤销缓刑,执行原判刑罚。但其在缓刑考验期限内由于无故殴打傅某致其轻微伤所受到的行政拘留不能折抵刑期,因为导致受到行政拘留处罚的事实与受到刑事处罚的事实并非同一事实。所以,行政拘留的15天既不能折抵,也不能与1年有期徒刑按照限制加重原则进行并罚,更不能被有期徒刑吸收,而应该分别执行。故A、C、D项错误,B项正确。

专题十 刑罚执行

考点26 减刑与假释

208.减刑;假释[B]

[解析]《刑法》第81条第1、2款规定:"被判处有期徒刑的犯罪分子,执行原判刑期1/2以上,被判处无期徒刑的犯罪分子,实际执行13年以上,如果认真遵守监规,接受教育改造,确有悔改表现,没有再犯罪的危险的,可以假释。如果有特殊情况,经最高人民法院核准,可以不受上述执行刑期的限制。对累犯以及因故意杀人、强奸、抢劫、绑架、放火、爆炸、投放危险物质或者有组织的暴力性犯罪被判处10年以上有期徒刑、无期徒刑的犯罪分子,不得假释。"故A项错误。乙因为行贿罪被判9年有期徒刑,已执行原判刑期1/2以上,不属于禁止假释的行为。同时,乙"确有悔改表现,无再犯危险",可优先假释。故B项正确。

《关于办理减刑、假释案件具体应用法律的规定》第3条第2款规定,对职务犯罪、破坏金融管理秩序和金融诈骗犯罪、组织(领导、参加、包庇、纵容)黑社会性质组织犯罪等罪犯,不积极退赃、协助追缴赃款赃物、赔偿损失,或者服刑期间利用个人影响力和社会关系等不正当手段意图获得减刑、假释的,不认定其"确有悔改表现"。丙的贪污罪被判无期徒刑,并不属于禁止假释之列的行为。但是,因为其"拒不交代贪污款去向,一直未退赃",不能认定其"确有悔改表现",不得假释。故 C 项错误。

未退赃影响减刑、假释仅限于职务犯罪、破坏金融管理秩序和金融诈骗犯罪、组织(领导、参加、包庇、纵容)黑社会性质组织犯罪等罪犯,因此对丁可以减刑。故 D 项错误。

209.假释[D]

[解析]《刑法》第 86 条第 1 款规定,被假释的犯罪分子,在假释考验期限内犯新罪,应当撤销假释,依照《刑法》第 71 条的规定,即先减后并实行并罚。故 A 项正确。

《刑法》第 86 条第 3 款规定,被假释的犯罪分子,在假释考验期内,有违反法律、行政法规或者国务院有关部门关于假释的监督管理规定的行为,尚未构成新的犯罪的,应当依照法定程序撤销假释,收监执行未执行完毕的刑罚。故 B 项正确。

《刑法》第 86 条第 2 款规定,在假释考验期限内,发现被假释的犯罪分子在判决宣告以前还有其他罪没有判决,应当撤销假释,依照《刑法》第 70 条的规定,即先并后减实行并罚。故 C 项正确。

《刑法》第 85 条规定,对假释的犯罪分子,在假释考验期限内,如果没有发现新罪、漏罪,也没有违反法律、法规或者国务院有关部门的监督管理规定的行为,假释考验期满,就认为原判刑罚已经执行完毕。因此,在假释考验期满后发现漏罪的,不能撤销假释,而应对漏罪直接作出判决。故 D 项错误。

210.假释[C]

[解析]《刑法》第 81 条第 1、2 款规定,被判处有期徒刑的犯罪分子,执行原判刑期 1/2 以上,被判处无期徒刑的犯罪分子,实际执行 13 年以上,如果认真遵守监规,接受教育改造,确有悔改表现,没有再犯罪的危险的,可以假释。如果有特殊情况,经最高人民法院核准,可以不受上述执行刑期的限制。对累犯以及因故意杀人、强奸、抢劫、绑架、放火、爆炸、投放危险物质或者有组织的暴力性犯罪被判处 10 年以上有期徒刑、无期徒刑的犯罪分子,不得假释。本题中,甲的行为构成投放危险物质罪,但并未因此被判处 10 年以上有期徒刑,因此不属于禁止假释的范围。由于其被判 8 年有期徒刑,按照该条文规定须执行 1/2 刑期即 4 年以上才能假释。按照法律规定犯罪分子能否假释应由人民法院裁定。故 C 项正确,A、B、D 三项错误。

211.缓刑;累犯;假释[AB]

[解析]《刑法》第 65 条第 1 款规定:"被判处有期徒刑以上刑罚的犯罪分子,刑罚执行完毕或者赦免以后,在 5 年以内再犯应当判处有期徒刑以上刑罚之罪的,是累犯,应当从重处罚,但是过失犯罪和不满 18 周岁的人犯罪的除外。"第 66 条规定:"危害国家安全犯罪、恐怖活动犯罪、黑社会性质的组织犯罪分子,在刑罚执行完毕或者赦免以后,在任何时候再犯上述任一类罪的,都以累犯论处。"虽然甲所前罪间谍罪属于危害国家安全罪,但所犯后罪即参加恐怖组织罪属于危害公共安全罪,故不能成立特别累犯。此外,甲在前罪有期徒刑执行完毕 8 年以后又犯罪,也不构成一般累犯。故 A 项错误。

乙虽然犯数罪,但法律并不禁止对数罪并罚的犯罪分子适用缓刑。故 B 项错误。

《刑法》第 77 条第 2 款规定,被宣告缓刑的犯罪分子,在缓刑考验期限内,违反人民法院判决中的禁止令,情节严重的,应当撤销缓刑,执行原判刑罚。故 C 项正确。

《刑法》第 81 条第 1 款规定,被判处有期徒刑的犯罪分子,执行原判刑期 1/2 以上,被判处无期徒刑的犯罪分子,实际执行 13 年以上,如果认真遵守监规,接受教育改造,确有悔改表现,没有再犯罪的危险的,可以假释。如果有特殊情况,经最高人民法院核准,可以不受上述执行刑期的限制。故 D 项正确。

212.减刑和假释的适用[ABCD]

[解析] 根据《刑法》第 78 条的规定,被判处管制、拘役、有期徒刑、无期徒刑的犯罪分子,在执行期间,如果认真遵守监规,接受教育改造、确有悔改表现或立功表现的,可以减刑,而非必须减刑。减刑适用对象是被判处管制、拘役、有期徒刑和无期徒刑的犯罪分子,但被判处拘役或者 3 年以下有期徒刑而被宣告缓刑的犯罪分子,一般不适用减刑,除非在缓刑期间有重大立功表现。同时,如果只判处附加刑的,不存在减刑的问题。故 A 项错误。

根据《刑法》第 80 条的规定,无期徒刑减为有期徒刑的刑期,从裁定减刑之日起计算,而不是从裁定被执行之日起计算。故 B 项错误。

被宣告缓刑的犯罪分子不在监所执行,不能以"认真遵守监规,接受教育改造"作为减刑要件,但满足特殊条件时也可以减刑。故 C 项错误。

在假释考验期内犯新罪,假释考验期满后才发现的,只要没有超过追诉时效,就应当撤销假释,并依法实行数罪并罚。故 D 项错误。

213.减刑的适用对象和程序[C]

[解析] 减刑,是指对于被判处管制、拘役、有期徒刑、无期徒刑的犯罪分子,在刑罚执行期间,如果认真遵守监规,接受教育改造,确有悔改表现,或者有立功表现的,适当减轻原判刑罚的制度。可见,被判处管制的犯罪分子也可以适用减刑,A 项表述的范围过小。故 A 项错误。

减刑总的原则是既有利于鼓励犯罪人积极改造,

又要维护法律与判决的严肃性。但对减刑次数没有作出限制。故B项错误。

《刑法》第78条规定,减刑以后实际执行的刑期,被判处无期徒刑的,不能少于13年;同时《关于办理减刑、假释案件具体应用法律的补充规定》第3条规定,被判处无期徒刑,符合减刑条件的,执行4年以上方可减刑。确有悔改表现或者有立功表现的,可以减为23年有期徒刑;确有悔改表现并有立功表现的,可以减为22年以上23年以下有期徒刑;有重大立功表现的,可以减为21年以上22年以下有期徒刑。无期徒刑减为有期徒刑后再减刑时,减刑幅度比照本规定第2条的规定执行。两次减刑之间应当间隔2年以上。因此,被判处无期徒刑的罪犯减刑后,实际执行时间可能超过15年。故C项正确。

《刑法》第79条规定:"对于犯罪分子的减刑,由执行机关向中级以上人民法院提出减刑建议书。人民法院应当组成合议庭进行审理,对确有悔改或立功事实的,裁定予以减刑。非经法定程序不得减刑。"又根据《刑事诉讼法》第261条第2款的规定,被判处死刑缓期2年执行的罪犯,在死刑缓期执行期间,如果没有故意犯罪,死刑缓期执行期满,应当予以减刑的,由执行机关提出书面意见,报请高级人民法院"裁定",并不是报请高级人民法院"核准"。故D项错误。

法条变更	《最高人民法院关于办理减刑、假释案件具体应用法律的补充规定》
	2019年3月25日最高人民法院审判委员会第1763次会议通过,自2019年6月1日起施行

214.假释[B]

[解析]《刑法》第65条规定,累犯的成立以前罪刑罚执行完毕或赦免以后5年内犯罪为条件,因此被假释的犯人在假释考验内再犯新罪的,不成立累犯。故A项正确。

《刑法》第81条第2款规定,对累犯以及因故意杀人、强奸、抢劫、绑架、放火、爆炸、投放危险物质或者有组织的暴力性犯罪被判处10年以上有期徒刑、无期徒刑的犯罪分子,不得假释。危害国家安全的犯罪分子,符合假释条件即可假释。故B项错误。

被判缓刑的犯罪人在缓刑考验期满后再犯新罪的,不成立累犯。因此丙若有悔罪表现,是可以假释的。故C项正确。

如果犯罪人所实施的不是暴力性犯罪,或者虽然是暴力性犯罪但所判处的刑罚低于10年有期徒刑,仍然可以假释。丁的抢劫罪只判了9年有期徒

刑,且所犯寻衅滋事罪与抢劫罪是数罪并罚为13年,对丁可以假释。故D项正确。

215.假释的适用条件、考验期限与撤销[ABC]

[解析]《刑法》第81条规定,被判处有期徒刑的犯罪分子,执行原判刑期1/2以上,被判处无期徒刑的犯罪分子,实际执行13年以上,如果认真遵守监规,接受教育改造,确有悔改表现,没有再犯罪的危险的,可以假释。如果有特殊情况,经最高人民法院核准,可以不受上述执行刑期的限制。对累犯以及因故意杀人、强奸、抢劫、绑架、放火、爆炸、投放危险物质或者有组织的暴力性犯罪被判处10年以上有期徒刑、无期徒刑的犯罪分子,不得假释。特殊情况应经最高人民法院核准而非高级人民法院。故A项错误。

假释是附条件地提前释放,如果其遵守一定条件,就认为原判刑罚已经执行完毕。注意假释与缓刑的区别:(1)假释是有条件地不执行余刑,缓刑是有条件地不执行原判全部刑罚。(2)假释考验期内遵守法定条件的,认为"剩余刑罚已执行完毕";在缓刑考验期内遵守法定条件的,则"原判刑罚就不再执行"。故B项错误。

《刑法》第86条第1款规定,被假释的犯罪分子,在考验期内犯新罪的,应当撤销假释,按照第71条规定的"先减后并"的方法实行数罪并罚。故C项错误。

《刑法》第81条第2款规定,对于被判处10年以上有期徒刑、无期徒刑的暴力性犯罪分子,即使减刑后其刑期低于10年有期徒刑,也不得假释。故D项正确。

专题十一 刑罚消灭

考点27 追诉时效

216.追诉时效的认定[C]

[解析]共同犯罪中,对各共犯人分别计算各自的追诉时效。一人超过追诉时效,另一人没有超过,则只能对后者追诉。例如,甲、乙共同杀人,甲是主犯,乙是从犯,甲被判无期徒刑,乙被判10年。经过15年后,只能追诉甲,不能追诉乙。故A项错误。

追诉时效的中断,也称为追诉时效的更新,是指在追诉时效进行期间,因发生了法律规定的事由,而使以前所经过的时效期间归于无效,法律规定的事由终了之时,追诉时效重新开始计算。《刑法》第89条第2款规定:"在追诉期限以内又犯罪的,前罪追诉的期限从犯后罪之日起计算。"共同犯罪中,各共犯人的追诉时效的中断,互不影响。例如,甲、乙共同犯罪,在追诉期限内,甲又犯罪,则甲的前罪的追诉期限重新计算,乙的追诉期限照旧。故B项错误。

关于追诉期限的起算日,《刑法》第89条第1款

· 56 ·

规定,追诉期限从犯罪之日起计算。犯罪之日,一般是指犯罪成立之日。但是,实害犯也即将实害结果作为构成要件的犯罪(如玩忽职守罪),实害结果发生之日才是犯罪之日。故C项正确。【特别提醒】(1)不要将犯罪成立之日与犯罪既遂之日相混淆。(2)追诉期限的特殊情形:第一,实害犯,也即将实害结果作为构成要件的犯罪,实害结果发生之日才是犯罪之日。危险犯,也即不将实害结果作为构成要件的犯罪(如放火罪、爆炸罪),实施行为之日就是犯罪之日。第二,连续犯、继续犯,也即犯罪行为有连续或者继续状态的,从犯罪行为终了之日起计算。

法定最高刑是10年以上有期徒刑的故意犯罪,追诉期限是15年,过了15年,就不能追诉。故D项错误。【特别提醒】法定最高刑为无期徒刑、死刑的,追诉期限为20年。如果20年以后认为必须追诉的,可以报请最高人民检察院核准后追诉。

217.追诉时效[B]

[解析] 刑法中的所有犯罪,均存在追诉时效。危险驾驶罪的法定最高刑为拘役,属于法定最高刑为不满5年有期徒刑的情形,追诉时效为5年。故A项错误。

在共同犯罪中,不同主体在犯罪中所起的作用大小是不一样的,主犯和从犯的法定最高刑不同,追诉时效应当分别计算。故B项正确。

追诉时效属于刑法规定的内容,应受罪刑法定原则的制约,应当适用从旧兼从轻的原则而非从新原则。故C项错误。

《刑法》第89条第2款规定:"在追诉期限以内又犯罪的,前罪追诉的期限从犯后罪之日起计算。"又犯罪是指实施了我国刑法规定的犯罪,刘某在国外伪造私人印章的行为在我国不构成犯罪,因此其行为不导致追诉时效中断,此时距犯罪之日已经过22年(故意杀人罪的追诉时效为20年),不应继续追诉刘某故意杀人的罪行。故D项错误。

218.追诉时效[AC]

[解析]《刑法》第87条规定,法定最高刑为无期徒刑、死刑的,追诉时效的期限为20年。如果20年后认为必须追诉的,须报请最高人民检察院核准。甲犯劫持航空器罪,有可能被判处死刑,因此即便经过30年,也可能被追诉。故A项正确。

《刑法》第89条第1款规定,追诉期限从犯罪之日起计算。乙于2013年1月10日挪用公款,但是此时乙并未构成犯罪,只有超过3个月未还的才能构成挪用公款罪,因此应从2013年4月10日起计算追诉时效。故B项错误。

法定最高刑为不满5年有期徒刑的,追诉期限为5年。故意伤害致人轻伤的法定最高刑为3

年,因此追诉时效是5年,李某报案时已经超过追诉时效,因此不能追诉丙故意伤害的刑事责任。故C项正确。

《刑法》第89条第2款规定,在追诉期限以内又犯罪的,前罪追诉的期限从后罪成立之日起计算,即在追诉期限以内又犯罪的,前罪的追诉时效便中断,其追诉时效从后罪成立之日起重新计算。丁没有犯新罪,因此对其犯合同诈骗罪的追诉时效并未因为王某新的犯罪行为而中断,因此不能重新计算。故D项错误。

219.追诉时效;数罪并罚;自首;死刑[ABCD]

[解析]《刑法》规定,故意杀人罪的法定最高刑为死刑,适用最长追诉时效20年。本案中,自2004年7月甲犯诈骗罪起其所犯故意杀人罪的追诉时效重新计算,故甲的故意杀人罪追诉期至2024年。而甲所犯诈骗罪的法定最高刑为3年,经过5年即不再追诉。至2014年8月时,又经过了11年,甲所犯故意杀人罪的时效未过,而所犯诈骗罪的时效已超过。因此,对甲应以盗窃罪和故意杀人罪数罪并罚。故A、B两项错误。

《关于处理自首和立功具体应用法律若干问题的解释》第1条规定,犯有数罪的犯罪嫌疑人仅如实供述所犯数罪中部分犯罪的,只对如实供述部分犯罪的行为,认定为自首。因此,本案中只对甲所犯故意杀人罪和诈骗罪成立自首,对于盗窃罪部分不可从轻或减轻处罚。故C项错误。

对未成年人不适用死刑,这里指的是犯罪时而非审判时未满18周岁。故D项错误。

220.追诉时效的中断;强奸罪和故意杀人罪、交通肇事罪的追诉期限[ABD]

[解析]《刑法》第87条规定:"犯罪经过下列期限不再追诉:(一)法定最高刑为不满5年有期徒刑的,经过5年;(二)法定最高刑为5年以上不满10年有期徒刑的,经过10年;(三)法定最高刑为10年以上有期徒刑的,经过15年;(四)法定最高刑为无期徒刑、死刑的,经过20年。如果20年以后认为必须追诉的,须报请最高人民检察院核准。"

张某强奸某妇女的行为构成强奸罪(本题中没有加重情节,追诉时效为15年);后又将妇女杀害的行为,构成故意杀人罪(追诉时效为20年),与强奸罪实行并罚。1996年,张某酒后驾车致人重伤,构成交通肇事罪(本题中有加重情节,法定刑最高为7年,追诉时效为10年)。

本题中两案均在2007年发现,《刑法》第89条规定:"追诉期限从犯罪之日起计算;犯罪行为有连续或者继续状态的,从犯罪行为终了之日起计算。在追诉期限以内又犯罪的,前罪追诉的期限从犯后罪之日起计算。"故张某的故意杀人罪应当在20年内追诉(即1980年至2000年之间),而其1996年又犯交通肇事罪,致其故意杀人罪的追诉期限从1996年起计算,故2007年发现本案,仍应以故意杀人罪追究其刑事责任。综上,C项正确。其他两罪均已过追诉时效,A、B、D项错误。

专题十二　罪刑各论概说

考点28　分论概说

221.注意规定与法律拟制[AB]

[解析] 转化犯即行为人实施某一较轻的犯罪行为时,因具有特定情形而使其行为性质发生了变化,转化为较重之罪,而不以原行为性质定罪也不实行数罪并罚。这里存在法律拟制的情况,即必须有法律的明确规定才可以按照转化后的犯罪定罪处罚。A、B项都是刑法明文规定的转化型抢劫罪。对于盗窃犯罪的,转化型抢劫是取财在前、暴力在后;直接抢劫是暴力在前、取财在后,可见二者并不是一种犯罪构成,而是鉴于盗窃后为毁灭罪证而当场使用暴力的行为社会危害性大,需要严厉打击的需要才用法律(《刑法》第269条)规定为按照较重的抢劫罪定罪处罚。抢夺罪的构成不需要实施暴力,但是携带凶器抢夺的,抢夺人的人身危险性明显增大,因而法律(《刑法》第267条)也明确规定将其按照较重的抢劫罪定罪处罚。可见,如果没有刑法分则条文的强制性规定,以上两种行为是不能都按照抢劫罪定罪处罚的。故A、B项错误,当选。

盗窃信用卡并在ATM机取款的行为与冒用信用卡是两种性质不同的行为,盗窃信用卡并在ATM机取款的行为是盗窃后对赃物的使用处分行为。法律对盗窃罪的处罚已经考虑或包含了罪犯本人对赃物的使用处分行为,因此,若没有刑法分则条文的相关规定,从整个刑法分则的法律体系分析也应该认定为盗窃罪。故C项正确,不当选。

保险事故的鉴定人故意提供虚假的证明文件为他人实施保险诈骗提供条件的,明显已经具有帮助骗取保险金的共同犯罪故意,应当构成保险诈骗罪,即使没有刑法条文的规定,根据刑法理论,也应当认定为保险诈骗罪的共犯。故D项正确,不当选。

专题十三　危害国家安全罪

考点29　危害国家安全罪

222.叛逃罪;罪数形态[C]

[解析] 叛逃罪,是指国家机关工作人员以及掌握了国家秘密的其他国家工作人员,在履行公务期间,擅离岗位,叛逃境外或者在境外叛逃的行为。甲系海关工作人员,属于国家工作人员,擅自不归国,构成叛逃罪。故A项正确。

为境外窃取、刺探、收买、非法提供国家秘密、情报罪,是指为境外的机构、组织、人员窃取、刺探、收买、非法提供国家秘密或情报的行为。甲把自己掌握的影响我国经济安全的海关数据提供给外国机构,构成为境外非法提供国家秘密、情报罪。故B项正确。

甲的行为同时侵犯了两个客体,二者之间不存在牵连犯或者吸收犯等关系,构成两个罪,应该数罪并罚。故C项错误。

《刑法》第56条规定,犯叛逃罪、为境外非法提供国家秘密、情报罪的,应当附加剥夺政治权利。根据《刑法》第55条第1款的规定,剥夺政治权利的期限为1年以上5年以下。故D项正确。

223.为境外窃取、刺探、收买、非法提供国家秘密、情报罪的认定[B]

[解析] 国家机关机要员黄某为某国间谍戴某(其谎称来华投资)提供四份"机密"《内参报告》,黄某构成为境外窃取、刺探、收买、非法提供国家秘密、情报罪。其行为同样符合故意泄露国家秘密罪、非法获取国家秘密罪的构成要件,但故意泄露国家秘密罪、非法获取国家秘密罪与为境外窃取、刺探、收买、非法提供国家秘密、情报罪是法条竞合关系,应以为境外窃取、刺探、收买、非法提供国家秘密、情报罪定罪处罚。此外,对于国家工作人员受贿后为他人谋取利益的行为又成立其他犯罪的,除了《刑法》第399条第4款的规定以外,都应以受贿罪和其他犯罪数罪并罚。故B项正确,C、D项错误。

《刑法》第107条规定:"境内外机构、组织或者个人资助实施本章第102条、第103条、第104条、第105条规定之罪的,对直接责任人员,处5年以下有期徒刑、拘役、管制或者剥夺政治权利;情节严重的,处5年以上有期徒刑。"黄某行为不符合资助危害国家安全犯罪活动罪的构成。故A项错误。

224.间谍罪[C]

[解析] 根据《刑法》第109条的规定,叛逃罪,是指国家机关工作人员在履行公务期间,擅离岗位,叛逃境外或者在境外叛逃的行为。本题中,甲是在国外探亲时滞留不归,不属于在履行公务期间擅离岗位,因此不属于在境外叛逃,不构成叛逃罪。

根据《刑法》第110条的规定,间谍罪的行为方式包括:(1)参加间谍组织;(2)接受间谍组织及其代理人的任务;(3)为敌人指示轰击目标。本题中,甲接受间谍组织的任务,构成间谍罪。

根据《刑法》第431条的规定,非法获取军事秘密罪,是指以窃取、刺探、收买方法,非法获取军事秘密的行为。甲以1万美元从乙手中购买军事机密材料,构成非法获取军事秘密罪。

综上,甲接受间谍组织的任务是非法获取军事秘密,因此属于一个行为同时触犯间谍罪和非法获取军事秘密罪,想象竞合,应择一重罪论处。间谍罪更重,故应以间谍罪论处。本题C项当选。

专题十四 危害公共安全罪

考点30 危害公共安全罪

225.以危险方法危害公共安全罪;放火罪;妨害安全驾驶罪;高空抛物罪[D]

[解析] 妨害安全驾驶罪,是指对行驶中的公共交通工具的驾驶人员使用暴力或者抢控驾驶操纵装置,干扰公共交通工具正常行驶,危及公共安全的行为。对该罪,处1年以下有期徒刑、拘役或者管制,并处或者单处罚金。而以危险方法危害公共安全罪中的危险方法要与放火、决水、爆炸以及投放危险物质行为的危害性相当,其基本犯的法定刑是3年以上10年以下有期徒刑。A项中甲的行为属于典型的妨害安全驾驶的行为,还达不到以危险方法危害公共安全罪的程度,不能成立以危险方法危害公共安全罪。故A项不当选。

乙从住宅区楼上向下投掷正在燃烧的蜂窝煤的行为,造成人员伤亡或财产损失的范围较小,不具有造成不特定多数人伤亡或者重大财产损失的危险,不构成以危险方法危害公共安全罪,而应构成高空抛物罪。高空抛物罪所保护的法益并非公共安全,而是社会管理秩序。故B项不当选。

丙改装戊摩托车的行为,主观上是想杀死戊,而客观上摩托车无法造成不特定或多数人的生命、健康、财产损失,因此,丙的行为并不构成以危险方法危害公共安全罪。故C项不当选。

丁在公交车上与司机争吵打斗,并且发生了严重的交通事故,不仅构成妨害安全驾驶罪,也达到了以危险方法危害公共安全罪的危害性程度,属于想象竞合,应当按照从一重的原则论处,即以危险方法危害公共安全罪定罪处罚。对此,《刑法》第133条之二"妨害安全驾驶罪"第3款也规定:"有前两款行为,同时构成其他犯罪的,依照处罚较重的规定定罪处罚。"故D项当选。

226.危险驾驶罪的认定[BC]

[解析] 成立帮助犯,要求帮助行为促进的是正犯的实行行为,且这种促进要具有一定的确定性或直接性。本题中,乙构成危险驾驶罪的实行犯。但是,当甲出借车辆时,乙会不会醉酒驾驶并不具有确定性和必然性,具有不可预见性。因此,甲此时的出借行为不构成帮助犯。故A项错误。

醉酒驾驶构成危险驾驶罪,属于故意犯罪,要求有醉酒驾驶的意图。甲坐在车里,仅是用发动机取暖,没有驾驶车辆的意图,因此不构成危险驾驶罪。故B项正确。

甲虽然实施了危险驾驶行为,但是由于乙突发心脏病,情况紧急,因此构成紧急避险,也即为了保护更大的法益(乙的生命)不得已损害了较小的法益(给道路制造了抽象危险),甲不构成危险驾驶罪。故C项正确。

乙构成危险驾驶罪的实行犯,甲为乙的醉酒驾驶提供了便利(将车交给乙驾驶),因此构成危险驾驶罪的帮助犯。故D项错误。

227.危害公共安全犯罪[ABCD]

[解析] 甲把蜂窝煤点燃从高处扔向人群,引发火灾,构成放火罪,属于危害公共安全的犯罪。故A项正确。【特别提醒】注意:按照司法解释的规定,即使高空抛的是普通物品,只要对楼下人有具体危险,则这种高空抛物行为就构成以危险方法危害公共安全罪。具体见《最高人民法院关于依法妥善审理高空抛物、坠物案件的意见》的规定;故意从高空抛弃物品,尚未造成严重后果,但足以危害公共安全的,依照以危险方法危害公共安全罪定罪处罚;致人重伤、死亡或者使公私财产遭受重大损失的,依照过失以危险方法危害公共安全罪处罚。为伤害、杀害特定人员实施上述行为的,依照故意伤害罪、故意杀人罪定罪处罚。甲把蜂窝煤点燃从高处扔向人群,足以危害公共安全,并且引发火灾,导致多人伤亡的危险,应成立以危险方法危害公共安全罪。

《刑法》第133条之二(妨害安全驾驶罪)规定:"对行驶中的公共交通工具的驾驶人员使用暴力或者抢控驾驶操纵装置,干扰公共交通工具正常行驶,危及公共安全的,处一年以下有期徒刑、拘役或者管制,并处或者单处罚金。前款规定的驾驶人员在行驶的公共交通工具上擅离职守,与他人互殴或者殴打他人,危及公共安全的,依照前款的规定处罚。有前两款行为,同时构成其他犯罪的,依照处罚较重的规定定罪处罚。"故B、C项正确。

《关于办理涉窨井盖相关刑事案件的指导意见》第1、2条规定:(1)盗窃、破坏正在使用中的社会机动车通行道路上的窨井盖,足以使汽车、电车发生倾覆、毁坏危险,尚未造成严重后果的,依照《刑法》第117条的规定,以破坏交通设施罪定罪处罚;造成严重后果的,依照《刑法》第119条第1款的规定处罚。过失造成严重后果的,依照《刑法》第119条第2款的规定,以过失损坏交通设施罪定罪处罚。(2)盗窃、破坏人员密集往来的非机动车道、人行道以及车站、码头、公园、广场、学校、商业中心、厂区、社区、院落等生产生活、人员聚集场所的窨井盖，足以危害公共安全，尚未造成严重后果的，依照《刑法》第114条的规定，以以危险方法危害公共安全罪定罪处罚；致人重伤、死亡或者使公私财产遭受重大损失的，依照《刑法》第115条第1款的规定处罚。过失致人重伤、死亡或者使公私财产遭受重大损失的，依照《刑法》第115条第2款的规定，以过失以危险方法危害公共安全罪定罪处罚。丁的行为属于盗窃正在使用中的社会机动车通行道路上的窨井盖，并使车辆发生倾覆，发生严重交通事故，造成严重后果，构成以危险方法危害公共安全犯罪，具体是成立破坏交通设施罪。故D项正确。

228.破坏交通设施罪；破坏交通工具罪；故意毁坏财物罪；诈骗罪[ABCD]

[解析] 破坏交通设施罪，是指毁坏交通设施本身（物理性毁损）或使其丧失应有功能（功能性破坏），以此危害公共安全。因此，这里的"破坏"应当作扩大解释，不限于物理性毁损。例如，在铁轨上放置路障或涂抹机油，在公路上设置路障、陷阱。本题中，甲在高速公路路口撒铁钉，会使公路丧失应有的通行功能，这种破坏行为虽不是物理性毁损，但属于功能性破坏。基于此，甲的行为构成破坏交通设施罪。故A项正确。

破坏交通工具罪，是指毁坏交通工具的整体或重要零部件，或者使其丧失应有功能，以此危害公共安全。本题中，甲的行为虽然没有直接作用于汽车，但这种行为必然导致车辆压到铁钉上，损毁轮胎，甚至发生爆胎等危险，由此危害公共安全，因此构成破坏交通工具罪。这表明，不要求犯罪行为直接作用于犯罪对象，也可以是间接作用关系。故B项正确。

甲的行为本身虽然对交通设施（道路路面）没有造成毁坏，但是对汽车造成毁坏，因此构成故意毁坏财物罪。甲的一个行为同时构成破坏交通设施罪、破坏交通工具罪、故意毁坏财物罪，想象竞合，择一重罪论处。故C项正确。

甲在路上撒铁钉，不属于诈骗罪中的欺骗行为。诈骗罪中的欺骗行为不仅仅是使对方陷入认识错误，而且要求使对方陷入处分财物的认识错误。如果行为人实施了某种"欺骗行为"，但其内容不是使对方作出财产处分行为，便不属于诈骗罪的欺骗行为。即使是使对方陷入认识错误的行为，但如果不是基于认识错误实施处分财物行为，就不能说该行为是诈骗罪的欺骗行为。本题中，甲在路上撒铁钉，貌似是个欺骗行为，导致司机陷入认识错误，但是撒铁钉的行为不会导致司机要处分财物（向甲支付修车费），因此不是诈骗罪的欺骗行为。但是，当有司机来到甲的修理店补胎时，甲有义务告知真相，也即轮胎是我撒

的铁钉扎的，由此应免费给补胎。甲隐瞒真相，使司机支付了修车费，甲构成不作为的诈骗罪。故D项正确。

229.丢失枪支不报罪；破坏交通设施罪；破坏交通工具罪；交通肇事罪[C]

[解析] 根据《刑法》第129条的规定，依法配备公务用枪的人员，丢失枪支不及时报告，造成严重后果的，成立丢失枪支不报罪。该罪的主体为"依法配备公务用枪的人员"，属于真正身份犯。甲属于"配置"枪支的人员，不构成本罪。故A项错误。

根据《刑法》第116条的规定，破坏火车、汽车、电车、船只、航空器，足以使火车、汽车、电车、船只、航空器发生倾覆、毁坏危险，尚未造成严重后果的，成立破坏交通工具罪。该条对交通工具采用了明确列举的方式，本案中"旅游景点的缆车"属于"电车"，属于交通工具，故认定为破坏交通工具罪。故B项错误。

交通肇事罪要求造成实害结果才构成犯罪。常见的实害结果有：死亡1人；重伤3人；重伤1人，但有严重情节（酒驾、吸毒驾驶、无照驾驶、严重超载、肇事后逃逸等）。故C项正确。

丁虽然形式上实施了"破坏"交通工具的行为——拧开安全门，但并没有导致《刑法》第116条所规定的"足以使火车、汽车、电车、船只、航空器发生倾覆、毁坏危险"，只是"致飞机不能正点起飞"，不应认定为破坏交通工具罪。故D项错误。

230.投放危险物质罪[AB]

[解析] 投放危险物质罪是指故意投放毒害性、放射性、传染病病原体等危险物质，危害不特定多数人生命、财产的行为。故A项正确。危害物质除毒害性、放射性、传染病病原体，还包括其他危险物质。故B项正确。

根据《刑法》第291条之一第1款规定，投放虚假危险物质罪是指投放虚假的爆炸性、毒害性、放射性、传染病病原体等物质，严重扰乱社会秩序的行为。丙将食品干燥剂粉末冒充炭疽杆菌，大量邮寄给他人，构成投放虚假危险物质罪。故C项错误。

罂粟壳对人体有害，丁在食品中违法添加并销售的行为应被认定为生产、销售有毒、有害食品罪。故D项错误。

231.以危险方法危害公共安全罪[C]

[解析] 甲在高速公路上点燃树枝的行为没有足以危害公共安全的危险，难以认定为放火罪与以危险方法危害公共安全罪。针对甲点燃树枝这一行为，如认为该行为不成立放火罪，那么该行为也不可能成立以危险方法危害公共安全罪。无论是构成放火罪还是构成以危险方法危害公共安全罪，均要求行为人的行为对不特定多数人的生命、健康及公私财产的安全

60

构成了现实危险。本案中,甲的行为并不足以危害车辆的通行安全,事实上也很快被通行车辆轧灭。因此,甲的行为既不构成放火罪,也不构成以危险方法危害公共安全罪。故A、B项错误,C项正确。

不能认为以危险方法危害公共安全罪是整个危害公共安全犯罪的兜底条款,以危险方法危害公共安全罪只是与放火、爆炸、决水、投放危险物质等具有等价性行为的兜底。故D项错误。

232.组织、领导恐怖组织罪;帮助恐怖活动罪;准备实施恐怖活动罪[ABCD]

[解析] 刑法对帮助恐怖活动作了专门规定,将帮助行为正犯化,即《刑法》第120条之一,不再适用总则关于从犯的规定。故A项正确。

乙成立恐怖组织并开展培训活动,其行为构成组织、领导恐怖组织罪。故B项正确。

《刑法修正案(九)》新增准备实施恐怖活动罪,即将为实施恐怖活动准备凶器、危险物品或者其他工具,组织恐怖活动培训或者积极参加恐怖活动培训,为实施恐怖活动与境外恐怖活动组织或者人员联系,以及为实施恐怖活动进行策划或者其他准备等行为明确规定为犯罪。丙、丁实施的行为原本属于犯罪预备行为,立法上将预备行为实行行为化,故对为实施恐怖活动准备凶器的行为,不再适用刑法总则关于预备犯的规定。故C、D项正确。

233.(1)交通肇事罪[D]

[解析]《关于审理交通肇事刑事案件具体应用法律若干问题的解释》第5条第1款规定,"因逃逸致人死亡",是指行为人在交通肇事后为逃避法律追究而逃跑,致使被害人因得不到救助而死亡的情形。乙不慎将刘某撞成重伤的行为构成交通肇事罪。但就因果关系而言,刘某的死亡结果并非由乙肇事逃逸引起,而是丙将刘某藏匿在草丛中致其错过抢救时机身亡,故乙不构成交通肇事逃逸致人死亡,而且刘某的死亡结果也不能归责于乙。乙既不成立交通肇事逃逸致人死亡,也不成立过失致人死亡罪,不需要对刘某的死亡负责。故A、B、C项错误。

上述司法解释第6条规定:"行为人在交通肇事后为逃避法律追究,将被害人带离事故现场后隐藏或者遗弃,致使被害人无法得到救助而死亡或者严重残疾的,应当分别按照刑法第232条、第234条第2款的规定,以故意杀人罪或者故意伤害罪定罪处罚。"故D项正确。

(2)伪证罪;包庇罪[ABC]

[解析] 伪证罪与包庇罪并非对立关系,二者之间可能存在竞合。若证人以故意作虚假证明的方式包庇犯罪人,则证人成立包庇罪与伪证罪的想象竞合犯。故A项错误。

虽然甲的主观目的在于骗取保险金,但有作假证明的行为且起到了包庇的效果,对于妨害司法活动至少有间接故意,完全可以认定为妨害司法活动的犯罪。故B项错误。

乙是交通肇事行为的本人,其唆使丁代替自己承担交通肇事的责任,该行为是为了保护自己而实施的妨害司法行为,而且教唆他人包庇自己并不成立包庇罪的教唆犯。故C项错误。

丁的"自首"掩盖了乙交通肇事的犯罪事实,属于作假证明包庇乙,构成包庇罪。故D项正确。

(3)保险诈骗罪;职务侵占罪[AD]

[解析]《刑法》第198条规定,被保险人对发生的保险事故编造虚假的原因骗取保险金的,构成保险诈骗罪。甲的行为已经触犯保险诈骗罪。故A项正确。

甲仅实施一个行为,其行为构成保险诈骗罪和诈骗罪的法条竞合,因为保险诈骗罪和诈骗罪属于特别法与一般法的关系,因此应以保险诈骗罪论处。故B项错误。

非法占有目的的认定,不限于本人占有,包括让特定的第三者占有。陈某明知甲骗取保险金,仍为其提供帮助的,应当认定陈某同样具有非法占有目的。故C项错误。

陈某明知甲骗取保险金,仍为其提供帮助的,构成保险诈骗罪的共犯。故D项正确。

234.危险驾驶罪[D]

[解析]《刑法》第133条之一第3款规定,构成危险驾驶罪的同时构成其他犯罪的,依照处罚较重的规定定罪处罚。醉酒驾驶机动车,误将红灯看成绿灯,撞死2名行人的行为同时构成交通肇事罪和危险驾驶罪,应以交通肇事罪定罪处罚。故A项不当选。

吸毒后驾驶机动车属于"毒驾",根据目前法律规定不构成危险驾驶罪。故B项不当选。

驾驶汽车前吃了大量荔枝,主观上没有危险驾驶的故意,尽管被交警以呼气式酒精检测仪测试到酒精含量达到醉酒程度,但根据主客观相一致的刑法原则,也不应认定为危险驾驶罪。故C项不当选。

根据《关于办理醉酒驾驶机动车刑事案件适用法律若干问题的意见》和《道路交通安全法》的相关规定,对于机关、企事业单位、厂矿、校园、住宅小区等单位管辖范围内的路段、停车场,若相关单位允许社会机动车通行的,亦属于"道路"范围,在这些地方醉酒驾驶机动车的,构成危险驾驶罪。故D项当选。

235.交通肇事罪;共同犯罪[C]

[解析] 交通肇事罪,是指违反交通运输管理法规,因而发生重大事故,致人重伤、死亡或者使公私财产遭受重大损失的行为。根据《刑法》第133条的规

定,交通肇事后因逃逸而致人死亡的行为是交通肇事罪的情节加重犯,不满16周岁的行为人不必为此负刑事责任,所以乙依法不构成犯罪。《关于审理交通肇事刑事案件具体应用法律若干问题的解释》第5条第2款规定:"交通肇事后,单位主管人员、机动车辆所有人、承包人或者乘车人指使肇事人逃逸,致使被害人因得不到救助而死亡的,以交通肇事罪的共犯论处。"本案中甲的行为就属于这一情形。依照该司法解释规定,应当认定甲构成交通肇事罪的共犯。按照刑法理论,交通肇事罪作为一种过失犯罪,不能成立共同犯罪。但这一规定不能成为认定过失犯罪存在共犯的特例。乙开车时过失造成事故,并非甲指使所致,故甲不是交通肇事罪的间接正犯。故C项正确,A、B、D三项均错误。

236.危害公共安全罪[ABCD]

[解析] A项中甲与乙名为交换,实为买卖(以物易物也属于买卖的范畴)。故甲、乙均构成非法买卖危险物质罪。故A项正确。

同理,B项中甲、乙除构成非法买卖危险物质罪外,乙将毒品卖与他人,还构成贩卖毒品罪。故B项正确。

虽然刑法仅规定了非法出租、出借枪支罪,没有规定非法赠与枪支罪。但将依法配备的公务用枪赠与他人,比出租、出借枪支的危害性更大,也更具有可罚性,依据当然解释,对甲以非法出借枪支罪定罪处罚。故C项正确。

非法持有枪支罪中的"持有"表现为实际的支配和控制,故甲主观上知道自家院墙内埋藏有枪支,客观上支配、控制了枪支,其行为构成非法持有枪支罪。故D项正确。

237.交通肇事罪和重大责任事故罪的界限;不作为犯罪的认定[A]

[解析] 交通肇事罪要求违反交通运输管理法规,行为人必须在从事交通运输过程中或者与正在进行的交通运输活动有直接关系。如果发生与交通运输工具有关的重大事故,但不是在交通运输活动过程中,则不构成交通肇事罪。本案中,建筑工地并不属于公共交通运输领域,因此,甲开动斗车不小心将工友撞死、撞伤的行为不成立交通肇事罪,而是成立重大责任事故罪。故A项错误,当选;B、C项正确,不当选。此外,甲为逃避法律责任而将丙带离事故现场后遗弃,这一行为将丙置于更危险的境地,最终丙不得救治而亡。因此,甲的行为还成立不作为的故意杀人罪。故D项正确,不当选。

238.(1)交通肇事罪;以危险方法危害公共安全罪[BCD]

[解析] 甲违反交通管理法规逆向驾驶车辆,造成严重交通事故,且对事故承担主要责任,故构成交通肇事罪。故A项正确,不当选。

以危险方法危害公共安全罪要求行为人主观上是故意的,即追求或放任危害结果的发生。很显然甲的目的是超车,并不具有故意心态,故甲的行为不构成以危险方法危害公共安全罪。故B项错误,当选。

交通肇事罪主观方面为过失,甲对乙车内人员的死伤并无故意。故C项错误,当选。

《关于审理交通肇事刑事案件具体应用法律若干问题的解释》第2条第2款规定:"交通肇事致1人以上重伤,负事故全部或者主要责任,并具有下列情形之一的,以交通肇事罪定罪处罚:……(二)无驾驶资格驾驶机动车辆的;……"发生交通事故的主要责任在于甲违章驾驶,虽然乙无驾驶资格,但对于该事故发生责任较小,不能认定为交通肇事罪。故D项错误,当选。

(2)交通肇事罪的认定;自首[AD]

[解析] 要区分"交通肇事后逃逸"与"因逃逸致人死亡"的不同:前者是指行为人在发生交通事故后,为逃避法律追究而逃跑的行为;后者是指交通肇事后逃跑,致使被害人得不到救助而死亡。认定为前者还是后者,量刑标准不同,必须慎重把握。胡某因甲的行为导致重伤,急救人员在5分钟后对胡某实施救助但其依然死亡,因此应当认定胡某直接死亡的原因是甲的严重肇事行为,而不是因为逃逸导致死亡的。故A项正确,B、C项错误。此外,只要犯罪行为人在犯罪以后、归案之前,出于自己的意志而向有关机关或个人承认自己实施犯罪,并愿将自己置于有关机关或个人控制下的行为都可以认定为自首。故D项正确。

(3)危险驾驶罪;交通肇事罪[AD]

[解析]《刑法》第133条之一第1款规定:"在道路上驾驶机动车,有下列情形之一的,处拘役,并处罚金:(一)追逐竞驶,情节恶劣的;(二)醉酒驾驶机动车的;(三)从事校车业务或者旅客运输,严重超过额定乘员载客,或者严重超过规定时速行驶的;(四)违反危险化学品安全管理规定运输危险化学品,危及公共安全的。"丙、丁的行为都构成危险驾驶罪,该罪是危险犯,只要具有危险驾驶行为就构成本罪,而且本罪的既遂并不要求行为人按预期的路线等飙车结束。故A、D项正确,当选。另外,由于不能认定乙的死亡与丙的危险驾驶行为有因果关系,故丙不构成交通肇事罪。同时丙也没有危害公共安全的故意,即使本案中已经发生了重大损害,但丙对该损害结果是持反对的态度,所以不构成以危险方法危害公共安全罪。故B、C项错误,不当选。

(4)因果关系[ABCD]

[解析] 根据案件证据,乙的死亡系一个致命伤

导致,但查不清是谁的行为引起。按照存疑时有利于行为人的原则(疑罪从无、疑罪从轻原则),甲、丙、警察、乙的行为与乙的死亡之间不存在因果关系。而且,处置现场的警察不存在危害行为,其救援行为更不可能存在因果关系;本案同样无法证明乙死于自己不当的异常行为。故 A、B、C、D 项错误。

(5)教唆犯的认定[ABCD]

[解析] 丁的行为表面上是指使王某作伪证,其实这是指使他人包庇犯罪嫌疑人的行为,故丁构成妨害作证罪的实行犯。另外,丁指使他人作伪证虽然具有教唆性质,但不能按照教唆犯处理,因为丁指使王某包庇自己犯罪行为的行为缺乏期待可能性,故丁不构成其他罪的教唆犯。由于丁教唆行为本身不构成犯罪,所以不论教唆既遂还是未遂,丁均不构成其他罪。故 A、B、C、D 项均错误。

(6)诈骗罪;对向犯[ABC]

[解析] 敲诈勒索要求行为人实施威胁或要挟的方法,并使被害人因恐惧而被迫交出财物。丁某为了自己非法利益而给予王某财物,并不符合敲诈勒索罪构成要件。但王某采取欺骗的方法,向丁索取5万元,丁因为相信王某会为自己顶罪而给予其5万元,王某的行为符合诈骗罪构成要件。故 A、B 项错误,当选。

贩卖毒品是指明知是毒品而非法销售或者以贩卖为目的而非法收买毒品的行为。王某购买毒品的目的在于自用,并不是为了贩卖,《刑法》只规定了贩卖毒品罪,没有规定购买毒品罪,故王某的购买行为不会构成贩卖毒品罪的共犯。故 C 项错误,当选。

窝藏毒品罪是指明知是毒品或者毒品犯罪所得财物而为犯罪分子窝藏的行为。王某为了自用而购买毒品,属于非法持有毒品行为,应构成非法持有毒品罪。故 D 项正确,不当选。

239.以危险方法危害公共安全罪[B]

[解析] 以危险方法危害公共安全罪中的"其他危险方法",限于与放火、决水、爆炸、投放危险物质相当的方法,而不是泛指任何具有危害公共安全性质的方法。如果某种行为符合其他犯罪的构成要件,而且符合罪刑相适应原则,则应认定为其他犯罪,不认定为本罪。A 项中,甲驾车在公路转弯处高速行驶,撞翻相向行驶车辆,致2人死亡,甲成立交通肇事罪。C 项中,丙醉酒后驾车,刚开出10米就撞死2人的行为成立危险驾驶罪与交通肇事罪的想象竞合犯,根据《刑法》第133条之一第3款的规定,依照处罚较重的规定定罪处罚。D 项中,丁在繁华路段飙车,致使2名老妇受到惊吓致心脏病发作死亡的行为成立危险驾驶罪。B 项中,乙驾驶越野车在道路上横冲直撞,撞翻数辆他人所驾汽车,致2人死亡,是属于故意实施严重危害公共安全的行为,导致严重结果,成立以危险方法危害公共安全罪。当然,如果乙驾驶越野车在道路上直接撞人的,成立故意杀人罪。故 B 项正确,A、C、D 项错误。

240.非法出借枪支罪;立功的认定[AB]

[解析] 非法出租、出借枪支罪,是指依法配备公务用枪的人员与单位,非法出租、出借枪支的,或者依法配置枪支的人员与单位,非法出租、出借枪支,造成严重后果的行为。警察甲将公务用枪私自送人把玩,这一行为符合非法出借枪支罪的构成要件,甲构成非法出借枪支罪。故 A 项正确,当选。

非法持有、私藏枪支、弹药罪,是指违反枪支、弹药管理规定,非法持有、私藏枪支、弹药的行为。非法持有,是指没有合法根据地实际占有或者控制枪支、弹药;非法替他人保管枪支、弹药的行为,也属于非法持有;非法私藏实际上是非法持有的一种表现形式。乙的行为符合非法持有枪支罪的构成。故 B 项正确,当选。

丙偷取枪支送交派出所,揭发乙持枪的犯罪事实这一行为没有社会危害性且属于公民积极守法,不构成盗窃枪支罪。故 C 项错误,不当选。

立功,是指犯罪分子揭发他人的犯罪行为,查证属实的,或者提供重要线索,从而得以侦破其他案件等的行为。丙揭发乙持枪的犯罪事实中,丙并不是犯罪分子,不符合立功的主体。故 D 项错误,不当选。

241.以危险方法危害公共安全罪;投放危险物质罪;销售有毒、有害食品罪;法条竞合[D]

[解析] 故意毁坏财物罪,是指故意毁灭或者损坏公私财物,数额较大或者有其他严重情节的行为。甲没有毁坏公私财物,不构成该罪。故 A 项错误。

以危险方法危害公共安全罪,是指故意以放火、决水、爆炸以及投放危险物质以外的并与之相当的危险方法,足以危害公共安全的行为。投放危险物质罪,是指故意投放毒害性、放射性、传染病病原体等物质,危害公共安全的行为。甲交售喷洒了农药的稻米于粮站,对不特定多数人的生命构成了威胁,构成以危险方法危害公共安全罪;该行为同时构成投放危险物质罪,属于法条竞合,采取特殊法条优于一般法条,定投放危险物质罪。盗窃罪有数额较大的要求,"取出部分作为饵料"去毒死麻雀达不到数额较大的要求,因此甲不构成盗窃罪。故 B、C 项错误。

生产、销售有毒、有害食品罪表现为在生产、销售的食品中掺入有毒、有害的非食品原料,或者销售明知掺有有毒、有害的非食品原料的行为。甲将毒死的麻雀售与饭馆,构成生产、销售有毒、有害食品罪,两个行为不存在竞合关系,应分别定罪处罚。故 D 项正确。

242. 法条竞合;过失致人死亡罪;谎报安全事故罪;重大责任事故罪[D]

[解析] 根据《刑法》第134条的规定,重大责任事故罪是指在生产、作业中违反有关安全管理的规定,因而发生重大伤亡事故或者造成其他严重后果的行为。刘某未注意下方有人即按启动按钮,属于违反安全管理规定的行为,维修工张某当场被挤压身亡属于重大伤亡事故,所以刘某的行为构成重大责任事故罪。故D项正确。

刘某是因为没有注意下方有人才造成张某的死亡,可见其主观罪过应当是过失而非故意。故A项错误。虽然刘某的行为也构成过失致人死亡罪,但是由于过失致人死亡罪与重大责任事故罪是法条竞合的关系,根据特别法(重大责任事故罪)优于普通法(过失致人死亡罪)的原则,刘某的行为应当以重大责任事故罪论处。故B项错误。

《刑法》第139条之一规定,谎报安全事故罪是指在安全事故发生后,负有报告职责的人员不报或者谎报事故情况,贻误事故抢救,情节严重的行为。本案中,刘某报告事故时虽然隐瞒了自己按下启动按钮的事实,但是这一谎报行为未贻误事故抢救,故刘某的行为不构成谎报安全事故罪。故C项错误。

243. 失火罪与危险物品肇事罪、重大责任事故罪的区别[B]

[解析] 根据《刑法》第136条的规定,违反爆炸性、易燃性等危险物品的管理规定,在生产、储存、运输、使用中发生重大事故,造成严重后果的,构成危险物品肇事罪。注意本罪主要由从事生产、运输、储存、使用危险物品的人构成。依据《刑法》的规定,失火罪是指失引起火灾,致人重伤、死亡或使公私财产遭受重大损失,危害公共安全的行为。依据《刑法》的规定,放火罪是指故意纵火焚烧公私财物,危害公共安全的行为。依据《刑法》第134条第1款的规定,重大责任事故罪是指在生产、作业中违反有关安全管理规定,因而造成重大伤亡事故或其他严重后果的行为。

甲在买乙的柴油时为看油量而点燃打火机,造成火灾,致乙、丙被烧伤,经抢救无效而死亡。因为不是在生产、储存、使用易燃性物品中违反相关规定造成的严重后果,也不是在生产、作业中造成的后果。故A、D项错误。甲点燃打火机只是为看清油量,虽然经乙阻止,仍深信柴油见火不会燃烧,最终引起火灾,属于过于自信的过失。故B项正确,C项错误。

244. 投放危险物质罪与故意杀人罪的区别[ABCD]

[解析] 投放危险物质罪是指故意投放毒害性、放射性、传染病病原体等物质,危害公共安全的行为。本罪侵犯的客体是公共安全,是危险犯,只要行为足以危害公共安全就构成犯罪既遂。甲为了不归还向乙借的9000元,而将"毒鼠强"放到乙家米袋内,造成乙及妻、女儿喝过米汤后中毒,造成乙死亡,其他人脱险,并非危及公共安全,不构成投放危险物质罪,而构成《刑法》第232条规定的故意杀人罪。故A、B、C项均错误。甲的行为不属于"为谋取财物而预谋故意杀人,或者在劫取财物过程中,为制服被害人反抗而故意杀人"的情形,故也不构成抢劫罪。故D项错误。

专题十五 破坏社会主义市场经济秩序罪

考点31 生产、销售伪劣商品罪

245. 生产、销售、提供假药罪;生产、销售、提供劣药罪;妨害药品管理罪[CD]

[解析]《刑法》第141条规定:"生产、销售假药的,处……药品使用单位的人员明知是假药而提供给他人使用的,依照前款的规定处罚。"可见,生产、销售、提供假药罪是抽象危险犯,也即行为犯,只要有这类行为就构成犯罪。《刑法》第142条规定:"生产、销售劣药,对人体健康造成严重危害的,处……药品使用单位的人员明知是劣药而提供给他人使用的,依照前款的规定处罚。"可见,生产、销售、提供劣药罪是实害犯,不是具体危险犯,成立该罪,要求对人体健康造成实害结果。故A项错误。

根据《药品管理法》第98条第2款的规定,有下列情形之一的,为假药:(1)药品所含成分与国家药品标准规定的成分不符;(2)以非药品冒充药品或者以他种药品冒充此种药品;(3)变质的药品;(4)药品所标明的适应症或者功能主治超出规定范围。"国务院药品监督管理部门禁止使用的药品"不一定都是假药,还包括在某些场合禁止使用的真药。故B项错误。【特别提醒】避免混淆:根据《刑法》第142条之一的规定,"生产、销售国务院药品监督管理部门禁止使用的药品",足以严重危害人体健康的,构成妨害药品管理罪。

根据《刑法》第141条第2款的规定,药品使用单位的人员明知是假药而提供给他人使用的,成立销售、提供假药罪。该罪单位和自然人均可成立。故C项正确。

根据上述《药品管理法》第98条第2款的规定,擅自进口有疗效的药品不属于假药,因此不能成立销售假药罪。根据《刑法》第142条之一第1款的规定,"未取得药品相关批准证明文件生产、进口药品或者明知是上述药品而销售",足以严重危害人体健康的,构成妨害药品管理罪。因此,擅自进口有疗效的药品在国内销售,如果足以严重危害人体健康,则可以构成妨害药品管理罪。故 D 项正确。

246.生产、销售、提供假药罪;生产、销售、提供劣药罪;生产、销售不符合安全标准的食品罪;生产、销售有毒、有害食品罪[ACD]

[解析] 甲既生产、销售劣药,对人体健康造成严重危害,触犯了生产、销售劣药罪,又生产、销售假药,触犯生产、销售假药罪。甲实施了两个行为,触犯了两个罪,应当数罪并罚。故 A 项正确。

《关于办理非法生产、销售、使用禁止在饲料和动物饮用水中使用的药品等刑事案件具体应用法律若干问题的解释》第 3 条规定,使用盐酸克仑特罗等禁止在饲料和动物饮用水中使用的药品或者含有该类药品的饲料养殖供人食用的动物,依照《刑法》第 144 条的规定,以生产有毒、有害食品罪追究刑事责任。乙在饲料中添加瘦肉精,构成生产有毒、有害食品罪。故 B 项错误。

丙的销售金额仅有 500 元(不足 5 万元),不成立销售伪劣产品罪,但构成生产、销售不符合安全标准的食品罪。故 C 项正确。

丁对于香肠中掺有有毒的非食品原料并不知情,主观上没有销售有毒、有害食品罪的犯罪故意,但丁明知香肠不符合安全标准,足以造成严重食源性疾患。按法定符合说,有毒、有害食品也属于不符合安全标准的食品,所以在不符合安全标准食品的范围内具有主客观的一致性。因此,对丁应以销售不符合安全标准的食品罪论处。故 D 项正确。

247.生产、销售伪劣商品罪[CD(原答案为 ACD)]

[解析] 销售假药罪中"假药"的认定,原《药品管理法》规定,两种药品视为假药:一是必须批准而未经批准进口的药品;二是必须取得批准文号而未取得批准文号的药品。2019 年《药品管理法》修订,新法第 98 条删除了这两项规定。也即,这两种药品不能被当然地视为假药。这表明,"假药"应具有伤害人体健康或延误诊治的危险性。本项中,甲销售的药品无批准文号,但颇有疗效,按照新的《药品管理法》规定,甲的行为不构成销售假药罪,相应的也不构成销售伪劣产品罪。故 A 项错误。【旧题新解】本题是 2014 年的试题,按照当时的《药品管理法》的规定,甲的行为构成销售假药罪,同时也构成销售伪劣产品罪。根据《刑法》第 149 条第 2 款的规定,应当依照处罚较重的规定定罪处罚。如果按销售假药罪处理会导致处罚较轻,法院以销售伪劣产品罪定罪处罚是合适的,故原本 A 项是正确的。

生产、销售有毒、有害食品罪,是指在生产、销售的食品中掺入有毒、有害的非食品原料的,或者销售明知掺有有毒、有害的非食品原料的食品的行为。生产、销售不符合安全标准的食品罪,是指生产、销售不符合食品安全标准的食品,足以造成严重食物中毒事故或者其他严重食源性疾病的行为。B 项中,甲销售的是病死的猪肉,病死的猪肉虽然有害,但其中并未掺入有毒、有害的非食品原料,故不能对甲以销售有毒、有害食品罪定罪处罚。如果病死的猪肉足以造成严重食物中毒事故或者其他严重食源性疾病,可对甲以销售不符合安全标准的食品罪定罪处罚。故 B 项错误。

甲明知在苹果上使用了禁用农药,属于销售明知掺有有毒、有害非食品原料的食品,构成销售有毒、有害食品罪。故 C 项正确。

甲的主观故意是销售劣药,客观上实施了销售假药的行为,二者在销售劣药罪的范围内重合,根据主客观相一致的原则,应当认定为销售劣药罪。故 D 项正确。

248.生产、销售伪劣商品罪[B(原答案为 AB)]

[解析] 生产、销售、提供假药罪中"假药"的认定,原《药品管理法》规定,必须批准而未经批准进口的药品和必须取得批号而未取得批号的药品,视为假药。但 2019 年《药品管理法》第 98 条删除了这两项规定,也即这两种药品不能被当然视为假药。假药,应具有伤害人体健康或延误诊治的危险性。本题中,甲未经批准进口一批药品,该药品质量合格,因此不属于假药,甲不成立销售假药罪。故 A 项错误。【旧题新解】本题是 2013 年的试题,按照当时的《药品管理法》规定,甲的行为构成销售假药罪。但是按照现行《药品管理法》,甲的行为不构成销售假药罪,故对答案作出调整。

《关于办理危害食品安全刑事案件适用法律若干问题的解释》第 11 条第 1 款的规定,在食品生产、销售、运输、贮存等过程中,掺入有毒、有害的非食品原料,或者使用有毒、有害的非食品原料生产食品的,依照《刑法》第 144 条的规定以生产、销售有毒、有害食品罪定罪处罚。在食用农产品种植、养殖、销售、运输、贮存等过程中,使用禁用农药、兽药等禁用物质或者其他有毒、有害物质的,适用前款的规定定罪处罚。据此,B 项中甲的行为属于"在生产的食品中掺入有毒、有害的非食品原料",构成生产有毒、有害食品罪,C 项中甲的行为属于"在生产、销售的食品中掺入有毒、有害的非食品原料",成立生产、销售有毒、有害食品罪。故 B 项正确,C 项错误。

《关于依法严惩"地沟油"犯罪活动的通知》指出,对于利用"地沟油"生产"食用油"的,依照《刑法》第 144 条生产有毒、有害食品罪的规定追究刑事责任。只要能确定属于有毒、有害食品,其具体毒害成分不要求能准确查明。故 D 项错误。

法条变更	《中华人民共和国药品管理法》2019年8月26日第十三届全国人民代表大会常务委员会第十二次会议第二次修订

249.生产、销售有毒、有害食品罪的成立、处罚和共同犯罪的认定[BC]

[解析]《刑法》第144条规定,在生产、销售的食品中掺入有毒、有害的非食品原料的,或者销售明知掺有有毒、有害的非食品原料的食品的,处5年以下有期徒刑,并处罚金;对人体健康造成严重危害或者有其他严重情节的,处5年以上10年以下有期徒刑,并处罚金;致人死亡或者有其他特别严重情节的,依照《刑法》第141条的规定处罚。某村办酒厂成立生产、销售有毒、有害食品罪。刘某明知是有毒、有害食品仍然加以销售,构成生产、销售有毒、有害食品罪(本罪不要求认识到有毒成分,只要认识到是有毒、有害食品即可)。但双方没有合谋,故不成立共犯。故A、D项错误,B项正确。

《关于办理生产、销售伪劣商品刑事案件具体应用法律若干问题的解释》第5条规定:"生产、销售的有毒、有害食品被食用后,造成轻伤、重伤或者其他严重后果的,应认定为刑法第144条规定的'对人体健康造成严重危害'。生产、销售的有毒、有害食品被食用后,致人严重残疾、3人以上重伤、10人以上轻伤或者造成其他特别严重后果的,应认定为'对人体健康造成特别严重危害'。"故本题情形为"致许多饮者中毒甚至双眼失明",属于"对人体健康造成特别严重危害",应按第141条规定的"并处罚金或者没收财产"。故C项正确。

考点32 走私罪

250.走私犯罪[BD]

[解析]走私淫秽物品罪,是指违反海关法规,逃避海关监管,以牟利或者传播为目的,非法运输、携带、邮寄淫秽物品进出境的行为。甲在家中登录境外网站,下载淫秽影片。此时境外网站的注册地虽然在境外,但是下载行为发生在国内,因此不属于将淫秽物品从国外携带至国内,也即不属于进出境的行为,因此不属于走私行为。并且,甲只给少数几位朋友观看,也不属于传播淫秽物品罪,构成该罪要求传播给不特定人或多数人。故A项错误。

乙从境外购买枪支,邮寄到国内,构成走私武器罪。故B项正确。

走私贵重金属罪是故意犯罪,要求明知该金属属于国家禁止出境的贵重金属。由于丙对此并不明知,因此不构成走私贵重金属罪。故C项错误。

走私假币罪,是指违反海关法规,逃避海关监管,非法运输、携带假币进出境的行为。丁携带假币从境内进入公海,表明已经出境,构成走私假币罪。丁将假币从公海带进境内,再次构成走私假币罪。不过由于这两次行为具有连续性,可以以一罪处理。故D项正确。

251.走私普通货物、物品罪[AD]

[解析]《刑法》第151条规定,白银只是被禁止出口,因而将白银从境外走私进入中国境内的,应以走私普通货物、物品罪论处。故A项正确。

《关于办理走私刑事案件适用法律若干问题的解释》第11条第1款第6项规定,走私国家禁止进出口的旧机动车的行为构成走私国家禁止进出口的货物、物品罪。故B项错误。

淫秽物品法律有明确的规定,不属于普通货物、物品。故C项错误。

《关于办理走私刑事案件适用法律若干问题的解释》第4条第2款规定,走私报废或者无法组装并使用的各种弹药的弹头、弹壳的,构成犯罪的,以走私普通货物、物品罪定罪处罚。故D项正确。

252.走私犯罪的认定[A]

[解析]刑法在"走私罪"一节中除了规定走私普通货物、物品罪之外,还规定了其他走私"特殊"物品的犯罪:(1)走私武器、弹药罪;(2)走私假币罪;(3)走私文物罪;(4)走私贵重金属罪;(5)走私国家禁止进出口的货物、物品罪;(6)走私淫秽物品罪。对于走私特定物品的,要注意走私不同的对象成立不同的罪名,同时构成要件也不同。其中,走私淫秽物品罪要求以牟利或者传播为目的。甲误将淫秽光盘当作普通光盘走私入境,不具有牟利或者传播目的,因此,不能定走私淫秽物品罪,而是要根据偷逃应缴税额确定是否构成走私普通货物、物品罪,若偷逃应缴税额较大,达到10万元以上的,应当定走私普通货物、物品罪。故A项正确。

《关于办理走私刑事案件适用法律若干问题的解释》第4条规定,走私各种弹药的弹头、弹壳,构成犯罪的,依照刑法第151条第1款规定,以走私弹药罪定罪处罚(将"弹药"扩大解释为包括弹头、弹壳)。故B项错误。

吸收犯是指前行为是后行为的必然经过,或者后行为是前行为的当然结果,走私枪支入境与之后非法出卖的行为在社会生活中没有必然的关系,不属于吸收犯。当然,如果行为人在境外购买枪支后再走私进境的,则属于吸收犯,因为二者之间存在必然经过与必然结果的关系。故C项错误。

按照《刑法》第157条第2款的规定,以暴力、威胁方法抗拒缉私的,以相应的走私犯罪与妨害公务罪并罚。如果暴力行为导致缉私人员重伤或者死亡的,

· 66 ·

则以相应的走私犯罪与故意伤害罪(重伤或者致死)并罚。故 D 项错误。

考点 33 妨害对公司、企业的管理秩序罪

253.串通投标罪;非国家工作人员受贿罪[D]

[解析] 投标与拍卖是性质不同的事项。若将拍卖解释为投标,属于类推解释。本案是对土地的竞拍,是拍卖活动,对串通拍卖不能定串通投标罪。故 A 项错误。

根据司法解释的规定,如果强迫他人退出投标、拍卖活动,可定强迫交易罪。但是本题中,甲和收购者之间不存在强迫,而是自愿买卖,因此双方均不构成强迫交易罪。故 B 项错误。

串通拍卖不属于非法经营,不能对串通拍卖行为定非法经营罪。故 C 项错误。

根据《刑法》第 163 条的规定,非国家工作人员受贿罪是指公司、企业或者其他单位的工作人员,利用职务上的便利,索取他人财物或者非法收受他人财物,为他人谋取利益,数额较大的行为。"为他人谋取利益",既包括正当利益,也包括不正当利益;只要求许诺为他人谋取利益,不要求实际上为他人谋取了利益。这一点与受贿罪相同。本题中,甲收受费用,出售竞拍资格,使得收购人增加竞拍成功概率,其行为符合非国家工作人员受贿罪的构成要件。故 D 项正确。

254.虚报注册资本罪;虚假出资罪;抽逃出资罪[D]

[解析] 虚报注册资本罪,是指申请公司登记的个人或者单位,使用虚假证明文件或者采取其他欺诈手段虚报注册资本,欺骗公司登记主管部门,取得公司登记,虚报注册资本数额巨大、后果严重或者有其他严重情节的行为。虚假出资、抽逃出资罪,是指公司发起人、股东违反公司法的规定未交付货币、实物或者未转移财产权,虚假出资,或者在公司成立后又抽逃其出资,数额巨大、后果严重或者有其他严重情节的行为。本案中,甲向乙借款的行为、B 公司向 A 公司借款的行为,均符合民商法的规定,在民商法上这是合法行为。B 公司向 A 公司借款 50 万元形成了 A 公司对 B 公司的债权,A 公司的资产并未受到损害,不能构成抽逃出资罪,应当认定为无罪。故 D 项正确,当选。

255.贪污罪;为亲友非法牟利罪;诈骗罪;非法经营同类营业罪[BD(原答案为 A)]

[解析] 本案中,原来的业务往来是:B 公司→A 公司→某公司,后来,A 公司被踢出去,变成:B 公司→C 公司→某公司。

A 项考查贪污罪,首先,基于行为与行为对象必须同时存在原则,当行为人实施贪污行为时,贪污罪的对象不管是公共财物还是财产性利益,必须是国有单位现实拥有的、已然存在的财物或财产性利益(债权)。其次,贪污罪的行为方式,除了侵吞外,窃取、骗取等行为都要求转移占有,也即将公家占有的财物或财产性利益转移为自己占有,该过程应具有直接性。本案中,A 公司从 B 公司低价买进,向某公司高价卖出。后来 A 公司被踢出去,该盈利业务被 C 公司拿去。但是,这不等于 C 公司和甲将 A 公司现实拥有的、已然存在的财产性利益转移为自己占有。A 公司只有向某公司高价卖出,才会赚得一笔钱(300 万元),如果没有向某公司卖出,便不会赚得这笔钱。也即,这笔钱对于 A 公司而言,不是其现实拥有的、已然存在的钱款或财产性利益,而是一种预期的、需要进一步行为才能获取的利益。如果认为这种利益属于贪污罪的对象,那么,随着 C 公司持续与 B 公司和某公司做生意,赚得超出 300 万元的更多的利润,也会认为这些后续赚得的更多的利润也属于贪污罪的对象。这显然是不合适的。经济生活中,经常有甲公司抢了乙公司的客户丙公司,或抢了乙公司的某个盈利项目,但这并不等于抢了乙公司已有的财产(财产性利益)。故甲不构成贪污罪,A 项错误。**【旧题新解】**原答案认为甲构成贪污罪,因为贪污的是 A 公司的财产性利益,也即 300 万元利润。但根据新的命题观点,300 万元利润不属于 A 公司已有的财产(财产性利益),而是预期利益,故甲不构成贪污罪。

根据《刑法》第 166 条第 1 款的规定,国有公司、企业、事业单位的工作人员,利用职务便利,有下列情形之一,致使国家利益遭受重大损失的,构成为亲友非法牟利罪:(1)将本单位的盈利业务交由自己的亲友进行经营的;(2)以明显高于市场的价格从自己的亲友经营管理的单位采购商品、接受服务或者以明显低于市场的价格向自己的亲友经营管理的单位销售商品、接受服务的;(3)从自己的亲友经营管理的单位采购、接受不合格商品、服务的。本案中,甲的行为明显属于第(1)种情形,即将本单位的盈利业务交由自己的亲友进行经营,因此甲构成为亲友非法牟利罪。故 B 项正确。

成立诈骗罪,要求欺骗某人,使其产生认识错误并基于认识错误而处分财物。本案中不存在这些要件,因此不构成诈骗罪。故 C 项错误。

根据《刑法》第 165 条第 1 款的规定,国有公司、企业的董事、经理、高级管理人员利用职务便利,自己经营或者为他人经营与其所任职公司、企业同类的营业,获取非法利益,数额巨大的,构成非法经营同类营业罪。A 公司与某公司有买卖业务,甲让妻子成立 C 公司,让 C 公司与某公司从事该买卖业务,属于经营同类营业,甲构成非法经营同类营业罪。故 D 项正

确。【思路拓展】在罪数上，甲的一个行为同时触犯为亲友非法牟利罪和非法经营同类营业罪，想象竞合，应择一重罪论处。

考点34 破坏金融管理秩序罪

256.洗钱罪的认定[ABC]

[解析] 大多数故意犯罪的条文中并没有"明知"的表述。洗钱罪是故意犯罪，要求明知是上游犯罪的犯罪所得。故A项错误。

根据《刑法》第191条的规定，上游犯罪的行为人为自己洗钱的，也构成洗钱罪。洗钱罪的上游犯罪包括毒品犯罪、黑社会性质的组织犯罪、恐怖活动犯罪、走私犯罪、贪污贿赂犯罪、破坏金融管理秩序犯罪、金融诈骗犯罪。虽然刑法条文中没有规定财产犯罪，但并不意味着财产犯罪不能成为洗钱罪的上游犯罪。例如，金融诈骗罪本质上是财产犯罪；黑社会性质的组织犯罪包括该组织实施的各种犯罪，该组织实施的财产犯罪也能成为洗钱罪的上游犯罪。故B项错误。

洗钱罪的成立以上游犯罪的犯罪事实成立为前提。根据《关于审理洗钱等刑事案件具体应用法律若干问题的解释》第4条第1款的规定，上游犯罪尚未依法裁判，但查证属实的，不影响对洗钱罪、掩饰、隐瞒犯罪所得、犯罪所得收益罪的审判。故C项错误。【特别提醒】根据上述司法解释，上游犯罪事实可以确认，因行为人死亡等原因依法不予追究刑事责任的，不影响洗钱罪、掩饰、隐瞒犯罪所得、犯罪所得收益罪的认定。上游犯罪事实可以确认，依法以其他罪名定罪处罚的，不影响洗钱罪、掩饰、隐瞒犯罪所得、犯罪所得收益罪的认定。

上游犯罪的追诉时效与洗钱罪的追诉时效各自独立，互不干扰。故D项正确。

257.洗钱罪[ABD]

[解析] 根据《刑法》第191条的规定，洗钱罪的上游犯罪包括：毒品犯罪、黑社会性质的组织犯罪、恐怖活动犯罪、走私犯罪、贪污贿赂犯罪、破坏金融管理秩序犯罪、金融诈骗犯罪。行为方式主要包括：(1)提供资金账户；(2)将财产转换为现金、金融票据、有价证券；(3)通过转账或者其他支付结算方式转移资金；(4)跨境转移资产。

A项，贪污贿赂犯罪是洗钱罪的上游犯罪。甲向张某的账户汇入贿赂款，构成行贿罪；甲直接将贿赂款汇入张某的境外账户，又构成洗钱罪。因此，甲的一个行为同时触犯两个罪，属于想象竞合，择一重罪论处。故A项正确。

B项，毒品犯罪是洗钱罪的上游犯罪，因此乙的行为构成洗钱罪。根据《刑法》第349条第1款的规定，转移毒赃罪是指犯罪分子转移毒品犯罪所得的财物，属于事后的赃物犯罪。乙协助贩毒分子将贩毒所得赃款汇到境外，构成转移毒赃罪。因此，乙的一个行为同时触犯两个罪，属于想象竞合，择一重罪论处。故B项正确。

C项，贩毒分子丙将自己贩毒所得赃款汇到境外，构成洗钱罪。根据《刑法》第349条第1款的规定，转移毒赃罪的主体是他人，犯罪分子自己转移毒赃不能成立本罪。故C项错误。【思路拓展】转移毒赃罪属于事后的赃物犯罪，应遵循期待可能性原理，即贩毒分子给自己转移毒赃，不构成转移毒赃罪，因为不具有期待可能性；同理，也不构成掩饰、隐瞒犯罪所得罪。

D项，丁将受贿款汇到境外，构成洗钱罪。丁之前还构成受贿罪，前后两个行为构成两个罪，应数罪并罚。故D项正确。【特别提醒】自己为自己洗钱，也可构成洗钱罪。在此不能根据期待可能性原理，认为洗钱罪属于不可罚的事后行为，这属于法律的特别规定。

258.骗取贷款罪；违法发放贷款罪[D]

[解析] 贷款诈骗罪要求具有非法占有的目的，在本案中，甲贷款时并没有非法占有的目的，只是因为经营不善而不能归还本息。因此，甲不构成贷款诈骗罪。故A项错误。虽然甲使用他人身份证冒名贷款，但其是受信用社主任乙指使而为，并无欺骗乙的行为与故意。而乙也了解真实情况，故甲不属于以欺骗手段取得信用社的贷款，不构成骗取贷款罪。违法发放贷款罪是指银行或者其他金融机构的工作人员违反国家规定发放贷款，数额巨大或者造成重大损失的行为。乙告知甲多借几个身份证可以多贷，并最终导致信用社遭受严重损失，构成违法发放贷款罪。故B、C项错误，D项正确。

259.使用假币罪[D]

[解析] 使用假币罪中的"使用"，是将假币作为真货币而置于流通，但要求以对方不明知是假币为前提，否则成立出售假币罪（对方可能成立购买假币罪）。因此，将假币缴纳罚款、兑换外币、赠予他人的行为，都属于使用假币的行为。但为了显示经济实力，而将假币供他人观看的行为，不属于使用假币的行为。故A、B、C项不当选，D项当选。

260.货币犯罪的认定[B]

[解析] 伪造货币罪中的"货币"必须是实际上存在的货币，包括人民币以及可以在我国国内市场流通或兑换的境外货币。故A项正确，不当选。

伪造货币并出售或运输伪造的货币的，以伪造币罪从重处罚，但这里仅限于行为人出售、运输自己伪造的假币的情形。如果行为人不仅伪造货币，而且出售或运输他人伪造的货币，即伪造的假币与出售、运输的假币不具有同一性质时,应当按照数罪并罚处理。故B项错误,当选。

变造货币与伪造货币的区别:(1)变造货币是在货币的基础上进行加工处理,以增加原货币的面值;伪造货币则是将非货币的一些物质经过加工后伪造成货币,有的伪造货币的行为要利用货币,如采用彩色复印机伪造货币。(2)变造的货币在某种程度上有原货币的成分,如原货币的纸张、金属防伪线等;伪造的货币则不具有原货币的成分,如将真实的金属货币熔化之后铸成新币。(3)变造货币的犯罪受到其行为方式的限制,变造的数额远远小于伪造的货币的数额,而且变造货币的犯罪是在真实货币的基础上进行加工处理,行为人为此还须先行投入一部分货币才能进行变造货币的犯罪,其牟取的非法利益往往小于伪造货币的非法所得利益;而伪造货币的犯罪有的是成批、大量地"生产货币",社会危害性相对变造货币而言要大得多。因此,将低额美元的纸币加工成高额英镑的纸币的,属于伪造货币;对人民币真币加工处理,使100元面额变为50元面额的,属于变造货币。故C、D项正确,不当选。

261.洗钱罪[D]

[解析] 黑社会性质组织犯罪是洗钱罪的上游犯罪毋庸置疑,这与其实施侵犯财产权的犯罪为常态有很大关系。因此,单纯侵犯财产犯罪不是洗钱罪的上游犯罪,但是黑社会性质组织实施的侵犯财产罪,依然是洗钱罪的上游犯罪。故A项正确,不当选。

《刑法修正案(六)》将贪污贿赂犯罪、破坏金融管理秩序犯罪、金融诈骗犯罪规定为洗钱罪的上游犯罪,明确规定其对象是毒品犯罪、黑社会性质的组织犯罪、恐怖活动犯罪、走私犯罪、贪污贿赂犯罪、破坏金融管理秩序犯罪、金融诈骗犯罪的违法所得,除法律明文规定的上述犯罪所得之外,其他犯罪所得均不能成为洗钱罪的对象,亦不能构成洗钱罪。将上游的毒品犯罪所得误认为是贪污罪所得而实施洗钱行为的,属于具体的事实认识错误中的对象错误,不影响洗钱罪的成立。故B项正确,不当选。

在确认洗钱犯罪与其上游犯罪的关系时应以上游犯罪事实成立为认定前提。如果上游犯罪事实不成立或没有达到构成犯罪的程度,洗钱犯罪也不成立。但是,只要上游犯罪事实可以确认,即使上游犯罪人死亡,而依法不能追究刑事责任的,也不影响洗钱罪的认定。故C项正确,不当选。

贷款诈骗罪的构成要件要求犯罪主体只能由个人构成,单位不能构成。因此,对于单位贷款诈骗罪按合同诈骗罪定罪处罚。最高人民法院曾下发了《全国法院审理金融犯罪案件工作座谈会纪要》,指出:"在司法实践中,对于单位十分明显地以非法占有为目的,利用签订、履行借款合同诈骗银行或其他金融机构贷款,符合刑法第224条规定的合同诈骗罪构成要件的,应当以合同诈骗罪定罪处罚。"《刑法修正案(六)》已经将金融诈骗犯罪规定为洗钱罪的上游犯罪,因此,为单位贷款诈骗所得而实施洗钱行为的,应该成立洗钱罪。故D项错误,当选。

262.货币犯罪的认定[ABC]

[解析] 《关于审理伪造货币等案件具体应用法律若干问题的解释(二)》第5条规定,以使用为目的,伪造停止流通的货币,或者使用伪造的停止流通的货币,以诈骗罪定罪处罚。故A项正确。

《关于审理伪造货币等案件具体应用法律若干问题的解释(二)》第3条规定,以正在流通的境外货币为对象的假币犯罪,依照假币犯罪定罪处罚。伪造正在流通但在我国尚无法兑换的境外货币的,成立伪造货币罪。故B项正确。

将白纸冒充假币卖给他人,其本人并没有持有、伪造货币,所谓的"假币"只是其实施诈骗的"工具"而已,因而根本不构成与货币相关的犯罪,但却构成诈骗罪。故C项正确。

《关于审理伪造货币等案件具体应用法律若干问题的解释(二)》第2条规定,同时采用伪造和变造手段,制造真伪拼凑货币的行为,依照《刑法》第170条的规定,以伪造货币罪定罪处罚。故D项错误。

263.变造货币罪;持有、使用假币罪的客观方面;运输假币罪[C]

[解析] 以货币碎片为材料,加入其他纸张,制作成假币的,属于伪造货币,而非变造货币。故A项错误。

将金属货币熔化使得货币的形态发生改变,丧失货币职能,再制作成较薄的、更多的金属货币,属于伪造货币。故B项错误。

持有、使用假币罪是指明知是伪造的货币而持有、使用,数额较大的行为。使用,是将假币作为真货币而使用。既可以是以外表合法的方式使用假币,如购买商品、兑换另一货币、存入银行、赠与他人或者将假币用于缴纳罚金或者罚款等,也可以是以非法的方式使用,如将假币用于赌博。故C项正确。

《关于审理伪造货币等案件具体应用法律若干问题的解释》第2条第2款规定,行为人出售、运输假币构成犯罪,同时有使用假币行为的,依照《刑法》第171条、第172条的规定,实行数罪并罚。因此运输假币并使用假币的,应当以运输假币罪与使用假币罪数罪并罚。故D项错误。

264.(1)持有、使用假币罪;抢劫罪[A]

[解析] 持有、使用假币罪,是指明知是伪造的货币而持有、使用,数额较大的行为。该罪中的"使用",

是指将假币当作真货币而使用。既可以是以外表合法的方式使用,如购买商品、兑换货币、存入银行、赠与他人等,也可以是以非法的方式使用,如将假币用于赌博。甲、乙使用假币支付修车款的行为,属于使用假币的行为。故 A 项正确。

诈骗罪是指以非法占有为目的,用虚构事实或者隐瞒真相的方法,骗取数额较大的公私财物的行为。甲、乙二人使用假币,虽然存在欺骗丙的行为,但骗取的只是丙的劳务,不成立诈骗罪。故 B 项错误。

本题问的是甲、乙用假币支付修车费被识破后开车逃跑的行为如何认定,也没有抢夺行为,不涉及逃跑撞伤人的行为,故不构成抢劫罪、抢夺罪。故 C、D 项均错误。

(2) 犯罪故意、过失 [A]

[解析] 犯罪故意是指明知自己的行为会发生危害社会的结果,并且希望或者放任这种结果发生的一种心理态度。犯罪故意分为直接故意和间接故意两种类型。直接故意是指行为人明知自己的行为会发生危害社会的结果,并且希望这种结果发生的心理态度;间接故意是指行为人明知自己的行为可能发生危害社会的结果,并且有意放任,以致发生这种结果的心理态度。

在丙扑向甲车前风挡,抓住雨刮器的情况下,甲仍然加速,致丙摔成重伤。甲对于丙受伤害的结果持放任的态度,而非希望该结果的发生,所以甲的罪过形式为间接故意,而非直接故意(有目的的故意)。故 A 项正确,B 项错误。

犯罪过失是指行为人应当预见自己的行为可能发生危害社会的结果,因为疏忽大意而没有预见,或者已经预见而轻信能够避免,以致发生这种结果的心理态度。犯罪过失包括疏忽大意的过失与过于自信的过失。其中疏忽大意的过失是一种无认识的过失,即行为人没有预见到自己的行为可能发生危害社会的结果;而过于自信的过失则属于有认识的过失,即对于危害结果发生的可能性已经预见到。甲主观上为故意,而非过失,更不属于无认识的过失。故 C、D 项错误。

(3) 共同犯罪 [AB]

[解析] 共同犯罪是指二人以上共同故意犯罪。甲乙二人共同实施使用假币的行为,成立使用假币的共犯。对于致丙重伤的行为,此前二人并没有形成伤害丙的故意,故乙的行为也不是"共同犯罪中未能制止他人犯罪既遂"的行为。甲超出了共同犯罪的故意,乙不存在故意伤害的故意,乙不构成故意伤害罪,更不存在是否成立犯罪中止的问题,对于丙的重伤后果,乙不应承担刑事责任。故 A、B 项正确,当选;C、D 项正确,不当选。

(4) 事后转化抢劫的适用 [ABCD]

[解析] 甲未实施强行夺取他人财物的行为,不构成抢夺罪。故 A 项错误。

诈骗罪是指以非法占有为目的,用虚构事实或者隐瞒真相的方法,骗取数额较大的公私财物的行为。甲、乙二人使用假币,虽然存在欺骗丙的行为,但该行为已经被使用假币罪所评价,不构成诈骗罪。故 B 项错误。

甲、乙使用假币支付修车款的行为,属于使用假币的行为,构成使用假币罪。在丙扑向甲车前风挡,抓住雨刮器的情况下,甲仍然加速,致丙摔成重伤。甲对于丙受伤害的结果持放任的态度,主观上是间接故意,构成故意伤害罪,而非交通肇事罪(过失)。故 C 项错误。

《刑法》第 269 条规定,犯盗窃、诈骗、抢夺罪,为窝藏赃物、抗拒抓捕或者毁灭罪证而当场使用暴力或者以暴力相威胁的,以抢劫罪论处。甲、乙二人在被识破使用假币后,开车逃跑并致使丙摔成重伤,由于甲、乙二人构成使用假币罪,而不是诈骗罪,不属于事后抢劫的情形。故 D 项错误。

265. 使用假币罪;盗窃罪 [AC]

[解析] 甲将"HD"开头的假币存入 ATM 机的行为使假币有进入流通的可能性,构成使用假币罪;而以假币换取货币罪的主体仅限于银行或者其他金融机构的工作人员。故 A 项正确,D 项错误。

甲又从 ATM 机中取出真币 6000 元,题中明确表明是:"窃取了三张借记卡",即甲是盗窃信用卡而使用的行为,构成盗窃罪,而非信用卡诈骗罪。故 B 项错误,C 项正确。

266. 高利转贷罪与骗取贷款罪;非国家工作人员受贿罪与对非国家工作人员行贿罪 [C]

[解析] 根据《刑法》第 175 条的规定,高利转贷罪是指以转贷牟利为目的,套取金融机构信贷资金高利转贷他人,违法所得数额较大的行为。根据《刑法》第 175 条之一的规定,骗取贷款罪是指以欺骗手段取得银行或其他金融机构贷款,给其造成重大损失的行为。甲、乙以 X 公司名义假借购买钢材为由向银行借款 1000 万元,实际将借款以高于银行利息 5 个百分点借给丙并各收取了 10 万元好处费,半年后,甲、乙即向银行归还本息并未造成银行重大损失,甲、乙构成高利转贷罪。又依据《刑法》第 163、164 条的规定,甲、乙构成非国家工作人员受贿罪,丙构成对非国家工作人员行贿罪。故 C 项正确,A、B、D 项错误。

考点 35 金融诈骗罪

267. 票据诈骗罪;金融凭证诈骗罪;保险诈骗罪;合同诈骗罪 [B]

[解析] 对于票据诈骗罪的情形,《刑法》第 194

条第1款规定:"……(一)明知是伪造、变造的汇票、本票、支票而使用的;(二)明知是作废的汇票、本票、支票而使用的;(三)冒用他人的汇票、本票、支票的;(四)签发空头支票或者与其预留印鉴不符的支票,骗取财物的;(五)汇票、本票的出票人签发无资金保证的汇票、本票或者在出票时作虚假记载,骗取财物的。"因此,票据诈骗罪使用的是汇票、本票、支票对于金融凭证诈骗罪,该条第2款规定:"使用伪造、变造的委托收款凭证、汇款凭证、银行存单等其他银行结算凭证的,依照前款的规定处罚。"因此,金融凭证诈骗罪使用的是委托收款凭证、汇款凭证、银行存单等其他银行结算凭证。A项中,银行存单是金融凭证,行为人应构成金融凭证诈骗罪。故A项错误。

《关于〈中华人民共和国刑法〉第三十条的解释》规定,公司、企业、事业单位、机关、团体等单位实施刑法规定的危害社会的行为,刑法分则和其他法律未规定追究单位的刑事责任的,对组织、策划、实施该危害社会行为的人依法追究刑事责任。据此,虽然刑法规定贷款诈骗罪的主体是自然人,但单位实施贷款诈骗的,仍然可以追究单位中的直接责任人员、主要负责人贷款诈骗罪的刑事责任。故B项正确。

保险诈骗罪和合同诈骗罪不是对立的关系,二者之间存在竞合。实施保险诈骗需要与保险公司订立保险合同,行为人构成保险诈骗罪的同时也构成合同诈骗罪,可能构成想象竞合犯。故C项错误。

《刑法》第224条规定,以非法占有为目的,在签订、履行合同过程中,收受对方当事人给付的货物、货款、预付款或者担保财产后逃匿的,构成合同诈骗罪。由此可知,合同诈骗罪以非法占有为目的,只要是产生非法占有目的后的行为就属于诈骗行为。故D项错误。

268.信用卡诈骗罪[ACD]

[解析] 使用虚假的身份证明骗领信用卡的,符合《刑法》第177条之一的规定,构成妨害信用卡管理罪。使用以虚假的身份证明骗领的信用卡,符合《刑法》第196条的规定,构成信用卡诈骗罪。由此可知,用虚假身份证明骗领信用卡是手段行为,使用该信用卡是目的行为,属于牵连犯,择一重罪论处。故A项错误。

《关于拾得他人信用卡并在自动柜员机(ATM机)上使用的行为如何定性问题的批复》规定,拾得他人信用卡并在自动柜员机(ATM机)上使用的行为,属于《刑法》第196条第1款第3项规定的"冒用他人信用卡"的情形,构成犯罪的,以信用卡诈骗罪追究刑事责任。拾得信用卡并使用,无论对人还是对机器使用的,均认定为信用卡诈骗罪。故B项正确,D项错误。

根据《关于办理妨害信用卡管理刑事案件具体应用法律若干问题的解释》第6条第1款的规定,"恶意透支"是指持卡人以非法占有为目的,超过规定限额或者规定期限透支,经发卡银行两次有效催收后超过3个月仍不归还的行为。这意味着仅在透支之时行为人具有非法占有目的的,才能构成信用卡诈骗罪。因此,透支时具有归还意思,透支后经发卡银行2次催收,超过3个月仍不归还的,不属于恶意透支,不构成信用卡诈骗罪。故C项错误。

269.信用卡诈骗罪;掩饰、隐瞒犯罪所得罪[ABD]

[解析]《关于拾得他人信用卡并在自动柜员机(ATM机)上使用的行为如何定性问题的批复》规定,拾得他人信用卡并在自动柜员机(ATM机)上使用的行为,属于《刑法》第196条第1款第3项规定的"冒用他人信用卡"的情形,即构成信用卡诈骗罪。甲拾到的银行卡具有存取现金等功能,属于信用卡的范畴,因此构成信用卡诈骗罪。故A项正确。对于前两次取出5000元的行为,乙与甲并无意思联络,因此不承担责任。故B项正确。乙最初在主观上没有与甲共同犯罪的故意,但是甲再次取款并将钱款交给乙时,乙予以接受,此时乙的主观方面发生了变化,与甲形成了共同的意思联络,成立共同犯罪,乙对自己参与取得的6000元,不再成立掩饰、隐瞒犯罪所得罪。乙应对形成共同意思联络后甲支取的1.3万元承担刑事责任。故C项错误,D项正确。

270.信用卡犯罪[B]

[解析] 乙将借记卡交给甲保管,只意味着将借记卡本身交由甲保管,并不意味着将卡里的1.3万元钱也交给甲保管,因为钱属于银行特定工作人员占有。因此,甲冒用乙的信用卡进行刷卡消费的行为成立信用卡诈骗罪,而不成立侵占罪。故A项错误,B项正确。

甲的行为符合信用卡诈骗罪的构成要件,成立信用卡诈骗罪,不再认定为诈骗罪,因为诈骗罪条文明文规定"本法另有规定的,依照规定"。故C项错误。

甲的行为也不成立盗窃罪,因为甲是通过欺骗收银员的方式骗得了财物,理应成立信用卡诈骗罪。如果甲使用该信用卡到自动取款机上取钱,则成立盗窃罪。故D项错误。

271.盗窃罪;信用卡诈骗罪;共同犯罪[C]

[解析]《刑法》第196条第3款规定,盗窃信用卡并使用的,依照《刑法》第264条(盗窃罪)的规定定罪处罚。本案中,张某窃得同事一张银行借记卡并使用的行为,构成盗窃罪。但是,由于何某并不知道张某盗窃借记卡的事实,以为是张某拾得的,其主观上只有与张某一起冒用他人信用卡的故意,客观上在商

场刷卡消费骗取财物的行为也符合信用卡诈骗罪的客观要件,故何某的行为构成信用卡诈骗罪。故 C 项正确,A、B、D 项错误。

272.保险诈骗罪的既遂与未遂的认定[A]

[解析] 实行行为是具有侵害法益的紧迫危险的行为。根据《刑法》第 198 条第 1 款的规定,就保险诈骗罪而言,虚构保险标的、造成保险事故等行为,是为诈骗保险金创造了前提条件,只有到保险公司索赔的行为或提出支付保险金的请求的行为才是本罪的着手。甲向保险公司提出索赔,但此时,保险公司认为存有疑点而报警,侦查机关充分取证后,有意安排保险公司"理赔",在甲领取 20 万元赔偿金后,走到一楼被抓获,这些都已表明甲的保险诈骗行为已被识破。甲属于已经着手实施保险诈骗行为,但由于意志以外的原因未能获得赔偿,成立保险诈骗罪的未遂。故 A 项正确,B、C、D 项均错误。

考点 36 危害税收征管罪

273.走私普通货物、物品罪;逃税罪[C]

[解析]《刑法》第 154 条规定,未经海关许可并且未补缴应缴税额,擅自将批准进口的来料加工、来件装配、补偿贸易的原材料、零件、制成品、设备等保税货物,在境内销售牟利的,应以走私普通货物、物品罪追究刑事责任。故 A 项错误。

外贸公司的销售行为有利于物尽其用,但这不构成超法规的犯罪排除事由,因为外贸公司的行为并没有保全更为重要的法益,不能经过法益衡量后被正当化。故 B 项错误。

根据《刑法》第 201 条的规定,纳税人采取欺骗、隐瞒手段进行虚假纳税申报或者不申报,逃避缴纳税款数额较大并且占应纳税额 10% 以上的,构成逃税罪。有逃税行为,经税务机关依法下达追缴通知后,补缴应纳税款,缴纳滞纳金,已受行政处罚的,不予追究刑事责任;但是,5 年内因逃避缴纳税款受过刑事处罚或者被税务机关给予 2 次以上行政处罚的除外。D 项错在"接受行政处罚",应为"已受行政处罚"。故 C 项正确,D 项错误。

274.逃税罪的认定[ABCD]

[解析]《刑法》第 201 条规定:"纳税人采取欺骗、隐瞒手段进行虚假纳税申报或者不申报,逃避应缴税款数额较大并且占应纳税额 10% 以上的,处 3 年以下有期徒刑或者拘役,并处罚金;数额巨大并且占应纳税额 30% 以上的,处 3 年以上 7 年以下有期徒刑,并处罚金。扣缴义务人采取前款所列手段,不缴或者少缴已扣、已收税款数额较大的,依照前款的规定处罚。对多次实施前两款行为,未经处理的,按照累计数额计算。有第 1 款行为,经税务机关依法下达追缴通知后,补缴应纳税款,缴纳滞纳金,已受行政处罚的,不予追究刑事责任;但是,5 年内因逃避缴纳税款受过刑事处罚或者被税务机关给予二次以上行政处罚的除外。"据此,①错在"一律不予追究刑事责任",因为还有 5 年内因逃避缴纳税款受过刑事处罚或两次行政处罚的,仍应追究的规定。②错在"应减轻或者免除处罚",应为"不予追究责任"。③触犯抗税罪,刑法并没有免责规定。④错在"扣缴义务人",刑法只规定"纳税人"可以免责。据此,本题 A、B、C、D 项均错误。

275.非法经营罪;逃税罪;洗钱罪;组织卖淫罪[CD]

[解析] 根据《刑法》第 225 条的规定,非法从事资金支付结算业务的,构成非法经营罪。故 A 项错误。

《刑法》第 201 条第 4 款规定,纳税人有逃避缴纳税款行为的,经税务机关依法下达追缴通知后,补缴应纳税款,缴纳滞纳金,已受行政处罚的,可不予追究刑事责任。乙必须缴纳滞纳金且受到行政处罚才不予追究刑事责任。注意:偷税罪已取消,改为逃税罪。故 B 项错误。

依据《刑法》第 191 条,洗钱罪的上游犯罪是毒品、黑社会性质的组织、恐怖活动、走私、贪污贿赂、破坏金融管理秩序和金融诈骗犯罪,即对于以上犯罪所得及其产生的收益,行为人掩饰、隐瞒其来源和性质的,都可构成洗钱罪。丙明知赵某高利转贷获利 200 万元,而为其提供资金账户的,构成洗钱罪。故 C 项正确。

组织卖淫罪中的被组织者,不限于妇女,包括男子。换言之,女性向男性卖淫、女性向女性卖淫、男性向女性卖淫、男性向男性卖淫都属于组织卖淫的行为。因此,对丁应当以组织卖淫罪追究刑事责任。故 D 项正确。

276.骗取出口退税罪;虚开增值税专用发票、用于骗取出口退税、抵扣税款发票罪[ACD]

[解析] 甲公司构成骗取出口退税罪的共犯,成立骗取出口退税罪。故 A 项正确。

实施骗取出口退税犯罪,同时构成虚开增值税专用发票罪等其他犯罪的,依处罚较重的定罪。故 B 项错误。

《刑法》第 204 条第 2 款规定:"纳税人缴纳税款后,采取前款规定的欺骗方法,骗取所缴纳的税款的,依照本法第 201 条的规定定罪处罚;骗取税款超过所缴纳的税款部分,依照前款的规定处罚。"故 C 项正确。

根据《刑法》第 205 条第 2 款的规定,丁公司的行为属于虚开增值税专用发票罪的加重情形,不另成立其他犯罪。故 D 项正确。

考点37 侵犯知识产权罪

277.侵犯著作权罪[B]

[解析]《刑法》第217条规定："以营利为目的，有下列侵犯著作权或者与著作权有关的权利的情形之一，违法所得数额较大或者有其他严重情节的，处3年以下有期徒刑，并处或者单处罚金；违法所得数额巨大或者有其他特别严重情节的，处3年以上10年以下有期徒刑，并处罚金：（一）未经著作权人许可，复制发行、通过信息网络向公众传播其文字作品、音乐、美术、视听作品、计算机软件及法律、行政法规规定的其他作品的；（二）出版他人享有专有出版权的图书的；（三）未经录音录像制作者许可，复制发行、通过信息网络向公众传播其制作的录音录像的；（四）未经表演者许可，复制发行录有其表演的录音录像制品，或者通过信息网络向公众传播其表演的；（五）制作、出售假冒他人署名的美术作品的；（六）未经著作权人或者与著作权有关的权利人许可，故意避开或者破坏权利人为其作品、录音录像制品等采取的保护著作权或者与著作权有关的权利的技术措施的。"

赵某临摹著名国画大师的名画，署上该大师姓名并加盖伪造印鉴，符合上述第5项的规定，构成侵犯著作权罪。《关于审理非法出版物刑事案件具体应用法律若干问题的解释》第5条规定，实施侵犯著作权行为，又销售该侵权复制品，违法所得数额巨大的，只定侵犯著作权罪。赵某将此幅作品出售获得6万元收入，不再另定罪，对赵某只以侵犯著作权罪处罚。故B项正确。

278.侵犯商业秘密罪[D]

[解析] 根据《刑法》第219条的规定，以盗窃、欺诈、贿赂、胁迫、电子侵入或者其他不正当手段获取权利人的商业秘密，情节严重的，构成侵犯商业秘密罪。本案中，丙为了获取甲公司的商业秘密，采取了胁迫、利诱手段，这些都属于不正当手段，故丙构成侵犯商业秘密罪。故D项当选。【特别提示】以盗窃、诈骗、敲诈等手段获取商业秘密，不定盗窃罪、诈骗罪、敲诈勒索罪，而定侵犯商业秘密罪，这是因为商业秘密虽然具有经济价值，但从存在样态上无法评价为财物。例如，本案中，丙采取了胁迫手段，但不能认定为构成敲诈勒索罪。

考点38 扰乱市场秩序罪

279.损害商品声誉罪；侵犯公民个人信息罪；破坏生产经营罪；内幕交易罪[B]

[解析] 公民个人信息，是指以电子或者其他方式记录的能够单独或者与其他信息结合识别特定自然人身份或者反映特定自然人活动情况的各种信息，包括姓名、身份证件号码、通信通讯联系方式、住址、账号密码、财产状况、行踪轨迹等。公民的任职情况也属于公民个人信息。但是，成立侵犯公民个人信息罪，要求情节严重。甲仅公布了赵某一个人的个人信息，尚不构成情节严重，故不构成侵犯公民个人信息罪。故A项错误。

根据《刑法》第221条的规定，捏造并散布虚伪事实，损害他人的商业信誉、商品声誉，给他人造成重大损失或者有其他严重情节的，构成损害商品声誉罪。成立本罪，要求捏造散布的是虚假事实，如果是真实的事实，不构成本罪。题中保健品没有功效不是虚假事实，因此甲不构成损害商品声誉罪。故B项正确。

根据《刑法》第180条的规定，内幕交易罪，是指证券交易内幕信息的知情人员在涉及股票、证券的发行、交易或者其他对股票、证券的价格有重大影响的信息尚未公开前，买入或者卖出该股票、证券，或者泄露该信息，情节严重的行为。成立本罪，要求行为人是"知情人员"。知情人员也称内幕人员，是指由于持有发行人的证券，或者在发行人或与发行人有密切联系的公司中担任董事、监事、高级管理人员，或者由于其会员地位、管理地位、监督地位和职业地位，或者作为雇员、专业顾问履行职务，能够接触或者获得内幕信息的人员。本题中，甲只是持有该上市公司股票的股民，不属于内幕信息知情人员。此外，该公司的保健品没有功效，不属于内幕信息。因此，甲不构成内幕交易罪。故C项错误。

破坏生产经营罪，是指由于泄愤报复或者其他个人目的，毁坏机器设备、残害耕畜或者以其他方法破坏生产经营的行为。甲公布揭发该上市公司的保健品没有功效是公民的权利，不属于破坏生产经营罪。故D项错误。

280.走私假币罪；强迫交易罪；非法经营罪；非法吸收公众存款罪[D]

[解析] 将大量假币跨境运输的行为构成运输假币罪与走私假币罪的想象竞合犯，应从一重罪处断，即应当认定为走私假币罪。故A项正确。

2014年4月17日《关于强迫借贷行为适用法律问题的批复》规定："以暴力、胁迫手段强迫他人借贷，属于刑法第226条第2项规定的'强迫他人提供或者接受服务'，情节严重的，以强迫交易罪追究刑事责任；……"故B项正确。

2005年5月11日《关于办理赌博刑事案件具体应用法律若干问题的解释》第6条规定："未经国家批准擅自发行、销售彩票，构成犯罪的，依照刑法第225条第4项的规定，以非法经营罪定罪处罚。"故C项正确。

2022年修正后公布的《关于审理非法集资刑事案件具体应用法律若干问题的解释》第1条规定，非法吸收公众存款或者变相吸收公众存款是向社会不特定对象吸收资金。未向社会公开宣传,在亲友或者单位内部针对特定对象吸收资金的,不属于非法吸收或者变相吸收公众存款。故D项错误。

281.(1) 购买假币罪;罪数形态;刑法效力范围[AD]

[解析] 购买假币罪是指明知是假币而购买,数额较大的行为。根据《关于审理伪造货币等案件具体应用法律若干问题的解释》的规定,总面值额在4000元以上不满5万元的,属于数额较大;总面值额在5万元以上不满20万元的,属于数额巨大;总面额在20万元以上的,属于数额特别巨大。甲用1万元购买10万元假币,数额巨大,构成购买假币罪。故A项正确。

购买假币的数额认定以实际面值总额计算,甲购买的假币数额应该是10万元。故B项错误。

由于该行为发生在我国领域之外,属于国外犯的情形,而且甲是我国公民,适用属人管辖原则,不适用保护管辖原则,因为保护管辖原则适用于外国人在我国领域外针对中国国家利益或者公民利益实施的犯罪。故C项错误。

走私假币罪,是指违反海关法规,走私伪造的货币的行为。走私的对象是伪造的货币。本案中甲的行为符合走私假币罪的构成要件,甲构成走私假币罪。故D项正确。

(2) 非国家工作人员受贿罪[BC]

[解析] 行贿罪,是指为谋取不正当利益,给予国家工作人员以财物的行为。本案中,赵某只是赵氏调味品公司的员工,不属于国家工作人员,甲的行为不可能构成行贿罪。故A项错误。

诈骗罪是骗取被害人财产的行为,要求行为人欺骗被骗人,使得被骗人产生处分财产的错误认识,并基于该错误认识而处分财产。本案中甲将10万元假币冒充真币送给赵某,是为了通过对方的职权而谋取不正当利益,而非为了骗取赵某财产,因此,甲成立对非国家工作人员行贿罪,而非诈骗罪。故B项正确。

非国家工作人员受贿罪,是指公司、企业或者其他单位的工作人员,利用职务上的便利,索取他人财物或者非法收受他人财物,为他人谋取利益,数额较大的行为。本案中,甲给予赵某以钱财,赵某帮助甲签订合作协议,赵某的行为符合非国家工作人员受贿罪的犯罪构成要件。故C项正确。

签订合同失职被骗罪,是指国有公司、企业、事业单位的直接负责的主管人员,在签订、履行合同过程中,因严重不负责任被诈骗,致使国家利益遭受重大损失的行为。本案中赵某属于赵氏调味品公司的员工,并不是国有公司、企业、事业单位直接负责的主管人员。赵某的行为不构成签订合同失职被骗罪。故D项错误。

(3) 罪数形态;法条竞合[ABC]

[解析] 假冒注册商标罪,是指未经注册商标所有权人许可,在同一种商品、服务上使用与其注册商标相同的商标,情节严重的行为。甲在"一滴香"上贴上赵氏调味品的注册商标私自出卖,这一行为符合假冒注册商标罪的构成要件。甲的行为构成假冒注册商标罪。故A项正确。

生产、销售有毒、有害食品罪,是指在生产、销售的食品中掺入有毒、有害的非食品原料,或者销售明知掺有有毒、有害的非食品原料的食品的行为。甲明知"一滴香"调味品含有害非法添加剂,仍然出售,构成销售有毒、有害食品罪。故B项正确。

生产、销售伪劣产品罪,是指生产者、销售者在产品中掺杂、掺假,以假充真,以次充好或者以不合格产品冒充合格产品,销售金额5万元以上的行为。本案中甲销售的"一滴香"调味品是不合格的产品,并且销售金额达到了5万元,构成销售伪劣产品罪。故C项正确。

对假冒注册商标行为与出售"一滴香"行为,不应数罪并罚。根据《最高人民法院、最高人民检察院、公安部关于办理侵犯知识产权刑事案件适用法律若干问题的意见》第16条的规定,行为人实施侵犯知识产权犯罪,同时构成生产、销售伪劣商品犯罪的,依照侵犯知识产权犯罪与生产、销售伪劣商品犯罪中处罚较重的规定定罪处罚。故D项错误。

(4) 强迫交易罪[D]

[解析] 甲在商品销售过程中,对张某拳打脚踢,使用暴力强迫张某购买商品,成立强迫交易罪。甲的行为没有达到足以压制对方反抗的程度,不成立抢劫罪;寻衅滋事罪是扰乱社会秩序的行为,具有"口袋罪"的特点,能完全评价为其他犯罪的行为不再评价为寻衅滋事罪;甲强迫交易的行为扰乱市场秩序,其销售价格也稍高于之前约定的批发价格,只成立强迫交易罪,不再认定为敲诈勒索罪。故A、B、C项错误,D项正确。

(5) 非法经营罪;非法吸收公众存款罪[BC]

[解析] 非法经营罪,是指自然人或者单位,违反国家规定,故意从事非法经营活动,扰乱市场秩序,情节严重的行为。甲作为自然人高息放贷,依据《关于审理民间借贷案件适用法律若干问题的规定》,对于民间借贷,法律并不禁止,只是对于超出一年期贷款市场报价利率4倍的部分不予支持,故甲的行为不构成犯罪。若甲以转贷牟利为目的,从金融机构套取现金再高息放贷,则构成高利转贷罪。故A项错误。

《刑法》第176条规定,非法吸收公众存款或者变相吸收公众存款,扰乱金融秩序的,成立非法吸收公众存款罪。《关于审理非法集资刑事案件具体应用法律若干问题的解释》第1条第1款规定:"违反国家金融管理法律规定,向社会公众(包括单位和个人)吸收资金的行为,同时具备下列四个条件的,除刑法另有规定的以外,应当认定为刑法第一百七十六条规定的'非法吸收公众存款或者变相吸收公众存款':(一)未经有关部门依法许可或者借用合法经营的形式吸收资金;(二)通过网络、媒体、推介会、传单、手机信息等途径向社会公开宣传;(三)承诺在一定期限内以货币、实物、股权等方式还本付息或者给付回报;(四)向社会公众即社会不特定对象吸收资金。"甲虚构事实非法吸纳巨额资金,不构成诈骗罪,而构成非法吸收公众存款罪。故B、C项正确。

甲不构成非法经营罪,故不应对甲以非法经营罪和非法吸收公众存款罪进行数罪并罚。故D项错误。

法条变更	最高人民法院关于审理非法集资刑事案件具体应用法律若干问题的解释
	根据2021年12月30日最高人民法院审判委员会第1860次会议《最高人民法院关于修改〈最高人民法院关于审理非法集资刑事案件具体应用法律若干问题的解释〉的决定》修正(法释[2022]5号)

(6)**集资诈骗罪;赃物的追缴**[AB(原答案为ABC)]

[解析] 集资诈骗罪,是指以非法占有为目的,使用诈骗方法非法集资,数额较大的行为。事实六中,甲以非法占有为目的,非法吸纳资金,构成集资诈骗罪。故A项正确。

根据《全国法院审理金融犯罪案件工作座谈会纪要》的规定,在具体认定金融诈骗犯罪的数额时,应当以行为人实际骗取的数额计算,但应当将案发前已归还的数额扣除。甲是在明知没有归还能力下而大量骗取资金的,故应认定甲集资诈骗的数额为2000万元。故B项正确。

《刑法修正案(九)》删除了集资诈骗罪可以判处死刑的规定。故C项错误。

《刑事诉讼法》第298条第1款规定:"对于贪污贿赂犯罪、恐怖活动犯罪等重大犯罪案件,犯罪嫌疑人、被告人逃匿,在通缉1年后不能到案,或者犯罪嫌疑人、被告人死亡,依照刑法规定应当追缴其违法所得及其他涉案财产,人民检察院可以向人民法院提出没收违法所得的申请。"故D项"甲已死亡,导致刑罚消灭,法院对余款500万元不能进行追缴"的说法错误。

专题十六 侵犯公民人身权利、民主权利罪

考点39 侵犯公民生命、健康权利的犯罪

282.遗弃罪与不作为的故意杀人罪;抢劫罪;绑架罪;拐卖儿童罪;强迫劳动罪[C]

[解析]《刑法》第261条规定:"对于年老、年幼、患病或者其他没有独立生活能力的人,负有扶养义务而拒绝扶养,情节恶劣的,处5年以下有期徒刑、拘役或者管制。"本题中,甲不履行扶养义务,故意造成家庭成员死亡,构成不作为的故意杀人罪。但是行为人构成不作为的故意杀人罪并不意味着不构成遗弃罪,两罪的区分不是对立排斥关系,而是程度之分,即被害人对行为人的依赖程度。例如,将婴儿遗弃在荒山野岭,既构成不作为的故意杀人罪,也构成遗弃罪,最终以故意杀人罪论处。因此,甲也构成遗弃罪,只是最终以不作为故意杀人罪论处。故A项错误。

《关于审理抢劫、抢夺刑事案件适用法律若干问题的意见》第9条第3款明确了抢劫罪与绑架罪的界限,绑架罪是侵害他人人身自由权利的犯罪,其与抢劫罪的区别在于:(1)主观方面不尽相同。抢劫罪中,行为人一般出于非法占有他人财物的故意实施抢劫行为;绑架罪中,行为人既可能为勒索他人财物而实施绑架行为,也可能出于其他非经济目的实施绑架行为;(2)行为手段不尽相同。抢劫罪表现为行为人劫取财物一般应在同一时间、同一地点,具有"当场性";绑架罪表现为行为人以杀害、伤害等方式向被绑架人的亲属或其他人或单位发出威胁,索取赎金或提出其他非法要求,劫取财物一般不具有"当场性"。本题中,乙劫取财物具有"当场性",应认定为抢劫罪。故B项错误。

《刑法》第240条第2款规定:"拐卖妇女、儿童是指以出卖为目的,有拐骗、绑架、收买、贩卖、接送、中转妇女、儿童的行为之一的。"由此可知,拐卖儿童罪只要求具有出卖的目的,不要求有牟利目的,丙构成拐卖儿童罪。故C项正确。

《刑法》第244条第1、2款规定,以暴力、威胁或者限制人身自由的方法强迫他人劳动的,或者明知他人实施前款行为,为其招募、运送人员或者有其他协助强迫他人劳动行为的,构成强迫劳动罪。本题中,丁的行为属于协助强迫劳动的情形,构成强迫劳动罪。故D项错误。

283.故意伤害罪;拐卖儿童罪;非法拘禁罪;强制猥亵、侮辱罪[AC]

[解析]《刑法》第234条之一第2款规定,摘取不满18周岁的人的器官的,依照故意伤害的规定

定罪处罚。夏某作为未成年人,其对于摘除肾脏的同意不能构成刑法上的正当化事由,甲虽征得夏某同意并将全部款项交给夏某,对其也应以故意伤害罪论处。故A项正确。

《关于依法惩治拐卖妇女儿童犯罪的意见》规定,以非法获利为目的,出卖亲生子女的,应当以拐卖儿童罪论处。本案中,乙出卖亲生女儿用于赌博,其行为显然已构成拐卖儿童罪。故B项错误。

根据《刑法》第238条第3款,丙为索债将吴某捆绑到地下室,成立非法拘禁罪。但吴某挣脱驾车离开途中发生交通事故死亡,该死亡结果不是非法拘禁行为本身危险的现实化,不应认定为非法拘禁罪的结果加重犯,即不属于非法拘禁致人死亡。故C项正确。

强制侮辱罪的客观行为主要是对妇女实施猥亵行为以外的、损害妇女人格尊严的淫秽下流的、伤风败俗的行为。因此,丁和朋友为寻求刺激,在大街上追逐、拦截两位女生,不具有性犯罪的色彩。该行为即便构成犯罪,也不构成强制侮辱罪。故D项错误。

284.刑法上的推定;主客观相一致原则[D]
[解析] 甲基于伤害故意砍乙两刀,基于杀人故意又砍乙两刀,但实际上仅砍中一刀,应区分以下情况进行分析:如果这一刀是基于伤害故意砍中的,则根据主客观相一致原则,此时应认定为故意伤害(致死)罪,后两刀基于杀人故意没有砍中,应认定为杀人罪未遂;如果这一刀是基于杀人故意砍中的,则根据主客观相一致原则,此时应认定为故意杀人罪既遂,前两刀基于伤害故意没有砍中,应认定为故意伤害罪未遂。由于本案证据无法查明这一刀属于哪种情况,因此应作有利于被告人的推定,即认定故意伤害(致死)罪和故意杀人罪未遂。杀人与伤害不是对立关系,故可按故意伤害(致死)罪处理本案。故D项正确,A、B、C项均错误。

285.被害人承诺;犯罪故意;故意杀人罪;故意伤害罪[B]
[解析] 被害人承诺属于犯罪排除事由的一种。被害人请求或者许可行为人侵害其法益,表明其放弃了该法益,放弃了对该法益的保护,既然如此,法律就没有必要予以保护,损害被放弃的法益的行为没有违法性。但是,经被害人承诺的行为,需要符合下列条件才能排除犯罪的成立:(1)承诺者对被侵害的法益有处分权;(2)承诺者必须对所承诺事项的意义、范围有理解能力;(3)承诺必须出于被害人的真实意志;(4)必须存在现实的承诺;(5)承诺至迟必须存在于结果发生时;(6)经承诺所实施的行为不得超出承诺的范围。

由于人对自己的生命权没有处分权限,因此乙的承诺无效,甲的行为仍然构成故意杀人罪。A项错误。很难界定甲的犯罪故意是杀人故意还是伤害故意,可以认定为一种涵盖故意杀人和故意伤害的概括的故意,应当按照实际造成的结果认定甲所触犯的罪名。B项正确。乙因为受骗而作出放弃法益的承诺,并非出于真实意志,其承诺无效,甲的行为构成故意伤害罪。C项错误。乙是未成年人,对所承诺事项的意义和范围缺乏足够的理解能力,其承诺无效。D项错误。

286.法律拟制为故意伤害罪情形的认定;被害人承诺[D]
[解析]《刑法》第248条规定,监狱、拘留所、看守所等监管机构的监管人员对被监管人进行殴打或者体罚虐待,致人伤残、死亡的,依照《刑法》第234条(故意伤害罪)、第232条(故意杀人罪)的规定定罪从重处罚。故A项构成故意伤害罪,不当选。

《刑法》第238条规定,非法拘禁他人或者以其他方法非法剥夺他人人身自由,使用暴力致人伤残、死亡的,依照《刑法》第234条(故意伤害罪)、第232条(故意杀人罪)的规定定罪处罚。故B项构成故意伤害罪,不当选。

《刑法》第234条之一第2款规定,未经本人同意摘取其器官,或者摘取不满18周岁的人的器官,或者强迫、欺骗他人捐献器官的,依照故意伤害罪或故意杀人罪定罪处罚。摘取未满18周岁的人的器官,不以被摘取人同意为要件。故C项构成故意伤害罪,不当选。

被害人承诺的有效条件包括:承诺者对被侵害的法益具有处分权限并且对所承诺的事项的意义与范围具有理解能力;基于被害人真实意思而承诺;承诺至迟必须存在于结果发生时;必须存在现实的承诺;经承诺的行为不得超出承诺的范围;承诺者不仅行为,而且承诺行为的结果等。在本案中,截断1节小指头属于轻伤,对于轻伤的承诺有效,被害人基于真实意志做出承诺,其承诺具有有效性,行为人不成立犯罪。故D项不成立故意伤害罪,当选。

287.被害人承诺;自伤行为;不作为犯罪[C]
[解析] 故意伤害罪的对象是他人;自伤行为,原则上不成立犯罪,但当自伤行为侵犯国家法益或社会法益而触犯刑法规范时,可能成立犯罪,如战时自伤罪。故A项正确,不当选。

自伤行为无罪,帮助他人(有责任能力者)自伤的行为更不可能成立故意伤害罪。同理,既然自伤行为无罪,教唆他人(有责任能力者)自伤的行为也不可能成立故意伤害罪。故B项正确,不当选;C项错误,当选。

父母对于未成年子女具有保护的义务,当未成年子女自伤、自残时,父母有义务阻止,以保护其合法利益。如果父母能救助而不予救助,视其对法益的侵犯程度等情形,可能成立故意杀人罪或者遗弃罪。故D项正确,不当选。

288.故意伤害罪;组织出卖人体器官罪[B]

[解析]《刑法》第234条之一第3款规定,违背本人生前意愿摘取其尸体器官,或者本人生前未表示同意,违反国家规定,违背其近亲属意愿摘取其尸体器官的,成立盗窃、侮辱尸体罪。故A项错误。

该条第2款规定:"未经本人同意摘取其器官,或者摘取不满18周岁的人的器官,或者强迫、欺骗他人捐献器官的,依照本法第234条、第232条的规定定罪处罚。"可见,明知是未成年人,虽然征得其同意而摘取器官的,应该视情况成立故意伤害罪或者故意杀人罪。故B项正确。

该条第1款规定的组织出卖人体器官罪,不要求以牟利为目的,可见,只要有组织他人出卖人体器官的行为即可以构成本罪。故C项错误。

该条第2款规定,未征得本人同意,摘取其器官构成故意伤害罪。取得本人同意,即使被组织者对出卖肾脏的报酬数额产生错误认识,也不影响其同意出卖器官的判断,因此,组织者仍然成立组织出卖人体器官罪。故D项错误。

289.非法拘禁罪;雇用童工从事危重劳动罪;虐待被监管人罪;转化犯[ABC]

[解析]《刑法》非法拘禁罪的行为表现为行为人剥夺被害人人身自由,而甲以限制人身自由的方法强迫农民工从事危重矿井作业,并对其殴打致多人伤残,不可能成立非法拘禁罪。甲只构成强迫劳动罪。故A项错误。

根据《刑法》第244条之一规定,雇用童工从事危重劳动罪是指违反劳动管理法规,雇用未满16周岁的未成年人从事超强度体力劳动的,或者从事高空、井下作业的,或者在爆炸性、易燃性、放射性、毒害性等危险环境下从事劳动,情节严重的行为;有上述行为,造成事故,又构成其他犯罪的,数罪并罚。乙长期非法雇用多名不满16周岁的未成年人从事超强度体力劳动,并严重忽视生产作业安全致1名未成年人死亡,属于"造成事故,又构成其他犯罪的",应当数罪并罚。故B项错误。

根据《刑法》第240条的规定,对于拐卖年满14周岁的男性,不构成拐卖妇女、儿童罪,在理论通说上,视其情况可以非法拘禁罪论处。丙以欺骗方法将多名成年男性农民工从外地骗至砖窑场强迫劳动的行为可构成强迫劳动罪。故C项错误。

根据《刑法》第248条规定,监狱、拘留所、看守所等监管机构的监管人员对被监管人进行殴打或者体罚虐待,情节严重的,构成虐待被监管人罪。被监管人,致人伤残、死亡的,依照故意伤害罪、故意杀人罪从重处罚。监管人员对被监管人虐待致其死亡的,以故意杀人罪从重处罚。故D项正确。

考点40 侵犯性权利的犯罪

290.强奸罪;结果加重犯[BD]

[解析]甲为强奸乙女对其实施暴力行为,但并未能实施奸淫行为,因此不成立强奸罪的既遂。甲将乙捅成重伤,并非出于强奸目的,而是为了逃跑(被乙制服后,乙欲将其扭送至公安机关),不能认为是强奸罪的实行行为,对此应当单独评价为故意伤害罪,不属于强奸罪的加重结果。故A项错误。同理,C项也是错误的。

如上所述,甲的行为系强奸罪的未遂,在成立未遂后,又因抗拒抓捕故意造成乙重伤,成立故意伤害罪既遂,应与强奸罪数罪并罚。故D项正确。

《刑法》第269条规定,犯盗窃、诈骗、抢夺罪,为窝藏赃物、抗拒抓捕或者毁灭罪证而当场使用暴力或者以暴力相威胁的,依照抢劫罪的规定定罪处罚。该条文属于法律拟制,对于强奸罪,不能比照此规定加以认定。故B项正确。

291.强奸罪的罪数问题;结果加重犯;结合犯[BD]
(原答案为D)]

[解析]成立结果加重犯,要求基本犯的实行行为与加重结果之间需具有因果关系。注意"因"的判断:加重结果必须是基本犯的实行行为导致的,而不能是其他犯罪行为导致的。A项中,甲一怒之下卡住该妇女喉咙,致其死亡,表明甲是出于泄愤、报复目的而杀害妇女,该杀人行为不是强奸罪的实行行为,不构成强奸罪(故意)人死亡,而构成故意杀人罪,与强奸罪并罚。故A项错误。【特别提醒】虽然甲杀死妇女后实施了奸尸行为,也不能认为甲的杀人行为属于强奸罪的实行行为,因为强奸罪的实行行为的对象是活着的妇女。

根据《刑法》第358条的规定,组织、强迫他人卖淫,并有杀害、伤害、强奸、绑架等犯罪行为的,依照数罪并罚的规定处罚。故B项正确。【旧题新解】当年旧的《刑法》规定了结合犯,即"强奸罪+强迫卖淫罪=强迫卖淫罪"。因此依照当时的规定,B项是错误的。但是2011年《刑法修正案(九)》删掉了结合犯的规定,要求数罪并罚。因此依照新法,B项正确。

根据《刑法》第318条的规定,组织他人偷越国(边)境,而对被组织人有杀害、伤害、强奸、拐卖等犯罪行为,或者对检查人员有杀害、伤害等行为的,依照数罪并罚的规定处罚。据此,《刑法》并没有规定"组织他人偷越国(边)境+强奸罪=组织他人偷越国(边)境罪"这种结合犯。因此,按照正常原理,丙实施了两个行为,构成两个罪,就应当数罪并罚。故C

刑法 [答案详解] 77

项错误。【特别提醒】行为人实施了两个行为,构成两个罪,按照结合犯处理,必须有法律明确规定,也即结合犯是法律规定的特殊产物。按照正常原理,应当数罪并罚,也即数罪并罚是原则性做法。

根据《刑法》第240条的规定,拐卖妇女,并奸淫被拐卖的妇女的,属于拐卖妇女罪的法定加重情节,即《刑法》对此规定了结合犯:"拐卖妇女罪+强奸罪=拐卖妇女罪(加重处罚)"。故D项正确。

292.强奸罪的罪数问题[A(原答案为AD)]

[解析] 根据《刑法》第240条的规定,拐卖妇女,并奸淫被拐卖的妇女的,属于拐卖妇女罪的法定加重情节,即《刑法》对此规定了结合犯:"拐卖妇女罪+强奸罪=拐卖妇女罪(加重处罚)",不再认定为强奸罪。故A项当选。

《刑法》第259条(破坏军婚罪)第2款规定:"利用职权、从属关系,以胁迫手段奸淫现役军人的妻子的,依照本法第236条的规定定罪处罚。"该款是注意规定。也即只有当行为完全符合强奸罪的构成要件时,才能以强奸罪论处。因此,该款中的"胁迫手段"是指强奸罪中的胁迫手段。B项"以胁迫手段奸淫"符合强奸罪的构成要件,因此构成强奸罪,B项不当选。【特别提醒】不能认为,只要行为人利用了职权、从属关系,就构成强奸罪。如果没有胁迫,而仅是权色交易,则不构成强奸罪。

《刑法》第300条(组织、利用会道门、邪教组织、利用迷信破坏法律实施罪)第3款规定:"犯第一款罪又有奸淫妇女、诈骗财物等犯罪行为的,依照数罪并罚的规定处罚。"据此,构成组织、利用会道门、邪教组织、利用迷信破坏法律实施罪,又有奸淫妇女行为的,定强奸罪,与前罪数罪并罚。故C项应认定为强奸罪,不当选。【特别提醒】《刑法》第300条第3款是注意规定,也即只有当行为完全符合强奸罪的构成要件时,才能以强奸罪论处。不能认为,只要利用迷信,就构成强奸罪。例如,甲男伪装成"大师",欺骗乙女,只要跟自己发生性行为,乙的病就会好。乙相信,与甲发生了性行为。由于乙在事实环节没有受骗,也即知道跟甲发生性行为,因此乙的承诺是有效的,甲不构成强奸罪。

根据《刑法》第358条的规定,组织、强迫他人卖淫,并有杀害、伤害、强奸、绑架等犯罪行为的,依照数罪并罚的规定处罚。故D项中"强奸妇女"的行为应当单独认定为强奸罪,D项不当选。【旧题新解】当年旧的《刑法》规定了结合犯,即"强奸罪+强迫卖淫罪=强迫卖淫罪"。因此依照当时的规定,D项只认定为强迫卖淫罪,不构成强奸罪。但是2011年《刑法修正案(九)》删掉了结合犯的规定,要求对强奸罪和强迫卖淫罪数罪并罚。因此依照新法,D项中的强奸行为应当独立定罪。

考点41 侵犯妇女、儿童利益的犯罪

293.拐卖妇女罪;收买被拐卖的妇女罪[BC]

[解析] 拐卖妇女罪是以控制、绑架等强制方式实施的,以"实现控制"为既遂标准(拐到手)。本题中甲、乙已将妇女控制,因此均成立拐卖妇女罪的既遂,既遂之后的情形不影响既遂结论的成立。故A项错误,B项正确。

C项注意一罪吸收另一罪的问题:如果新罪能够被吸收,只成立一罪;如果新罪不能被吸收,则应数罪并罚。本项中,丙收买被拐卖的妇女是以出卖为目的,然后卖掉了,此时收买行为被拐卖行为所吸收,不单独成立收买被拐卖的妇女罪,而是整体上成立拐卖妇女罪一罪(收买罪+拐卖罪=拐卖罪);拐卖妇女后,将妇女非法拘禁,非法拘禁被拐卖妇女罪吸收,整体上成立拐卖妇女罪一罪。丙收买被拐卖的妇女后,将其非法拘禁,然后又卖掉,整体上只成立一罪,即拐卖妇女罪。故C项正确。【特别提醒】如果拐卖妇女后,对其故意伤害(重伤),则应定拐卖妇女罪和故意伤害罪,数罪并罚。此时不能定拐卖妇女罪(致人重伤),因为拐卖妇女罪的致人重伤是指拐卖的实行行为本身致人重伤。

拐卖妇女罪的保护法益是妇女的人身自由,成年妇女如果同意放弃该法益,则行为人不构成拐卖妇女罪,相应的,收买者也不构成收买被拐卖的妇女罪。本题中,陈某同意出卖自己,因此丁不构成收买被拐卖的妇女罪。故D项错误。

294.侮辱罪;强制猥亵、侮辱罪;诽谤罪;诬告陷害罪[B]

[解析] 强制猥亵、侮辱罪与侮辱罪之间不是对立关系,事实上,强制猥亵、侮辱妇女的行为也是一种侮辱他人的行为,只是刑法将侵犯妇女性羞耻心的侮辱行为另规定为强制猥亵、侮辱罪。因此,这两罪之间是一种法条竞合关系。故为寻求刺激在车站扒光妇女衣服,引起他人围观的,是对妇女性羞耻心的侵犯,也是对妇女名誉的侵犯,既触犯了强制猥亵、侮辱罪,也触犯了侮辱罪。因强制猥亵、侮辱罪处罚比侮辱罪更严厉,故直接按照强制猥亵、侮辱罪论处。故A项错误。

诽谤罪必须有捏造并散布有损他人名誉的虚假事实的行为;而侮辱罪既可以不用具体事实,也可以用真实事实,更关键的在于诽谤罪使用的方法不包含暴力。因此,在大街上边打妇女边骂"狐狸精"的行为,并不属于捏造事实的行为,而是公然贬低人格、破坏他人名誉的行为,不成立诽谤罪,只成立侮辱罪。故B项正确。

捏造他人强奸妇女的犯罪事实,向公安局告发,意图使他人受刑事追究,情节严重的,触犯诬告陷害罪;但同时又向媒体告发,散布捏造的事实,侵害了他人的名誉权,触犯了诽谤罪。故 C 项错误。

侮辱罪属于亲告罪,诽谤罪一般也是不告不理,但如果严重危害社会秩序和国家利益的,则不适用不告不理原则,且如果被害人受到强制、威吓进而无法告诉的,人民检察院或者被害人的近亲属可以代为告诉。所以,对于侮辱罪、诽谤罪,"未经当事人告诉,一律不得追究被告人的刑事责任"这一说法错误。故 D 项错误。

295.故意伤害罪;组织出卖人体器官罪;遗弃罪;诬告陷害罪;猥亵儿童罪[ABD]

[解析]《刑法》第 234 条之一第 2 款规定,未经本人同意摘取其器官,或者摘取不满 18 周岁的人的器官,或者强迫、欺骗他人捐献器官的,依照《刑法》第 234 条(故意伤害罪)、第 232 条(故意杀人罪)的规定定罪处罚。医生甲征得乙(15 周岁)同意,将其肾脏摘出后移植给乙的叔叔丙,其行为构成故意伤害罪。故 A 项错误,当选。

遗弃罪是指对于年老、年幼、患病或者其他没有独立生活能力的人负有扶养义务而拒绝扶养,情节恶劣的行为。妻子乙的吸毒行为不能抵消丈夫甲的扶养义务,甲构成遗弃罪。故 B 项错误,当选。

诬告陷害罪是指捏造事实诬告陷害他人,意图使他人受刑事追究,情节严重的行为。甲虚构事实的目的只是让公安机关立案,并非意图使乙承担更重的刑事处罚,故甲不构成诬告陷害罪。故 C 项正确,不当选。

猥亵儿童罪的行为对象:猥亵女童,不包括性交行为,否则构成强奸罪;猥亵男童,包括性交。甲构成猥亵儿童罪。故 D 项错误,当选。

296.(1)收买被拐卖的妇女罪;拐卖妇女罪[CD]

[解析]《刑法》第 241 条第 5 款规定,收买被拐卖的妇女又出卖的,依照拐卖妇女罪定罪处罚。甲实施了收买与拐卖两个行为,按照犯罪构成理论,已经构成两个犯罪,但是基于刑法的特别规定,甲只构成拐卖妇女罪。故 A 项错误,C 项正确。

所谓牵连犯,是指行为人在实施某一犯罪时,其犯罪的手段行为(或者方法行为)或结果行为又触犯了其他罪名的情况。牵连关系主要有两种:一是方法或者手段行为与目的行为的牵连;二是原因行为与结果行为的牵连。在事实一中,甲实施的收买行为和贩卖行为并不具有牵连关系,因为其收买妇女的原因并不是出于出卖的目的,仅是想给智障儿子做妻子,后来鉴于周某肆意出逃,为避免人财两空而将其出卖。可见,对于甲而言,收买行为并不是出卖的方法、手段,而出卖也不是收买的目的的行为。故 B 项错误。

收买与拐卖行为侵犯的客体均是妇女的人身自由和人格尊严。两个行为之间存在吸收关系,构成吸收犯。所谓吸收犯,是指事实上存在数个不同的行为,其一行为吸收其他行为,仅成立吸收行为一个罪名的犯罪。通说认为,吸收犯的吸收关系有三种情况:一是重行为吸收轻行为,即社会危害大、罪质重、法定刑高的犯罪行为吸收社会危害性小、罪质轻、法定刑低的犯罪行为。二是实行行为吸收预备行为。三是主行为吸收从行为。本案中,是属于重行为吸收轻行为,从而仅以法定刑较重的拐卖妇女罪论。故 D 项正确。

(2)收买被拐卖的妇女罪;强奸罪[BCD]

[解析]《刑法》第 241 条规定,收买被拐卖的妇女之后,强行与之发生性关系,符合强奸罪构成要件的,按照强奸罪和收买被拐卖的妇女罪数罪并罚。至于行为人强奸被害妇女的动机不影响强奸罪的成立,即使乙欲与周某成为夫妻,也同样构成强奸罪。故 A 项正确,不当选;B、C 项错误,当选。

刑法上的预备行为是指为了犯罪,准备工具,制造条件,但由于行为人意志以外的原因而未能着手实行犯罪的情形。首先,乙的收买行为和强奸行为侵害的法益不同;其次,两个行为都已经构成犯罪既遂,已经构成两个独立的犯罪,犯罪预备只能发生在犯罪既遂之前。本案中,乙的收买行为无论如何也不能认定为强奸行为的预备行为。故 D 项错误,当选。

297.拐卖妇女罪[ABD]

[解析] 拐卖妇女罪属于行为犯,只要以出卖为目的,实施了拐骗、绑架、收买、贩卖、接送、中转妇女的行为之一的,就成立该罪的既遂,是否卖出被拐卖的妇女在所不论。根据《刑法》第 240 条,拐卖妇女罪的法定加重情节包括:(1)拐卖妇女、儿童集团的首要分子;(2)拐卖妇女、儿童三人以上的;(3)奸淫被拐卖的妇女的;(4)诱骗、强迫被拐卖的妇女卖淫或者将被拐卖的妇女卖给他人迫使其卖淫的;(5)以出卖为目的,使用暴力、胁迫或者麻醉方法绑架妇女、儿童的;(6)以出卖为目的,偷盗婴幼儿的;(7)造成被拐卖的妇女、儿童或者其亲属重伤、死亡或者其他严重后果的;(8)将妇女、儿童卖往境外的。据此,造成被拐卖妇女重伤,属于拐卖妇女罪的加重情节,不单独成立故意伤害罪。另外,甲多次对乙实施强制猥亵行为,该行为并不包含在拐卖妇女罪的法定加重情节里面,另成立强制猥亵、侮辱罪,应与拐卖妇女罪数罪并罚。故 A、B、D 项错误,C 项正确。

298.拐卖妇女罪;收买被拐卖的妇女罪[B]

[解析] 乙一直在拐卖妇女并将被拐骗的妇女出卖给丙,显而易见,乙构成拐卖妇女罪。故 A 项正确。

甲只是得知乙在拐卖妇女,没有使他人产生犯意,也没有帮助他人拐卖妇女的行为,不是拐卖妇女罪的共犯。故B项错误。

根据《刑法》第241条第1款规定,收买被拐卖的妇女的,构成收买被拐卖的妇女罪。甲得知乙拐卖妇女而让其带来2名妇女卖给丙,甲、丙构成收买被拐卖的妇女罪。故C、D项正确。

考点42 非法拘禁罪与绑架罪

299.绑架罪[ABD]
[解析] 绑架罪中的"杀害被绑架人"应符合:(1)主观上必须是"故意"杀害被害人。(2)"杀害"行为必须存在于绑架过程之中,脱离于绑架之外的杀害行为应独立评价为故意杀人罪,不能认定为绑架罪的加重犯。(3)"杀害"行为可以造成被害人死亡结果,也可以是没有造成死亡结果。因为根据刑法的规定,绑架过程中,即便故意伤害被害人仅造成重伤结果的,也应适用加重法定刑。那么,绑架过程中,"杀害被绑架人的"就不必解释为必须造成被害人死亡。

以勒索财物为目的控制被害人之后,故意伤害被害人,被害人因重伤而死亡,属于"故意伤害被绑架人,致人重伤"这一加重情节,适用加重法定刑,不属于杀害被绑架人。故A项当选。

绑架被害人之后,为防止被害人出声,用毛巾塞住其嘴后离开,导致被害人窒息死亡,属于绑架行为本身过失致人死亡,不属于杀害被绑架人。杀害被绑架人属于故意杀人,其中的故意包括直接故意,也包括间接故意。故B项当选。

为勒索财物而着手绑架被害人,遭到被害人的激烈反抗,用绳子直接勒死被害人,属于杀害被绑架人。杀害被绑架人包括在绑架既遂后发生,也包括在着手绑架时因为被害人反抗等原因发生,只要是在绑架的过程中杀害被绑架人即可。故C项不当选。

取得赎金后,已经释放被害人,此时被害人已经不在行为人的控制范围之内,绑架行为已经彻底结束,杀人行为已经与绑架无关,故不属于杀害被绑架人,应当另成立故意杀人罪,与绑架罪实行数罪并罚。故D项当选。

300.共同犯罪;故意杀人罪;绑架罪;刑事责任年龄[C]
[解析]《刑法》第17条第1、2款规定:"已满16周岁的人犯罪,应当负刑事责任。已满14周岁不满16周岁的人,犯故意杀人、故意伤害致人重伤或者死亡、强奸、抢劫、贩卖毒品、放火、爆炸、投放危险物质罪的,应当负刑事责任。"甲和乙基于共同的犯罪故意相互配合,共同实施了绑架并杀害丙的犯罪行为,构成共同犯罪。其中乙已满16周岁,其绑架并杀害丙的行为应以绑架罪论处。甲已满14周岁未满16周岁,其绑架并杀害丙的行为不能以绑架罪论处,而只

能认定为故意杀人罪。甲和乙在故意杀人罪的范围内成立共同犯罪。乙虽未直接实施杀害丙的行为,但根据共同犯罪的理论,部分行为全部责任,乙应当对共犯甲的共同犯罪行为负责,应当对其适用"杀害被绑架人"的规定。故C项错误,当选;A、B、D三项均正确,不当选。

301.非法拘禁罪;转化犯[ABC]
[解析]《刑法》第238条规定,非法拘禁他人或者以其他方法非法剥夺他人人身自由的,构成非法拘禁罪。犯非法拘禁罪,又使用暴力致人伤残、死亡的,转化为故意伤害罪和故意杀人罪。为索取债务非法扣押、拘禁他人的,构成非法拘禁罪而非绑架罪。《最高人民法院关于对为索取法律不予保护的债务非法拘禁他人行为如何定罪问题的解释》规定,行为人为索取高利贷、赌债等法律不予保护的债务,非法扣押、拘禁他人的,依照非法拘禁罪定罪处罚。本案中,甲为索取赌债扣押乙,构成非法拘禁罪;甲威胁乙的行为不属于"使用暴力",乙的跳崖行为并不会导致甲所触犯的罪名发生转化,因此,甲不属于非法拘禁致死亡。此外,甲非法拘禁的行为不会致乙处于有生命危险的境地,不产生防止乙死亡的作为义务,其不作为与作为不具有等价性,甲不构成不作为的故意杀人罪。故D项正确,A、B、C三项错误。

302.非法拘禁罪的认定[ABD]
[解析] 法定量刑情节是指刑法明文规定在量刑时应当予以考虑的情节。"殴打、侮辱"的从重处罚情节是在刑法中明文规定的,属于法定量刑情节。故A项正确。

非法拘禁罪属于行为犯,即只要行为人实施的拘禁行为达到了剥夺他人行动自由的程度,就是犯罪的既遂。《刑法》第238条第1款规定,具有殴打情节的,从重处罚。这里所说的殴打,应当以故意致人轻伤为限。如果行为人的非法拘禁行为过失造成被害人重伤、死亡的,就属于非法拘禁罪的结果加重犯。故B项正确。

非法拘禁行为如果符合结果加重犯的构成要件,影响的是定罪,同时具有法定从重处罚的量刑情节,影响的是量刑,侮辱情节不因为构成结果加重犯而失去从重处罚情节的意义。故C项错误。

非法拘禁行为范围内的致人伤残、死亡是指拘禁的方式方法不当过失致被害人伤亡,属于结果加重犯,罪名依然是非法拘禁罪。第2款规定的"使用暴力致人伤残、死亡",是指非法拘禁行为之外的暴力致人伤残、死亡,属于"转化罪",以故意伤害、故意杀人罪定罪处罚。故D项正确。

303.绑架罪的认定[B]
[解析] 绑架罪,是指利用被绑架人的近亲属或

· 80 ·

者其他人对被绑架人安危的忧虑,以勒索财物或满足其他不法要求为目的,使用暴力、胁迫或者麻醉方法劫持或以暴力控制他人的行为。只要行为人开始实施以实力控制他人的行为,就是绑架罪的着手;一旦以实力控制他人,绑架罪就已经既遂。所以,当甲以勒索财物为目的将乙控制时,就已经成立绑架罪的既遂。非法拘禁罪,是指以拘押、禁闭或者其他强制方法,非法剥夺他人人身自由的行为。诈骗罪,是指以非法占有为目的,用虚构事实或者隐瞒真相的方法,骗取数额较大的公私财物的行为。抢劫罪,是指以非法占有为目的,对财物的所有人或者保管人当场使用暴力、胁迫或其他方法,强行将公私财物抢走的行为。注意:绑架罪需要存在绑匪、人质、被提出要求的人"三方"之间的关系,这是该罪与非法拘禁、抢劫的区别。甲让乙通知其母送钱赎人,乙担心其母心脏病发作,遂谎称开车撞人,需付5万元治疗费,其母信以为真,已经形成"三方"关系,且符合绑架罪的构成要件,所以甲的行为构成绑架罪。故B项正确,A、C、D项错误。

304.绑架罪[D(原答案为A)]

[解析]《刑法》第239条规定:"以勒索财物为目的绑架他人的,或者绑架他人作为人质的,处10年以上有期徒刑或无期徒刑,并处罚金或者没收财产;情节较轻的,处5年以上10年以下有期徒刑,并处罚金。犯前款罪,杀害被绑架人的,或者故意伤害被绑架人,致人重伤、死亡的,处无期徒刑或者死刑,并处没收财产。以勒索财物为目的偷盗婴幼儿的,依照前两款的规定处罚。"

甲属于绑架罪的结果加重犯,可以判处死刑。故A项不当选。

乙的行为属于"绑架杀害被绑架人",属于绑架罪的结合犯的情形,可以判处死刑。故B项不当选。

丙的行为也属于绑架杀害被绑架人的情形,可以判处死刑。故C项不当选。

丁的绑架行为过失致人死亡,不适用上述第2款规定。故D项当选。

考点43 其他侵犯公民人身、民主权利犯罪

305.诬告陷害罪[C]

[解析] 意图使他人受刑事追究,向司法机关诬告他人介绍卖淫的,该行为首先构成诬告陷害罪。由于该行为系捏造具体的事实损害他人名誉,该行为还构成诽谤罪。侮辱罪要求侮辱行为必须公然进行。诬告他人介绍卖淫的,并非公然侮辱他人的行为,不成立侮辱罪。故A项错误。

徇私枉法罪,是指司法工作人员对明知是无罪的人而使他受追诉、对明知是有罪的人而故意包庇不使他受追诉,或者在刑事审判活动中故意违背事实和法律作枉法裁判的行为。B项法官明显构成徇私枉法罪。诬告陷害罪必须是主动向司法机关告发。法官根本就没有实施向司法机关告发的行为,不成立诬告陷害罪。故B项错误。

诬告陷害罪是指捏造事实诬告陷害他人,意图使他人受刑事追究,情节严重的行为。诬告陷害罪的对象是他人,仅指自然人,但诬告单位足以使司法机关怀疑确定某个自然人的,成立诬告陷害罪。故C项正确。

诬告没有刑事责任能力的人,也成立诬告陷害罪。因为对这些人进行诬告,虽然司法机关查明真相后不会对被害人科处刑罚,但将他人作为侦查的对象,使他人卷入刑事诉讼,就侵犯了其人身权利。故D项错误。

306.侵犯公民个人信息罪[BC]

[解析] 甲长期用高倍望远镜偷窥邻居的日常生活属于侵犯他人隐私权的行为,不构成侵犯公民个人信息罪。故A项不当选。

《关于办理侵犯公民个人信息刑事案件适用法律若干问题的解释》第1条规定,《刑法》第253条之一规定的"公民个人信息",是指以电子或者其他方式记录的能够单独或者与其他信息结合识别特定自然人身份或者反映特定自然人活动情况的各种信息,包括姓名、身份证件号码、通信通讯联系方式、住址、账号密码、财产状况、行踪轨迹等。《刑法》第253条之一规定,侵犯公民个人信息罪包含:违反国家有关规定,向他人出售或者提供公民个人信息,情节严重的情形;违反国家有关规定,将在履行职责或者提供服务过程中获得的公民个人信息等,出售或者提供给他人的情形等。故B、C项当选。

由于50年代的信封上公民的身份信息已经不具有保护价值,将信封出卖给他人的行为不构成侵犯公民个人信息罪。故D项不当选。

307.虐待罪;事实婚姻;作为义务;遗弃罪;婚内强奸[ABCD]

[解析] 甲和乙已构成事实婚姻,属于共同生活的家庭成员,因此甲虐待乙的行为构成《刑法》第260条规定的虐待罪。故A项正确。

法律上的义务属于作为义务的一种。乙作为丙的母亲,在法律上对其有进行救助的作为义务,其未阻止甲的伤害行为可能构成不作为的故意伤害罪。故B项正确。

遗弃罪,是指对于年老、年幼、患病或者其他没有独立生活能力的人,负有扶养义务而拒绝扶养,情节恶劣的行为。甲作为丙的父亲,对于年幼的丙有抚养的义务,其拒绝抚养的行为可能构成遗弃罪。故C项正确。

刑法 [答案详解]

81

婚内强奸，按照理论上的阐释，是指在夫妻关系存续期间，丈夫以暴力、胁迫或者其他方法，违背妻子意志，强行与妻子发生性关系的行为。我国刑法原则上将在法定婚姻关系存续期间丈夫违背妻子的意愿强行发生性关系的行为排除在强奸之外。但对于先有事实婚姻又与别人登记结婚的情形，事实婚姻的对象不属于法律意义上的妻子，强迫其发生性行为并不属于婚内强奸，应当以强奸罪论处。故D项正确。

308.强奸罪；强迫劳动罪；雇用童工从事危重劳动罪；拐卖儿童罪[C]

[解析]《刑法修正案（九）》废除了"嫖宿幼女罪"，强行与卖淫幼女发生性关系，构成强奸罪。故A项正确。

行为人强迫单位职工以外的其他人员劳动的，仍然成立强迫劳动罪，因为《刑法修正案（八）》将该罪条文作了重大修改。本罪的成立不限于强迫单位职工劳动，还包括任何强迫他人劳动的行为。故B项正确。

行为人雇用16周岁未成年人从事高空、井下作业的行为，不构成雇用童工从事危重劳动罪。因为雇用童工从事危重劳动罪中的"童工"仅限于不满16周岁的未成年人。故C项错误。

行为人收留流浪儿童后，因儿童不听话将其出卖的行为，构成拐卖儿童罪。因为对象是儿童，无论行为人基于什么原因控制儿童，只要有将其作为商品出卖的行为，都成立拐卖儿童罪。故D项正确。

309.刑讯逼供罪的认定[ACD]

[解析] 刑讯逼供罪，是指司法工作人员对犯罪嫌疑人、被告人使用肉刑或者变相肉刑，逼取口供的行为。

甲是机关保卫处长，不是司法工作人员，主体不属于刑讯逼供罪的构成要件。甲的行为不是刑讯逼供。故A项错误，当选。

乙受聘为法院人民陪审员，属于司法工作人员范围。但乙殴打被告人刘某并非为了逼取口供，因此其不成立刑讯逼供罪。故B项正确，不当选。

丙是检察官，为逼取口供殴打犯罪嫌疑人郭某，致其重伤，这一事实看似符合刑讯逼供罪的构成要件，但是《刑法》第247条明文规定：刑讯逼供"致人伤残、死亡的"，依照故意伤害罪、故意杀人罪定罪并从重处罚。这里的"伤残"应理解为重伤或者残废，不包括轻伤在内。丙明显致郭某重伤，故丙的行为应定故意伤害罪。故C项错误，当选。

丁是警察，询问时佯装要实施酷刑，但并未实施，不存在刑讯逼供的行为。丁的行为并不构成刑讯逼供罪。故D项错误，当选。

310.(1)刑讯逼供罪的认定[B]

[解析]《刑法》第247条规定，司法工作人员对犯罪嫌疑人、被告人实行刑讯逼供或者使用暴力逼取证人证言，致人伤残、死亡的，以故意伤害罪、故意杀人罪从重处罚。该规定属于法律拟制，即使司法工作人员刑讯逼供、暴力取证时无伤害、杀害故意，只要导致了伤残（不包括轻伤）、死亡后果，即以故意伤害罪、故意杀人罪从重处罚。故B项正确，A、C、D项错误。

(2)脱逃罪；私放在押人员罪[ABCD]

[解析] 我国刑法规定的私放在押人员罪，是指司法工作人员利用职务上的便利，非法私自将被关押的犯罪嫌疑人、被告人或罪犯放走，使其逃离监管的行为。该罪的犯罪主体是特殊主体，即司法工作人员，门卫丁（临时工）不是监管犯罪嫌疑人的，也不属于"受委托履行监管职责的人员"范围，因此，不符合私放在押人员罪的主体条件，不能认定其构成私放在押人员罪。故B、C项均错误，当选。

乙作为被依法关押的犯罪嫌疑人，为了逃避法律制裁从羁押场所逃走的行为，已经构成脱逃罪。门卫丁（临时工）被乙说服，为其逃跑行为提供了帮助，是脱逃罪的共犯，应以脱逃罪定罪处罚。故A、D项错误，当选。

311.私自毁弃邮件罪的犯罪客体[D]

[解析] 侵犯通信自由罪与私自开拆、隐匿、毁弃邮件、电报罪都是侵犯公民民主权利（隐私权）的犯罪。二者的区别在于行为主体的身份不同，前者是一般主体，后者是邮政工作人员。此外，前者主要是开拆他人信件，获得信件中的内容，后者主要是毁弃他人信件，行为人无获取信件内容的故意。退回的信函本身属于信函，涉及当事人的隐私，甲实施了毁弃行为，构成私自毁弃邮件罪。退回的信函处于邮政中心的管理过程中，属于公共财物，甲将其非法据为己有属于贪污行为，但500公斤的信件只能卖200元，数额太小，不可能成立贪污罪。故D项正确。

专题十七 侵犯财产罪

考点44 抢劫罪与抢夺罪

312.抢夺罪；抢劫罪；盗窃罪；诈骗罪[ABC]

[解析] 张某偷走小贩的剔骨刀，由于财产价值不高，一般达不到盗窃罪的起刑点。张某趁乙不备，用剔骨刀割开乙挎包背带，夺走挎包的行为，由于挎包背带已经被割开，夺取行为对人身不产生危险性，因此成立抢夺罪，而非抢劫罪。故A项正确。

徐某在陆某家中翻找珠宝的行为成立盗窃罪的着手，后为了逃避抓捕而将陆某打倒，已经足以压制被害人的反抗，成立转化型的抢劫罪。但是，由于徐某既没有获得财物,也没有导致被害人轻伤以上程度,因此成立抢劫罪未遂。故B项正确。

彩票属于不记名、不挂失的有价证券。根据《关于办理盗窃刑事案件适用法律若干问题的解释》第5条的规定,盗窃不记名、不挂失的有价支付凭证、有价证券、有价票证的,应当按票面数额和盗窃时应得的孳息、奖金或者奖品等可得收益一并计算盗窃数额。无论哪张彩票中奖,均已达到盗窃罪的数额标准。故C项正确。

蒋某并非电脑的占有人,而是无权处分人,因此对蒋某不能成立诈骗罪。程某是利用蒋某客观上帮助其实现盗窃范某电脑的目的,因此程某是盗窃罪的间接正犯。故D项错误。

313.抢劫的结果加重犯[BCD]

[解析] 被害人乙追赶甲,风险的支配权在乙手中。乙应对自身的重伤结果负责,甲不对该重伤结果负责,不构成抢劫致人重伤。故A项错误。

抢劫致人重伤、死亡,包括过失的结果加重犯。此外,抢劫致人重伤、死亡,既包括抢劫行为本身造成被害人重伤、死亡,如排除被害人的反抗以获取财物,亦包括在抢劫行为的直接影响下致人重伤、死亡,如抢劫后为了毁灭证据而放火,或者抢劫后忘记给被害人松绑导致被害人被饿死。B项属于抢劫行为本身造成被害人重伤,D项属于抢劫行为的直接影响下导致被害人重伤。另外,对于D项而言,被害人的手脚被捆住后,其爬到阳台、窗户口呼喊、呼救是正常因素,并不异常,不能中断前行为(抢劫行为)与后结果(重伤结果)之间的因果关系,故抢劫行为与被害人的重伤结果之间存在刑法上的因果关系。故B、D项正确。

《刑法》第269条规定,犯盗窃、诈骗、抢夺罪,为窝藏赃物、抗拒抓捕或者毁灭罪证而当场使用暴力或者以暴力相威胁的,依照抢劫罪的规定定罪处罚。本项中,甲盗窃后,实施了明显的暴力行为以抗拒抓捕,成立抢劫罪(转化型抢劫)的结果加重犯。故C项正确。

314.事后转化抢劫;入户抢劫;抢劫致人死亡[ABD]

[解析] 甲以为李某是主人王某,将其打晕,然后取走财物,表明甲主观上认为自己在实施抢劫暴力行为,但客观上并未对王某实施暴力行为,其客观行为属于盗窃王某财物,所以不成立抢劫罪。若是甲以为李某是王某,将其打晕,并拿走李某的财物,则构成抢劫罪既遂。因此对象认识错误不影响犯罪既遂的认定。故A项正确。

入户实施盗窃行为被发现后,行为人为窝藏赃物、抗拒抓捕或毁灭罪证而当场使用暴力,暴力发生

在户内的,可认定为入户抢劫。乙实施盗窃但未将财物带到户外,属于盗窃未遂,此时暴力抗拒的行为属于临时起意将盗窃升级为抢劫,同时该行为发生在周某家中,构成入户抢劫。故B项正确。

事后转化抢劫要求为窝藏赃物、抗拒抓捕或毁灭罪证,当场使用暴力或以暴力相威胁。路人陈某对丙没有实施阻拦行为,所以丙对陈某的暴力行为不构成事后转化抢劫,而是故意伤害罪。因此丙构成盗窃罪与故意伤害罪,应数罪并罚。故C项错误。

丁抢夺张某财物后逃跑,为阻止张某追赶,出于杀人的故意向张某开枪的行为构成事后抢劫,在事后抢劫中使用暴力导致他人死亡,应认定为抢劫致人死亡。故D项正确。

315.抢劫罪;事后抢劫[C]

[解析] 李某抢夺王某手包后,将追赶自己的狗踢死,不属于事后抢劫中的暴力行为,因为事后抢劫中的暴力行为只能针对人实施。故A项错误。

李某抢夺财物后为了逃跑,将追赶自己的狗踢死,并非对王某以实施暴力相威胁的行为。故B项错误。

李某抢夺财物后虽然逃跑,但王某指示其狗追赶李某,仍属于事后抢劫中的"当场",即实施犯罪的现场及其随后追赶的整个过程之中。故C项正确。

李某虽然实施了抢夺行为,也在被追赶的现场,但并未对人实施足以压制其反抗的暴力、胁迫行为,故其行为不符合事后抢劫的条件,不成立抢劫罪。故D项错误。

316.(1)抢劫罪;故意杀人罪[ABCD]

[解析] "抢劫致人死亡",既包括行为人的暴力等行为过失致人死亡,也包括行为人为劫取财物而预谋故意杀人,或者在劫取财物过程中,为制服被害人反抗而故意杀人。"以非法占有为目的故意杀害他人后立即劫取财物"的情形属于"抢劫致人死亡"。郑某的行为同时符合故意杀人罪和抢劫罪的犯罪构成,但属于结果加重犯,应以抢劫罪定罪论处。故A、C、D三项正确。如果认为"抢劫致人死亡"仅限于过失致人死亡,由于郑某先实施故意杀害车主的行为,又将其面包车据为己有,两个行为分别构成故意杀人罪与盗窃罪,应当数罪并罚。如果否认死者占有,则该面包车属于遗忘物,将其据为己有的行为成立侵占罪而非盗窃罪。故B项正确。

(2)非法占有目的;不可罚的事后行为[ABCD]

[解析] 非法占有目的,是指排除权利人,将他人的财物作为自己的所有物进行支配,并遵从财物可能具有的用途进行利用、处分的意思。它由"排除意思"与"利用意思"构成。前者重视的是法的侧面,后者重视的是经济的侧面。故A项正确。

抢劫罪与盗窃罪都是财产性犯罪,都以非法占有为目的,转移占有。两罪的非法占有目的应作相同理解,以实现法条的协调统一。故B项正确。

郑某等人虽然在利用面包车后将其毁坏,但不能由此推定前面的抢劫行为没有非法占有目的。故C项正确。

事后行为是否另行成立其他犯罪,取决于事后行为是否侵犯新的法益、是否缺乏期待可能性。抢劫面包车又毁坏的,由于没有对面包车的原主人造成新的损失,没有侵犯新的法益,因此属于不可罚的事后行为。故D项正确。

(3)爆炸罪;想象竞合犯[ABCD]

[解析] 爆炸罪的成立要求对不特定多数人的生命、财产安全造成现实威胁。虽然爆炸地点附近没有行人,但郑某等人的行为客观上对押款人员的生命安全以及周边的财产安全都造成了现实威胁,已经满足爆炸罪的构成要件。同时,郑某等人明知该行为可能导致押款人员死亡的结果发生而持放任态度,其行为同时符合故意杀人罪的构成要件,系一行为触犯数罪名,属于想象竞合犯。只要是为了压制他人反抗而实施的行为都可以成为抢劫罪的手段行为。郑某等人的爆炸目的在于抢劫财物,可成为抢劫罪的手段行为。郑某等人的行为客观上造成押运人员死亡和重伤结果的发生,属于"抢劫致人重伤、死亡"。故A、B、C、D项均正确。

317.劫持汽车罪;抢劫罪;罪数形态[ABCD]

[解析] 劫持汽车罪,是指使用暴力、胁迫或者其他方法劫持汽车的行为。结合《刑法》第122条的规定,本案中,甲、乙等人用枪控制司机,以实力支配、控制了长途汽车,危及公共安全,成立劫持汽车罪。故A项正确。

抢劫罪,是指以非法占有为目的,以暴力、胁迫或者其他方法,强行劫取公私财产的行为。本案中甲、乙等人用刀控制乘客,以实施暴力相威胁,强取乘客财物的行为,成立抢劫罪,而且属于在公共交通工具上抢劫的加重情节,因为长途汽车具有公共性和运营型,属于公共交通工具的范围。故B项正确。

乙在抢劫过程中,为压制乘客反抗,将其捅成重伤,属于抢劫罪手段行为的内容,以抢劫致人重伤的加重情节处理,不再单独认定为故意伤害罪。故C项正确。

甲、乙等人在财物到手下车时,又打死司机的行为,应另行认定为故意杀人罪。因为抢劫行为已经结束,甲另起犯意杀害被害人的行为与抢劫无关,应当单独认定犯罪。当然,如果是在抢劫行为过程中,为压制被害人的反抗而杀害被害人的,则属于抢劫罪的加重情节。故D项正确。

318.抢劫罪[B]

[解析] 财产犯罪的对象不限于财物,也包括财产性利益,因为财产增加不仅包括积极财产的增加,还包括消极财产的减少。尽管财产上的权利(债权或者其他请求权)等无体物不能成为财产犯罪的对象,但记载权利的凭证(如银行存折、借条、支票、股票、汇款单、火车票等)属于有体物,可能成为财产犯罪的对象。此外,动产与不动产都是财产,总体上来说,作为侵犯财产罪对象的财物,既包括动产,也包括不动产;但由于侵犯财产罪的具体表现形式不同,不动产只能成为某些犯罪的对象。例如,诈骗罪、侵占罪、敲诈勒索罪、故意毁坏财物罪、破坏生产经营罪的对象既可以是动产,也可以是不动产;而盗窃罪、抢夺罪、聚众哄抢罪、挪用资金罪的对象只能是动产(实践中可能出现盗窃不动产的行为,但一般不评价为盗窃罪)。但抢劫罪的对象既可以是动产,也可以是不动产,也可能是财产性利益,如使用暴力手段当场非法占有、控制他人房屋的,使用暴力手段迫使他人当场写出免除债务的承诺书的。另外"抢劫致人重伤、死亡的"是抢劫罪的加重情节,甲殴打乙致其重伤,属于抢劫罪加重情节,不另行成立故意伤害罪。所以本案中甲的行为成立抢劫罪。故意伤害罪、非法侵入住宅罪都不能全面评价本案,而抢夺罪的对象只能是动产,不可能是财产性利益。故A、C、D项错误,B项正确。

319.抢夺罪[ABC]

[解析]《刑法》第267条规定:"抢夺公私财物,数额较大的,或者多次抢夺的,处3年以下有期徒刑、拘役或者管制,并处或者单处罚金;数额巨大或者有其他严重情节的,处3年以上10年以下有期徒刑,并处罚金;数额特别巨大或者有其他特别严重情节的,处10年以上有期徒刑或者无期徒刑,并处罚金或者没收财产。携带凶器抢夺的,依照本法第263条的规定定罪处罚。"所谓凶器,是指在性质和用法上足以杀伤他人的器物,与犯罪工具不是等同概念。根据《关于办理抢夺刑事案件适用法律若干问题的解释》的规定,"飞车抢夺"即驾驶车辆(机动车、非机动车)夺取财物,符合驾驶车辆逼挤、撞击或者强行逼倒他人夺取财物等情形的,才以抢劫罪处罚,其他均认定为抢夺罪。汽车是犯罪工具,没有用于上述情况,不属于凶器。故A项错误。

抢夺行为是直接夺取财物的行为,即直接对财物实施暴力。甲取得耳环不是基于对物实施暴力,而是采取秘密手段,应成立盗窃罪,不成立抢夺罪。故B项错误。

《关于办理抢夺刑事案件适用法律若干问题的意见》第6条规定:"驾驶机动车、非机动车夺取他人财物,具有下列情形之一的,应当以抢劫罪定罪处罚:

(一)夺取他人财物时因被害人不放手而强行夺取的;……"C项符合上述条款,成立抢劫罪而非抢夺罪。故C项错误。

抢夺罪的对象仅限于他人占有的动产,而且应是数额较大的公私财物。毒品具有经济价值,属于财物,能够作为财产犯罪的对象,对其进行抢劫、抢夺、盗窃及诈骗的都构成相应的罪。甲明知行人乙的提包中装有毒品而抢夺应构成抢夺罪。故D项正确。

320.赌博罪;抢劫罪;故意杀人罪[D]

[解析]《刑法》第303条第1款规定:"以营利为目的,聚众赌博或者以赌博为业的,处3年以下有期徒刑、拘役或者管制,并处罚金。"甲长期以赌博所得为主要生活来源,符合本条规定的"以赌博为业",构成赌博罪。《关于审理抢劫、抢夺刑事案件适用法律若干问题的意见》第7条规定,抢劫赌资、犯罪所得的赃款赃物的,以抢劫罪定罪,但行为人仅以其所输赌资或所赢赌债为抢劫对象,一般不以抢劫罪定罪处罚。故甲抢劫赌徒乙的赌资的行为构成抢劫罪。另外,甲为防止乙日后报案,将其杀死,依据《刑法》第232条规定,构成故意杀人罪。对甲应以赌博罪、抢劫罪、故意杀人罪数罪并罚。故D项正确。

321.故意伤害罪;故意毁坏财物罪[D]

[解析]甲对乙使用暴力,并将其打成重伤,甲构成故意伤害罪。在此过程中,乙掏出手机欲报警,甲一把夺过手机,离开现场后将其扔进水沟,依据《刑法》第275条的规定:"故意毁坏公私财物,数额较大或者有其他严重情节的,处3年以下有期徒刑、拘役或者罚金;数额巨大或者有其他特别严重情节的,处3年以上7年以下有期徒刑。"甲构成故意毁坏财物罪。虽然甲的行为看似抢夺或抢劫,但甲都没有"非法占有"手机的目的,而盗窃要秘密窃取财物。故A、B、C项错误,不当选;D项正确,当选。

322.抢劫罪中"其他方法"的认定[B]

[解析]《刑法》第263条规定,以暴力、胁迫或其他方法抢劫公私财物的,构成抢劫罪。其中"其他方法",是指除暴力、胁迫以外的造成被害人不能反抗的强制方法。最典型的是采取药物、酒精使被害人暂时丧失自由意志,然后劫走财物。本题情形即如此,甲等4人共谋诱骗黄某参赌,将安眠药放入其酒中,在其开牌之初,黄某因药品剂量偏大而睡去,4人趁机将其钱物拿走,甲等4人行为就属于用药物使被害人不能反抗的方法,构成抢劫罪。故B项正确,当选。

323.抢劫罪的既遂标准;抢劫罪与绑架罪、敲诈勒索罪的区别[A(原答案为B)]

[解析]抢劫罪是指以非法占有为目的,以暴力、胁迫等方法,强行夺取公私财物的行为。绑架罪与抢劫罪的区别在于:(1)罪责方面不同。抢劫罪中,行为人一般出于非法占有他人财物的故意实施抢劫行为;绑架罪中,行为人既可能为勒索他人财物而实施,也可能出于其他非经济目的而实施。(2)行为手段不同。抢劫罪表现为行为人劫取财物一般应在同一时间、同一地点,即"两个当场",当场施暴或胁迫与当场取财;绑架罪表现为行为人以杀害、伤害等方式向被绑架人的亲属或其他人或单位发出威胁,索取赎金或提出其他非法要求,劫取财物一般不具有"当场性"。

敲诈勒索罪与抢劫罪的区别则在于:(1)抢劫罪只能是当场以暴力侵害相威胁,且当不能满足行为人要求时,威胁内容当场实现;敲诈勒索罪的威胁方法基本上无限制,当不满足行为人要求,其暴力威胁内容只能在将来某个时间实现。(2)抢劫罪中的暴力要达到足以压制他人反抗的程度,敲诈勒索罪的暴力则只能是没有达到足以压制他人反抗的轻微暴力。

甲为了让储蓄所职员丙交出现金,挟持保安乙以压制其反抗,其行为构成抢劫罪。抢劫罪既遂的认定,要求行为人以暴力、胁迫等强制手段压制被害人的反抗与夺取财产之间必须具有因果关系。换言之,行为人实施暴力、胁迫等行为虽然足以压制反抗,但实际上没有压制对方反抗,对方基于怜悯心理而交付财物,成立抢劫未遂。故A项正确,B、C、D项错误。

324.抢夺罪既遂的认定;转化型抢劫罪[C]

[解析]抢夺罪是指以非法占有为目的,公然夺取数额较大的公私财物或多次抢夺的行为。公然夺取指当着财物所有人或持有人的面或在上述被害人可以立即发现的情况下,趁其不备,公开夺取财物。行为人在夺取财物时并没有使用暴力或以此相威胁。依据《刑法》第269条的规定,转化型抢劫必须具备以下3个条件:(1)行为人必须实施了盗窃、诈骗、抢夺行为,但不要求一定构成此三类罪;(2)行为人的目的是窝藏赃物、抗拒抓捕或毁灭罪证;(3)行为人必须当场施暴或以此相威胁。

甲趁妇女乙不注意,一把抓走乙的项链后逃跑,已经构成抢夺罪的既遂。故A项错误,C项正确。其后来跑了50米后,认为此项链不值钱就转身回来,将项链扔给乙并打其两耳光。注意其使用暴力的目的并非为了窝藏赃物、抗拒抓捕或毁灭罪证,并且此时抢夺行为已经完成,故不可能成立犯罪中止,也不构成转化型抢劫。故B、D项错误。

325.转化型抢劫罪的成立[ABC]

[解析]《刑法》第269条规定:"犯盗窃、诈骗、抢夺罪,为窝藏赃物、抗拒抓捕或者毁灭罪证而当场使用暴力或者以暴力相威胁的,依照本法第263条的规定定罪处罚。"A项中,甲用菜刀护在自己胸前,并没有对被害人施暴或以此相威胁;B项中,乙打死的是

狼狗,而非对被害人造成侵害;C项中,丙在被害人发觉后,追赶其的过程中用短刀扎在自己的手臂上,未对被害人进行侵害;D项中,丁将开水泼在顾某的身上,必对顾某造成一定的人身伤害,属于暴力抗拒抓捕,构成转化型抢劫。故A、B、C项均不属于转化型抢劫的情形,当选。

考点45 盗窃罪

326.盗窃罪;犯罪形态;敲诈勒索罪[BCD]

[解析] 丙从乙处偷走自行车,即构成盗窃罪既遂。一旦成立既遂,便不可能成立中止。故A项正确,B项错误。

敲诈勒索罪的实行行为是恐吓行为,即以恶害相通告,使对方产生恐惧心理,对方基于恐惧心理而交付财物。丙向乙提出"按照5000元价格将车卖给你",尚未达到使乙恐惧的程度,因此不属于恐吓行为,不构成敲诈勒索罪。故C项错误。

成立盗窃罪,要求盗窃行为违背被害人(占有人)的意愿,这里的被害人是指财物的现实占有人。本题中,丙的盗窃行为的被害人是乙,因为乙是财物的占有人。丙的行为显然违背了乙的意愿,所以丙构成盗窃罪。虽然甲是财物的所有权人,但是甲没有占有财物,所以不是丙的盗窃行为的直接被害人,因此是否违背甲的意愿并不影响盗窃罪的成立。故D项错误。

327.盗窃罪;侵占罪;诈骗罪[BCD]

[解析] 甲将手机偷出来时,甲对手机便构成盗窃罪。这是因为甲此时对手机有非法占有目的。非法占有目的包括排除意思和利用意思。甲首先有利用手机的意思,其次,甲对手机有排除意思,也即不想归还的意思,具体而言是想扔掉。注意:如果甲一开始偷手机时就没有利用意思,只有毁坏意思,则构成故意毁坏财物罪。但是,甲一开始有利用意思,也即利用手机将手机中的微信余额划给自己。当甲对手机构成盗窃罪后,此后如何处置行为不影响前面盗窃罪的成立。故A项错误。

甲对手机微信余额构成盗窃罪。甲在大巴上偷偷把睡着的乙的手机拿走,并把乙微信里的余额转到自己账户上,甲的这一行为属于以秘密手段,在乙不明知的情况下,窃取乙数额较大财物,构成盗窃罪。故B、C项正确。

甲欺骗丙,构成诈骗罪,因为丙用正常价买到赃物,存在财产损失。故D项正确。

328.盗窃罪与侵占罪的区分;占有的判断[AD]

[解析] 盗窃罪是指,将他人占有的财物,通过平和手段转移为自己占有。侵占罪是指,将他人所有、自己占有的财物变成自己所有。关键区分:谁在占有财物。如果是主人在占有,行为人破坏主人的占有就是盗窃;如果行为人事先在占有,行为人就是侵占。

本题中,甲公司将共享单车投放在街边,该单车在无人使用时,属于甲公司占有,即使车锁坏了或没有上锁,也属于甲公司占有。锁是用来防小偷的,不是主人占有自己财物的必要条件。

乙将该单车的锁拆掉,将单车放在自家楼下,属于将甲公司占有的财物转移为自己占有,成立盗窃。或者,乙将没有上锁的单车放到自己楼下,专供自己免费使用,也属于将甲公司占有的财物转移为自己占有,成立盗窃。故A项正确。

乙正常使用完共享单车后,将车停在自家楼下,方便自己下次使用,这表明,该车有时也可以被其他乘客提前使用。乙属于正常使用该单车,不成立盗窃。故B项错误。

乙将市区的共享单车偷偷搬到偏远农村,供村民扫码使用,也是正常有偿使用。这表明,乙没有将该车转移为自己占有,不成立盗窃。乙只是改变了该车的服务领域。故C项错误。

盗窃罪是取得型财产犯罪,要求具有非法占有目的。非法占有目的,既包括为行为人本人占有的目的,也包括为第三人占有的目的。当为第三人非法占有时,行为结构是,将他人占有的财物,通过平和手段转移为第三人占有。基于此,乙将市区的共享单车偷偷搬到偏远农村,供村民免费使用,属于带着为第三人非法占有的目的,将甲公司占有的财物转移为第三人占有,构成盗窃罪。故D项正确。

329.盗窃罪与抢夺罪、诈骗罪、侵占罪的区分[C]

[解析] 诈骗罪与盗窃罪的区分:被害人是否基于认识错误处分财物。盗窃罪缺少诈骗罪的第三步"基于认识错误而处分财物"。该步包括两个要件:一是客观上有处分行为,二是主观上有处分意识,二者缺一不可。客观处分行为,是指处分占有,也即被害人将自己占有的财物处分给对方占有。诈骗罪与盗窃罪都是转移占有的财产犯罪。诈骗罪,由被害人实施转移占有,也即将自己的财物转移给行为人占有。盗窃罪,由行为人实施转移占有,也即将被害人占有的财物转移为自己占有。本题中,甲虽然将车交给乙,但是并没有处分占有。甲仍然占有车,乙只是占有的辅助者。甲既没有处分行为,也没有处分意识。所以,乙不构成诈骗罪。故A项错误。

抢夺罪要求对物暴力,对主人人身要有危险。乙并没有对物暴力,对甲的人身也没有危险。所以,乙不构成抢夺罪。故B项错误。

侵占罪是指,将他人所有、自己占有的财物变成自己所有。行为对象是行为人事先占有的财物。而甲将车交给乙时,乙并没有占有车,只是占有的辅助者。所以,乙不构成侵占罪。故D项错误。

盗窃罪是指,将他人占有的财物,通过平和手段

· 86 ·

转移为自己占有。乙属于公开盗窃。故 C 项正确。

【特别提醒】盗窃罪是否必须具有秘密性？法考命题人观点是,盗窃罪不要求秘密性,即承认公开盗窃,属于多数说。考题若考观点展示,选任何一种观点都给分;若考唯一答案,则按照法考界的多数说作答。

330.盗窃罪;诈骗罪;侵犯公民个人信息罪[A]

[解析] 盗窃与诈骗的区别在于,被害人是否有处分意识。诈骗罪的被害人主观上要有处分意识,知道自己处分财产,即被害人对于财物从自己占有之下转移至他人占有之下这一过程是明知的;而盗窃罪的被害人则没有处分意识。本案中,被害人虽然客观上实施了处分财产的行为,但其主观上并不知道该行为会处分自己的财产,不能认为被害人主观上有处分意识。故郑某的行为应成立盗窃罪。故 A 项正确,B 项错误。

《刑法》第 253 条之一第 1 款规定,违反国家有关规定,向他人出售或者提供公民个人信息,情节严重的,构成侵犯公民个人信息罪。郑某没有实施出售或提供个人信息的行为,也没有窃取个人信息,不构成侵犯公民个人信息罪。故 C 项错误。

《刑法》第 287 条之一规定:"利用信息网络实施下列行为之一,情节严重的,处 3 年以下有期徒刑或者拘役,并处或者单处罚金:(一)设立用于实施诈骗、传授犯罪方法、制作或者销售违禁物品、管制物品等违法犯罪活动的网站、通讯群组的;(二)发布有关制作或者销售毒品、枪支、淫秽物品等违禁物品、管制物品或者其他违法犯罪信息的;(三)为实施诈骗等违法犯罪活动发布信息的。单位犯前款罪的,对单位判处罚金,并对其直接负责的主管人员和其他直接责任人员,依照第 1 款的规定处罚。有前两款行为,同时构成其他犯罪的,依照处罚较重的规定定罪处罚。"本案中,郑某既构成盗窃罪,又构成非法利用信息网络罪,属于想象竞合犯,择一重罪论处。故 D 项错误。

331.侵占罪;盗窃罪的认定[A]

[解析] 侵占罪是指以非法占有为目的,将他人交给自己保管的财物、遗忘物或者埋藏物非法据为己有,数额较大,拒不退还的行为。本案中,刘某将抽油烟机交给王某和李某带回修理,其委托物是抽油烟机,抽油烟机在性质上属于封缄物,同时金饰并非委托保管的财物或遗忘物,且事实一中,由于刘某住在 5 楼,王某窃走金饰时刚刚行至 4 楼,此时刘某对于金饰仍具有紧密的占有状态。王某将金饰取出据为己有,属于将刘某占有的财物通过和平的手段转移为自己占有,因此构成盗窃罪。故 A 项正确,B、C、D 项错误。

332.占有的认定;盗窃罪[ABCD]

[解析] 服务员帮客人拎包,包内的财物并未转移占有,其将手机据为己有的行为属于秘密窃取他人财物,构成盗窃罪。故 A 项正确。

手机虽然在收银台边上充电,但客人未离开小饭馆,手机仍然未脱离客人的占有。服务员将手机拿走,成立盗窃罪。故 B 项正确。

虽然旅客暂时离开财物,但并未脱离对行李的控制,机场清洁工丙将旅客临时放置的行李据为己有,属于秘密窃取他人财物,丙的行为构成盗窃罪。故 C 项正确。

将车钥匙遗忘在收银台,钥匙本身属于遗忘物,并不意味着汽车也成为遗忘物。取得车钥匙,不等于取得汽车的占有。丁取得车钥匙的行为属于为盗窃车辆制造条件的行为,其持该钥匙将客人的车开走,成立盗窃罪。故 D 项正确。

333.抢劫罪;诈骗罪;抢夺;盗窃罪[D]

[解析] 抢劫罪要求行为人采取足以压制被害人反抗的方法强取财物。本案中,甲捡起钱包并未使用暴力或者以暴力相威胁,因此不构成抢劫罪。故 A 项错误。

诈骗罪要求被害人基于错误认识而处分财产,在本案中,甲虽然对乙进行欺骗,但乙并未因此陷入认识错误而将自己的财产处分给甲,甲不构成诈骗罪。故 B 项错误。

侵占罪中的对象为遗忘物,即无人占有的财物。在本案中,甲捡起钱包时乙就在旁边,钱包虽然摔出七八米外,但不能认定钱包已经脱离了乙的占有。甲的行为不构成侵占罪。故 C 项错误。

如果认为成立盗窃罪不以秘密窃取为前提,可以认定甲构成盗窃罪;如果认为只有秘密窃取的行为才属于盗窃,则甲取走乙的钱包的行为不属于秘密窃取,甲属于当着被害人的面取走财物,属于夺取行为,成立抢夺罪。故 D 项正确。

334.抢夺罪;盗窃罪;诈骗罪[D]

[解析] 抢夺罪表现为趁人不备,公然夺取数额较大的公私财物或者多次抢夺的行为。公然夺取是抢夺罪区别于盗窃罪(秘密窃取)的一个重要标志。此外,抢夺罪还是一种强力夺取的行为。本案中,甲并没有当面强力夺取财物的行为,因此不构成抢夺罪。故 A 项错误。蔬菜并未处于店员支配、控制的场所,刘某也未委托店员保管,而是处于公共场所,因此蔬菜不属于店员占有。故 B 项错误。诈骗罪的成立要求欺骗他人,使他人陷入处分财产的错误认识,进而处分财产。甲虽然假装放钱,但并未欺骗他人,其行为不属于诈骗罪中的诈骗行为。故 C 项错误。刘某虽然距离现场 3 公里,但并未放弃其蔬菜的所有权,而且刘某具有强烈占有财物的意识,按照社会观念,蔬菜仍然属于刘某占有。故 D 项正确。

335.盗窃罪[ABCD]

[解析] 盗窃罪,是指以非法占有为目的,窃取公私财物数额较大,或者多次盗窃、入户盗窃、携带凶器盗窃、扒窃的行为。盗窃罪的对象必须是他人占有的财物。首先,只要是在他人的事实支配领域内的财物,即便他人没有现实地持有或监视,也属于他人占有。其次,虽然处于他人支配领域之外,但存在可以推知由他人事实上支配的状态时,也属于他人占有的财物。再次,主人饲养的、具有回到原处能力或习性的宠物,不管宠物处于何处,都应认定为饲主占有。最后,即便原占有者丧失了占有,但当该财物转移为建筑物的管理者或者第三者占有时,也应认定为他人占有的财物。

某大学的学生习惯于用手机、钱包等物占座,因此甲能够推知桌上的钱包系他人用于占座的事实,其据为己有的行为构成盗窃罪。故A项正确。乙在面馆用手机占座的行为属于比较特殊的情况,甲很可能认为桌上的手机是他人遗忘的手机。但即便是乙遗忘的手机,此时其占有也会转移至面馆管理者,甲的行为仍构成盗窃罪。故B项正确。乘客乙遗忘在出租车后备箱的行李已转由出租车司机占有,甲的行为构成盗窃罪。故C项正确。乙委托甲照看房屋,其代为保管的财物应仅限于房屋及院内的树木,乙家山头上的树木并不属于代为保管的范围。甲偷偷将他人财物予以变卖并将钱款据为己有,构成盗窃罪而非侵占罪。故D项正确。

336.盗窃罪;诈骗罪;侵占罪的认定[B]

[解析] 盗窃罪只能是盗窃他人占有的财物,而侵占罪只能是侵占自己占有的他人财物。本案中,尽管乙下车游泳,而且甲拿着车钥匙并在车里休息,但该车仍然属于车主乙占有,因为车主乙还在附近,并没有转移车辆占有的行为和意思。故甲不可能构成侵占罪,而应构成盗窃罪。故A项错误,B项正确。

诈骗罪要求行为人实施欺诈行为,对方基于错误认识而错误地处分财产。本案中,甲欺骗乙的行为并不是为了让乙将该车的占有转移给自己,而是为了方便自己更容易地取得乙占有的车辆,其行为属于通过"调虎离山"式的欺骗进而取得他人占有财物的行为,成立盗窃罪,而非诈骗罪。故C、D项错误。

337.盗窃罪、抢夺罪的界限[ABCD]

[解析] 抢劫罪的行为结构表现为行为人实施足以压制对方反抗的手段行为,进而强行取得财物。甲没有实施足以压制对方反抗的手段行为,故不可能成立抢劫罪。故A项正确。

有观点认为,盗窃罪的成立要求行为人秘密窃取他人财物,公然取得财物的,成立抢夺罪。按照该观点,甲当着被害人之面取得被害人财物,成立抢夺罪;如果甲携带凶器实施该行为,则属于"携带凶器抢夺",成立抢劫罪。故B项正确。

按照B选项的理解,甲未携带凶器,不属于"携带凶器抢夺"的情形,不成立抢劫罪;甲公然取得财物的行为属于抢夺,但没有达到"数额较大"的程度,不成立抢夺罪;甲的行为也不属于秘密窃取他人财物,不成立盗窃罪。据此,甲的行为无法评价为财产犯罪。故C项正确。

如果认为盗窃罪并不要求秘密窃取,只要采取平和方式转移财物占有就属于盗窃,则甲的行为属于入户盗窃他人财物的情形,不要求数额较大,即可认定为犯罪。故D项正确。

338.盗窃罪[D]

[解析]《刑法》第264条规定:"盗窃公私财物,数额较大的,或者多次盗窃、入户盗窃、携带凶器盗窃、扒窃的,处3年以下有期徒刑、拘役或者管制,并处或者单处罚金……"对于盗窃罪的定罪情形可以理解为如下5种:(1)数额较大的;(2)多次盗窃的;(3)入户盗窃的;(4)携带凶器盗窃的;(5)扒窃的。扒窃属于盗窃的基本类型,其成立不要求数额较大,无论数额多少,均认定为盗窃罪,但窃得一张白纸,并不构成既遂,因为并没有窃取值得刑法保护的财物,因而构成盗窃罪未遂。故A、C项错误。

扒窃行为通常具备两个特征:一是秘密窃取行为,通常发生在公共交通工具、车站、码头、民用航空站、市场、商场、公园、广场等公用建筑及公用场所设施;二是秘密窃取的对象通常为被害人贴身放置的财物。故B项错误。

根据《刑法》第264条可知,入户盗窃、多次盗窃均单独规定为盗窃罪的适用情形之一,可见盗窃次数和涉案金额大小仅仅只作为量刑参考,而不作为罪与非罪的界定。入户盗窃成立盗窃罪,既不要求数额较大,也不要求多次盗窃。故D项正确。

339.非法占有目的的认定[ABC]

[解析] 男性基于癖好窃取女士内衣的,虽然不是出于遵从内衣的经济用途进行利用、处分的意思,但不排除行为人具有利用其可能用途的意思(收藏),因此行为人具有非法占有目的。故A项正确。

为了燃柴取暖而窃取他人木质家具的,虽然没有按照家具本来的用途进行利用的意思,但木质家具可以作柴火,行为人有按照家具可能具有的用途加以利用的意思,因此,行为人具有非法占有目的。故B项正确。

骗取他人钢材后作为废品卖给废品回收公司的,虽然没有按照钢材通常用途加以利用的意思,但行为人将其当作废品出售获取钱财,也表明其具有利用钢材的意思,因此,行为人具有非法占有的目的。故C

项正确。

杀人后将被害人钱包等物丢弃的行为,表明行为人没有利用钱包等财物的意思,因此,行为人没有非法占有财物目的。故 D 项错误。

340.盗窃罪[ABCD]

[解析] 盗窃的对象必须是他人占有的财物,对于自己占有的他人财物不可成立盗窃罪。从客观上说,占有是指事实上的支配,不仅包括物理支配范围内的支配,而且包括社会观念上可以推知财物的支配人的状态。

A 项中用铁丝网围着的高尔夫球场内的高尔夫球处于高尔夫球场的直接控制下,属于球场管理者占有,属于他人占有的财产。B 项中公园水池中游客投掷的硬币属于公园管理者占有(尽管游客抛弃了硬币,但该硬币成了公园资产的一部分,成为公园的"景观"之一),不是无主物。尽管公园是公共场所,但水池中的硬币已经成为特定场所的财物,应属于公园。C 项中顾客遗忘在宾馆房间的电脑属于宾馆管理者占有(权利人遗忘在特定封闭空间的财物自动转归为空间管理者占有)。D 项中无论车主是否关好车门,汽车内的财物总是属于车主占有(住宅、汽车等特定场所,属于权利人绝对支配或者控制的场所,其中的财物原则上总是属于权利人占有)。故 A、B、C、D 项均正确。

341.盗窃罪与侵占罪、职务侵占罪、诈骗罪的区别[C]

[解析] 根据《刑法》第 270 条第 1 款的规定,侵占罪是指将代为保管的他人财物非法占为己有,数额较大,拒不退还的行为。侵占罪最为关键的特征是先合法持有,后非法占有。本罪主体必为代为保管他人财物的人或是他人财物的占有者。根据《刑法》第 271 条第 1 款的规定,职务侵占罪是指公司、企业或者其他单位的工作人员,利用职务上的便利,将本单位财物非法占为己有,数额较大的行为。职务侵占罪的主体是公司、企业或者其他单位的工作人员,并利用了职务上的便利,即利用自己主管、管理、经营、经手单位财物的便利,将单位财物非法占为己有。盗窃罪则是窃取他人占有的财物,即使用非暴力、胁迫手段(平和手段)违反财物占有人意志,将财物占为己有。

甲作为公司卸货员,利用卸货之际趁公司监督人员上厕所时,将一台摄像机夹带出公司,并伪造被盗现场的行为,构成盗窃罪。其行为本身具有"秘密窃取"性,甲也没有合法持有财物,且未利用他的职务便利(所卸货物不属其经管),也未采用虚构事实或隐瞒真相的行为,而属于借工作方便,盗窃他人经手、监管的财物,故排除了侵占罪、职务侵占罪与诈骗罪的成立。故 A、B、D 项均错误,不当选;C 项正确,当选。

342.盗窃罪与侵占罪的区别[A]

[解析] 侵占罪是指将代为保管的他人财物或他人遗忘物、埋藏物非法占为己有,数额较大,拒不退还的行为。

因冰雪灾害,被大雪压垮了的乙的房屋,其里面的财物对于所有人而言具有巨大价值,并且不是所有权不明、埋藏地下或包藏他物中的埋藏物。雪灾发生后、灾害结束前,财物所有人或负有救灾义务的组织还未对财物进行清理,这种未清理状态非人为因素,而系不可抗力原因,并且乙家中的财产掩埋地点明显,还处于财物所有人或负有救灾义务的组织的可控范围之内。甲的行为是在财物所有人乙躲避雪灾而暂时离开家园的情况下实施,即是所有人不在场或不知情的前提下实施,具有秘密性。而且其中的财产并不属于遗忘物,乙并未对其丧失占有。甲作为乙的邻居,明知所有人所处受灾状态,还趁机占有他人财产,其主观恶性较大,更非侵占罪可评价范围。故依据主客观相一致原则,对甲定盗窃罪。故 A 项正确,B、C 项错误。

甲侵犯他人数额较大的财物,在民法上属于民事侵权行为。民事违法行为根据具体情形,也可能属于犯罪行为,二者之间不是非此即彼的关系,完全可能一行为具有双重法律属性。故 D 项错误。

343.盗窃罪[BC]

[解析] 一般认为,作为财产罪对象的财物,总体上说,包括具有价值与管理可能性的一切有体物、无体物与财产性利益。伪造的货币,虽然被刑法所禁止,但是当它被不法分子利用时,是具有一定的交换价值与流通领域的。可以说,伪造的货币,妨害了货币的公共信用,对于银行甚至整个社会经济没有积极的意义。但只要其具有使用的可能性,就认为具有价值,故盗窃伪造货币的行为构成盗窃罪。故 A 项错误。

根据《刑法》第 280 条的规定,盗窃国家机关印章罪的犯罪对象必须是国家机关已经制作的真实的印章。盗窃伪造的国家机关印章的行为,不应当成立盗窃国家机关印章罪。故 B 项正确。

《刑法》第 196 条第 3 款关于"盗窃信用卡并使用"的规定中"信用卡"仅限于他人的真实有效的信用卡。如果盗窃伪造或作废的信用卡并使用的,不适用"盗窃信用卡并使用"的规定。故 C 项正确。

盗窃枪支罪(《刑法》第 127 条)中对于枪支的来源并没有特殊规定,盗窃企业违规制造的枪支的行为也成立盗窃枪支罪。故 D 项错误。

考点 46 敲诈勒索罪

344.抢劫罪;盗窃罪;敲诈勒索罪;犯罪形态;罪数[C]

[解析] 本案中,甲预谋以乙与卖淫女裸照相威

胁,迫使乙交付财物,其采取的胁迫手段不足以压制被害人反抗,因此,不成立抢劫罪。但甲以损害名誉方式迫使被害人交出财物的行为,成立敲诈勒索罪。因乙临时有事出走,甲最终未能拍摄乙与卖淫女的裸照,即甲由于意志以外的原因没有"着手"实施胁迫行为,故其敲诈勒索行为还处于预备行为阶段,成立敲诈勒索预备。甲以拍摄裸照动机入乙室,发现无人后,另起犯意拿走了乙的3万元现金,构成盗窃罪既遂。甲先后实施了两个行为(敲诈勒索预备行为与盗窃行为),不属于想象竞合犯。若处罚敲诈勒索罪的预备犯,则应数罪并罚。综上,甲的行为构成敲诈勒索预备与盗窃既遂。故C项正确。

考点 47 诈骗罪

345.诈骗罪的处分意识[AC]

[解析] 处分意识,是指行为人意识到自己将自己占有的财物转移给他人占有。判断是否具有处分意识,关键在于行为人是否意识到财物的现实存在。盗窃罪缺少诈骗罪中的"基于认识错误而处分财物",二者的关键区分点也在于被害人是否基于认识错误处分财物。

A项,王某在处分20万元借款时,意识到自己将20万元处分给甲,因此存在处分意识,甲成诈骗罪。A项当选。

B项,服务员只是同意乙去送朋友,并非同意乙不付餐费,其既没有处分餐费的行为,也没有处分餐费的意识,因此乙的逃单行为不属于诈骗,而属于盗窃财产性利益。B项不当选。

C项,查表员以丙修改后的度数为标准收取了电费,是基于错误的认识对电费(债权)作出了处分行为,因此丙构成诈骗罪。C项当选。

D项,收银员以一箱饮料的价格收费,表明其没有意识到高档白酒的存在,没有处分高档白酒的意识。因此,丁对高档白酒构成盗窃罪,而非诈骗罪。D项不当选。【总结提示】对种类有认识错误的,定盗窃罪:被害人误以为是A种类财物,实际是B种类财物,表明没有意识到B种类财物的现实存在,没有处分B种类财物的意识,因此对B种类财物,犯罪人构成盗窃罪。

346.因果关系错误;对象错误;打击错误;三角诈骗[D]

[解析] 狭义的因果关系错误,是指行为人预想的因果历程样态与实际发生的因果历程样态不一致。诈骗罪的因果历程分五步:实施欺骗行为→使对方产生认识错误→对方基于认识错误而处分财物→行为人因此取得财物→被害人遭受财产损失。甲预想的诈骗的因果历程是这五步,实际上也是这五步,因此甲不存在狭义的因果关系认识错误。故A项错误。

对象错误的特点是,行为人对实害对象(实害结果)持直接故意心理,并且对实害对象的身份存在认识错误。打击错误的特点是,行为人对实害对象(实害结果)持过失心理或意外事件,并且对实害对象的身份不存在认识错误。本题中,首先,甲欲实施诈骗罪,对实害对象及实害结果存在直接故意,因此不属于打击错误。其次,甲对被害对象的身份存在认识错误,误将保姆当作陈某,因此属于对象错误。故B项错误。

甲实施诈骗行为,主观上欲欺骗主人陈某,实际欺骗了保姆。甲构成同一犯罪构成内的对象错误,无论根据具体符合说还是法定符合说,均认为甲构成诈骗罪既遂。从诈骗的种类来说,甲的诈骗行为构成三角诈骗。三角诈骗的结构是:行为人→受骗人(处分人)→受害人。也即,受骗人与受害人不是同一人,行为人通过受骗人处分了被害人的财物。本题中,甲主观上想实施两者间诈骗,实际实施了三角诈骗。也即,主观上想欺骗财物的主人(实际的被害人),却欺骗了保姆。但是,这种认识错误不重要,因为只要欺骗的对象是合格的处分人即可。至于合格的处分人是不是最终的被害人(财物的主人),并不重要,不影响诈骗罪的成立和既遂,只影响诈骗罪的种类(两者间诈骗或三角诈骗)。因此,甲构成诈骗罪既遂。故C项错误,D项正确。【特别提醒】注意三角诈骗与盗窃罪的间接正犯的区分。区分标准:看是否具备诈骗罪的第三步,也即受骗人有无"处分行为"。受骗人的行为要能评价为"处分行为",就要求受骗人具有处分被害人财物的权利或地位,也即具有处分人的资格地位。如果受骗人有权(资格)处分受害人的财产,则构成三角诈骗(符合"行为人→受骗人(处分人)→受害人"的三角诈骗结构);如果受骗人无权(资格)处分受害人的财产,则构成盗窃罪的间接正犯。本题中,命题人认为保姆的处分权限较大,具有处分主人电器的权利地位,是合格的处分人,则甲构成三角诈骗。

347.诈骗罪;盗窃罪;三角诈骗与盗窃罪间接正犯的区分[A]

[解析] 对于A、B项,关键是判断谁是受害人:首先,商家不是被害人。理由是,根据交易规则,名义买家(淘宝账户户主)在地址栏填写收货地址,商家对该地址没有审核义务(审核该地址是不是真正的买家的地址),淘宝账户户主对收件地址可以随便改。因此,商家依照淘宝账户户主提供的地址发货后便履行了债务,且乙已经对商家支付了货款,对商家来说交易已经正常完成,商家没有财产损失。故甲对商家不构成诈骗罪。其次,乙是被害人。因为乙支付了货款,却没收到货。甲在乙不知情的情况下,代为行使了乙对商家的债权,属于盗窃债权,并实现债权,构成

盗窃罪(既遂)。综上分析,A项正确,B项错误。【特别提醒】这种题有个三角关系,犯罪人→债权人→债务人。做题第一步,是在债权人和债务人中找出被害人,也即遭受财产损失的人。

C项考查三角诈骗。三角诈骗的结构是:行为人→受骗人(处分人)→受害人。也即,受骗人与受害人不是同一人,要求受骗人处分的是被害人的财物。例如,甲欺骗乙家保姆丙:"我是干洗店的,你的主人让我来取衣服。"丙不知情而将乙的衣服交给甲,则甲构成三角诈骗。本题中,甲欺骗了商家,但商家在发货时,货物属于商家所有并占有,也就是说,商家处分的是自己的财物,因此甲不构成三角诈骗。故C项错误。

甲对商家或乙不构成侵占罪。侵占罪是指将他人所有、自己占有的财物变成自己所有。甲事先并没有占有财物,故不构成侵占罪。故D项错误。

348.诈骗罪[AD]

[解析] 本案中,李某明知金饰价值1万元,却向亲戚郭某谎称金饰为朋友委托其出售的限量版,售价5万元,将赃物冒充合法财物出售,明显具有欺诈的故意,应成立诈骗罪。须注意,李某构成诈骗罪,不是因为其出卖价格高。故A项正确。

王某为躲避刘某的追查将赃物转移给李某,李某在明知该金饰为赃物的情形下窝藏、转移的,构成掩饰、隐瞒犯罪所得罪,之后再出售的行为属于不可罚的事后行为。故B项错误。

刑法不保护非法的财产性利益。李某销赃所获得的价款具有违法性,王某对该赃款不享有返还请求权,李某的行为也不构成诈骗罪。故C项错误。

王某犯盗窃罪所得是金饰,其价格为1万元,事后销赃5万元的行为王某并不知情,因此其所犯财产犯罪的数额为1万元。故D项正确。

349.诈骗罪[B]

[解析] 诈骗罪,要求行为人虚构事实或隐瞒真相,使他人陷入错误认识,进而对财物进行处分。以被害人具有财产处分的意思为前提。当被害人欠缺财产处分的意思时不成立诈骗罪。

由于他人点击链接时没有处分财产的意思,因此不能成立诈骗罪,甲的行为应构成盗窃罪。故A项错误。

被害人因被骗产生认识错误,并基于该认识错误处分财产,乙的行为符合诈骗罪的构成,成立诈骗罪。故B项正确。

丙谎称钱某的摩托车是自己的,将其卖给孙某,对于孙某来说,属于基于错误认识处分财产,对孙某成立诈骗罪。但对于钱某的摩托车来说,丙将摩托车秘密据为己有,其行为构成盗窃罪而非诈骗罪。故C项错误。

丁的行为属于将他人对银行享有的债权(财产性利益)转移为自己占有,不符合诈骗罪的构成要件,对此应以盗窃罪论处。故D项错误。

350.无权处分;盗窃罪;诈骗罪;侵占罪[A]

[解析] 盗窃罪只能是盗窃他人占有的财物,对自己占有的财物不可能成立盗窃罪,所以判断财物由谁占有、是否脱离占有是区分侵占罪与盗窃罪的关键。当他人并没有丧失对财物的占有,而行为人违反他人意志将该财物转移为自己或者第三者占有时就成立刑法上的盗窃罪。本案中,甲主动帮乙照看房屋,但房屋依然属于乙的支配领域,故应认为石狮仍属于乙占有。甲帮乙照看房屋,并不意味着甲已经占有了乙家的财物,甲只是乙家财物的占有辅助者。因此甲售卖石狮并将钱款据为己有的行为构成盗窃罪而非侵占罪。故A项错误,D项正确。

甲在出售石狮子时,对购买者存在欺骗行为,如果认为购买者存在损失,则甲在成立盗窃罪的同时,还成立诈骗罪;如果认为购买者没有损失,则甲对购买者不成立犯罪,其行为仅成立盗窃罪。故B、C项正确。

351.诈骗罪[ABD]

[解析] 按照社会习惯,保姆在家庭里面具有归还主人所借他人电脑的权限。因此,甲欺骗保姆,谎称其主人借了自己的电脑,要求其归还给自己的行为,属于三角诈骗行为,成立诈骗罪。故A项正确。

甲欺骗乙,使其认为自己持有的外币为假币,而将其抛弃,甲进而将其捡走的,属于使用欺骗手段骗取他人财物的行为,其欺骗行为与取得财物之间具有因果关系,成立诈骗罪。故B项正确。

甲虽然谎称其他人捐款数额很多,富商因此捐了2万元,但是不属于诈骗罪中的诈骗行为,因为富商是以捐款名义交付了钱财,该款项的确也是用于灾区捐款,其交换目的得以实现。甲的行为不成立犯罪。故C项错误。

乙窃取摩托车,已经实际占有了该摩托车。甲欺骗乙,使得乙误以为甲是车主,而没有骑走该摩托车,这属于乙被骗后处分财产的行为。甲进而取得该摩托车,成立诈骗罪。故D项正确。

352.诈骗罪;盗窃罪;抢夺罪;敲诈勒索罪[D]

[解析] 诈骗罪的成立要求被害人陷入错误认识,并基于错误认识处分财物。本案中,乙之所以将商品交给甲,是因为交警丙要求他这样做。尽管乙未被骗,但交警丙由于被骗陷入了错误认识,并基于这一错误认识要求乙处分财产。如果交警丙并无处分乙财物的权限,则难以认定甲的行为成立诈骗罪。故A项正确。

甲并未实施秘密窃取商品或乘人不备公然夺取

商品的行为,如果认为盗窃只能表现为秘密窃取,抢夺只能表现为乘人不备公然夺取,则自然不能认定甲成立盗窃罪或者抢夺罪。故 B、C 项正确。

敲诈勒索罪的成立要求行为人实施威胁。从题干中看,如乙因心生恐惧交出商品,但甲并未实施恐吓行为,应当遵循主客观相统一的原则,不以敲诈勒索罪认定甲的行为。故 D 项错误。

353. 诈骗罪的认定及其犯罪形态 [BCD]

[解析] 甲欺骗乙,要求乙还钱,乙虽然已经识破骗局、知道真相,但碍于情面,仍然给了甲 1 万元。显然,甲通过其欺骗行为没有骗到钱,欺骗行为与取得财物之间没有因果关系,故甲只成立诈骗罪未遂,不成立既遂。故 A 项正确。

甲伪造房产证,谎称乙的房屋属于自己而出租给丙。虽然甲的行为具有欺骗性质,但丙不可能存在财产损失,因为丙实际上获取了相应的利益。甲的行为不成立诈骗罪。故 B 项错误。

甲用餐后才产生非法占有目的,故对食物本身不成立诈骗罪。之后虽然欺骗餐厅经理,但其欺骗内容并非使对方陷入错误认识而处分财产,而是为逃债创造机会,故甲的行为不成立诈骗罪。当然,如果认为处分意识不要求是明确的意识,那么本案中被害人就具有处分意识,构成诈骗罪。因此,诈骗罪中对被骗人处分意识的理解不同,成立诈骗罪的范围也会不同。故 C 项错误。

甲以白纸冒充假币欺骗乙,骗取乙 2 万元,甲的行为成立诈骗罪。至于乙购买假币的行为是否违法,并不影响对甲诈骗行为的认定。故 D 项错误。

354.(1) 诈骗罪的认定 [BCD]

[解析] 诈骗罪,是指以非法占有为目的,用虚构事实或者隐瞒真相的方法,骗取数额较大的公私财物的行为。甲将一只壶的壶底落款"民国叁年"磨去,还谎称此壶确为明代古董,可见,甲隐瞒、掩盖了古董是民国叁年之物的事实真相,使钱某误以为古董是明代的,从而骗取了钱某的财物。可见,甲的行为符合诈骗罪的构成要件,成立诈骗罪。A 项正确,不当选。至于钱某自己误以为是明代文物、上前询问等行为,并不能说明其有过错,使钱某最终陷入错误认识的是甲的说谎行为,因此钱某的误认行为不能影响甲诈骗罪的成立。B、C 项均错误,当选。诈骗罪的欺诈不同于"价格欺诈"。在价格欺诈中,商家虚报、虚标价格,是常见现象,这种购物风险消费者对此已有心理准备,通常情况下,只要交易商品存在,一般不认为是诈骗罪。因此,甲的行为属于诈骗罪,不是简单的价格欺诈。D 项错误,当选。

(2) 诈骗罪的认定 [AB]

[解析] 甲为了让李某高价买走赝品,虚构事实、故意编造虚假情况,制作虚假证据,致使李某以高价买走赝品,可见,甲对于李某完全符合诈骗罪的犯罪构成,已经构成诈骗罪。故 A 项正确。

标价高不是诈骗行为,而是普通的价格欺诈,而虚假证据证明该画为名家亲笔,则属于虚构事实、故意编造虚假情况骗取李某财物,属于诈骗行为。故 B 项正确。

诈骗罪中的受害者均有认识错误的情形,正是因为诈骗者的虚构事实、隐瞒真相,才使被害人产生错误认识,从而仿佛是自愿交出财物。可见,甲的行为不是强化认识错误而是诈骗行为。故 C 项错误。

正是因为甲拿出虚假证据的行为才使李某产生错误认识,从而以高价购买了赝品,可见,甲拿出虚假证据的行为与结果之间没有因果关系。李某高价购买了赝品,甲已经将诈骗来的钱财置于自己的控制下,该钱财已经转移了占有,故甲已经构成诈骗既遂。故 D 项错误。

355. 盗窃罪与诈骗罪、侵占罪的区别 [BCD]

[解析] 本案中,店主高某属于采用"调包"的手段取得了顾客合法占有的财物(一般认为,顾客付款后,该货物已归顾客占有),其行为构成盗窃罪。故 A 项正确。

诈骗罪的行为模式:行为人实施了欺骗行为(虚构事实或隐瞒真相)→被害人产生错误认识→被害人基于错误认识而处分财产→行为人或第三者取得财产→被害人遭受财产损害。高某是在完全违背占有者意志的情况下拿走其财物的,而非实施欺骗行为使得占有者产生错误认识进而处分财产,因此高某的行为不成立诈骗罪。故 B 项错误。

顾客付款之后,让高某包装货物,此时货物转归顾客占有,而不属于委托高某保管的财物,更不属于遗忘物、埋藏物,故高某趁机拿走的行为不成立侵占罪。当然,该行为也不可能不成立犯罪而仅属于民事纠纷。故 C、D 项错误。

356. 诈骗罪 [C]

[解析] 三角诈骗的情形与盗窃罪的间接正犯在结构上非常相似,区别在于被骗人是否具有处分被害人财产的权限或者地位:如果被骗人具有处分被害人财产的权限或者地位,则行为人是基于对方有瑕疵的意思取得对方的财产,成立诈骗罪(行为人直接欺骗被骗人的场合是直接正犯,利用他人作为工具欺骗被骗人的场合是间接正犯);如果被骗人没有处分被害人财产的权限或者地位,则行为人是完全违背对方的意思取得他人占有的财物,成立盗窃罪(间接正犯)。

因银行职员乙的工作失误,未将甲的存折底卡销毁,从而导致乙产生了处分财产给甲的错误认识。甲有义务告诉对方真相,但却谎称存折丢失,从而使乙

· 92 ·

为其办理挂失手续,这就维持甚至强化了乙处分财产的错误认识,乙基于这一错误认识将4万元交予甲。这属于不作为的欺骗行为,甲构成诈骗罪。故C项正确。

357.交通肇事罪;侵占罪与诈骗罪、信用卡诈骗罪的区别[ACD]

[解析]《刑法》第133条规定,违反交通运输管理法规,因而发生重大事故,致人重伤、死亡或者使公私财产遭受重大损失的,处3年以下有期徒刑或者拘役;交通运输肇事后逃逸或者有其他特别恶劣情节的,处3年以上7年以下有期徒刑;因逃逸致人死亡的,处7年以上有期徒刑。本题中甲醉酒驾车,将行人乙撞死,构成交通肇事罪。故A项正确。

在甲将尸体从X地转移至Y地的过程中,发现乙的信用卡与身份证并拿走,将信用卡中5万元转入自己卡中的行为,属于《刑法》第196条规定的信用卡诈骗罪的第三种行为手段:冒用他人信用卡的,构成信用卡诈骗罪。故C项正确。

甲用乙的身份证办理入网手续并使用移动电话,造成电信资费损失8000余元,依据《关于审理扰乱电信市场管理秩序案件具体应用法律若干问题的解释》第9条的规定,构成诈骗罪,不构成侵占罪。故B项错误,D项正确。

考点48 侵占罪与职务侵占罪

358.贪污罪;职务侵占罪;受贿罪[BC]

[解析]苏某所获得的5万元源于私企,因此不能成立贪污罪。故A项错误。

职务侵占罪,是指公司、企业或者其他单位的工作人员,利用职务上的便利,将本单位财物非法占为己有,数额较大的行为。其中,"己有"既包括让自己占有,也包括让第三人占有。苏某利用万某担任私企经理的职务便利,与万某共谋占有私企财物,构成职务侵占罪的共犯。故B项正确。

苏某让万某报销5万元旅游费的行为具有索贿性质,即该费用与其审批企业补助款的权限相关,具有对价关系,万某也是基于"需要苏某审批企业补助款的发放"才为苏某报销旅游费。因此,苏某成立索贿型的受贿罪。故C项正确。

综上,苏某成立职务侵占罪和受贿罪的想象竞合犯。故D项错误。

359.侵占罪;盗窃罪[D]

[解析]基于不法原因给付的财产,不能成立侵占罪。张某委托甲代为保管的行贿款项,张某没有返还请求权,该财物已经不属于张某,因此,甲没有侵占张某的财物。故A项错误。

乙将自己的房屋出售给赵某,未进行所有权转移登记,乙仍为房屋所有权人,之后又将房屋出售给李某属于有权处分。乙对赵某构成民法上的违约责任,不构成侵占罪。若乙一开始与赵某交易时具有非法占有目的,则乙构成诈骗罪。故B项错误。

侵占罪的对象主要包含委托物、占有脱离物等。灾民来不及带走的贵重财物虽然与灾民保持一定距离,但房屋中的财物仍然由灾民占有。丙取走财物的行为不构成侵占罪,构成盗窃罪。故C项错误。

分期付款买卖约定车款付清前,卖方为所有权人。丁将他人所有、自己占有的财物出售给他人,属于对委托物的侵占,是典型的"以占有为所有",成立侵占罪。故D项正确。

360.诈骗罪;盗窃罪;职务侵占罪;侵占罪[C]

[解析]在区分相近的侵犯财产类犯罪罪名时,应当抓住行为人犯罪行为中的关键环节,并据此为犯罪行为定性。本案中,甲首先通过欺骗乙与乙换了岗,之后利用看管公司仓库的便利条件监守自盗,将公司价值5万元的财物运走变卖。尽管有欺骗因素,但甲之所以能够成功获得财物,主要是依靠其作为公司保安的职务便利。如果其没有公司保安的身份,乙也不可能答应与其换岗,且甲欺骗乙的行为并未为其直接带来财物。因此,甲的行为构成职务侵占罪,而并不构成诈骗罪、盗窃罪或者侵占罪。故C项正确,A、B、D三项均错误。

361.信用卡诈骗罪;诈骗罪;盗窃罪;侵占罪[D]

[解析]《刑法》第196条第1款规定,有下列情形之一,进行信用卡诈骗活动,数额较大的,构成信用卡诈骗罪:(1)使用伪造的信用卡,或者使用以虚假的身份证明骗领的信用卡的;(2)使用作废的信用卡的;(3)冒用他人信用卡的;(4)恶意透支的。

甲是持自己的卡去银行办理密码挂失并取钱,不属于"冒用他人信用卡"的情形,银行职员也没有被骗,所以甲不构成信用卡诈骗罪或者诈骗罪。故A、B项错误。

乙借用甲的名义办理银行卡,那么甲在法律上就占有了乙的财物,对于自己在法律上占有的财物,不成立盗窃罪。故C项错误。

这些钱实际上是乙的,只是请甲代为保管。甲占有乙的财物,拒不退还,构成侵占罪。故D项正确。

362.侵占罪[A]

[解析]侵占罪,是指以非法占有为目的,将他人交给自己保管的财物、遗忘物或者埋藏物非法占为己有,数额较大,拒不交还的行为。犯罪对象只限于3种财物:(1)代为保管的他人财物;(2)他人的遗忘物,遗忘物不等于遗失物,也不同于遗弃物;(3)他人的埋藏物。

顾客将衣服送到干洗店干洗,就衣服而言,属于代为保管物;但对于衣服中的钱财,不属于代为保管物,而是属于遗忘物,即甲虽非基于委托关系但却事实上占有了被害人钱财,而且该钱财非基于被害人的本意但却脱离了被害人的占有。本案中甲将他人遗忘物非法占为己有,成立侵占罪。故A项当选。

乙受公司委托外出收取货款,已经合法占有、管理了单位财产。乙以非法占有为目的,利用自己主管、管理、经营、经手单位财物的便利,将单位财物非法据为己有,成立职务侵占罪。职务侵占罪与侵占罪不是对立关系,只要公司、企业等单位人员利用职务之便侵占单位财物的,即可成立职务侵占罪,不再认定为侵占罪。故B项不当选。

虽然飞机属于公共场所,而且乘客离开座位,但该财物仍然属于乘客占有。因为他人短暂遗忘或者短暂离开,只要处于他人支配力所能涉及范围的财物,都属于他人占有的财物。故丙捡起钱包离去的行为成立盗窃罪,而非侵占罪。故C项不当选。

客人寄存于前台的财物应当视为宾馆管理中的财物,属于宾馆管理者占有。作为宾馆前台服务员的丁,利用自己管理财物之际,将该财物非法据为己有,成立职务侵占罪而非侵占罪。故D项不当选。

363.侵占罪的认定[ABCD]

[解析] 侵占罪,是指以非法占有他人财物为目的,将代为保管的他人财物或者他人的遗忘物、埋藏物非法占为己有,数额较大,拒不交还的行为。虽然处于他人支配领域之外,但存在可以推知由他人事实上支配的状态时,也属于他人占有的财物。如停放在车棚内的自行车(无论是否上锁)和特定场所用于占座的手机均属于可以推知他人占有的财物,甲、丙将其拿走的行为成立盗窃罪。故A、C项错误,当选。

即使原占有者丧失了占有,但当该财物转移为建筑物的管理者或者第三者占有时,也应认定为他人占有的财物。虽然前乘客遗忘在后备厢的财物相对于其本人属于遗忘物,但相对于该车的司机而言,则是已经转由司机占有的财物。所以第三者从后备厢取走此财物,据为己有的行为构成盗窃罪。故B项错误,当选。

只要是在他人的事实支配领域内的财物,即使他人没有现实地握有或监视,也属于他人占有。丁受托看管的房屋内锁在柜里的手提电脑,仍属于邻居占有的财物,丁将其拿走的行为成立盗窃罪。故D项错误,当选。

364.职务侵占罪与贪污罪的区别;国家工作人员的范围;共同犯罪与身份犯[ACD]

[解析] 职务侵占罪是指公司、企业或其他单位的工作人员,利用职务上的便利,将本单位财物非法占为己有,数额较大的行为。

根据《关于村民小组组长利用职务便利非法占有公共财物行为如何定性问题的批复》的规定,甲利用职务便利非法将集体财产据为己有的行为,构成职务侵占罪。故A项正确。

《关于〈中华人民共和国刑法〉第九十三条第二款的解释》规定,村民委员会等村基层组织人员,协助人民政府从事救灾、抢险、防洪等救济款物的管理和发放时,利用职务上的便利,非法占有公共财物的,构成贪污罪。故B项错误。

由《关于在国有资本控股、参股的股份有限公司中从事管理工作的人员利用职务便利非法占有本公司财物如何定罪问题的批复》规定可知,丙将5万元公款非法据为己有,构成职务侵占罪。故C项正确。

《关于审理贪污、职务侵占案件中如何认定共同犯罪的几个问题的解释》第2条规定,行为人与公司、企业或者其他单位的人员勾结,利用公司、企业或者其他单位人员的职务便利,共同将该单位财物非法占为己有,数额较大的,以职务侵占罪共犯论处。丁与某私营企业的部门经理李某勾结共同非法占有单位5万元资金,丁构成职务侵占罪的共犯。故D项正确。

365.拒不支付劳动报酬罪[D]

[解析] 根据《刑法》第276条之一的规定,拒不支付劳动报酬罪,是指以转移财产、逃匿等方法逃避支付劳动者的劳动报酬或者有能力支付而不支付劳动者的劳动报酬,数额较大,经政府有关部门责令支付仍不支付的行为。该条第2、3款规定:"单位犯前款罪的,对单位判处罚金,并对其直接负责的主管人员和其他直接责任人员,依照前款的规定处罚。有前两款行为,尚未造成严重后果,在提起公诉前支付劳动者的劳动报酬,并依法承担相应赔偿责任的,可以减轻或者免除处罚。"据此,本罪是不作为犯罪,即不履行支付劳动报酬的义务。成立本罪有个前置条件:经政府有关部门责令支付仍不支付。本罪的从宽处罚条件是:尚未造成严重后果,在提起公诉前支付劳动者的劳动报酬,并依法承担相应赔偿责任。

本案中,经劳动部门下达责令支付通知书后,甲仍不支付,构成拒不支付劳动报酬罪。在侦查期间,也即在提起公诉前,甲主动支付了所欠工资。这种行为属于从宽处罚条件,而不是免除刑事责任的事由。因此,对甲仍应追究刑事责任,只是可以减轻或者免除处罚。故D项错误,当选。A、B、C项的说法均是正确的。

专题十八 妨害社会管理秩序罪

考点49 扰乱公共秩序罪

366.计算机犯罪的认定;侵占罪[AD]

[解析] 根据《关于办理危害计算机信息系统安全刑事案件应用法律若干问题的解释》第11条第1

款的规定,计算机信息系统,是指具备自动处理数据功能的系统,包括计算机、网络设备、通信设备、自动化控制设备等。

根据《刑法》第286条第1款的规定,破坏计算机信息系统罪,是指违反国家规定,对计算机信息系统功能进行删除、修改、增加、干扰,造成计算机信息系统不能正常运行,后果严重的行为。企业的机械远程监控系统属于计算机信息系统;违反国家规定,对企业的机械远程监控系统功能进行破坏,造成计算机信息系统不能正常运行,构成破坏计算机信息系统罪(参见最高人民法院指导案例103号"徐强破坏计算机信息系统案")。因此,丙的行为构成破坏计算机信息系统罪。故A项当选。

根据《刑法》第285条第1款的规定,非法侵入计算机信息系统罪,是指违反国家规定,侵入国家事务、国防建设、尖端科学技术领域的计算机信息系统的行为。本罪的计算机信息系统,仅包括国家事务、国防建设、尖端科学技术领域的计算机信息系统,不包括一般计算机信息系统,因此丙不成立本罪。故B项不当选。

根据《刑法》第285条第2款的规定,非法控制计算机信息系统罪,是指对第1款规定以外的计算机信息系统实施非法控制,情节严重的行为。本罪的计算机信息系统,是指国家事务、国防建设、尖端科学技术领域的计算机信息系统以外的一般的计算机信息系统。本题中,丙实施的是破坏行为,而非控制行为,因此不构成非法控制计算机信息系统罪。故C项不当选。

甲尚未付清尾款,因此对这批车辆没有所有权,车辆所有权仍归乙所有。甲擅自变卖车辆,属于将乙公司所有的、自己占有的财物变成自己所有,构成侵占罪。故D项当选。

367.组织、领导、参加黑社会性质组织罪[BD]

[解析] 需要注意区分组织、领导、参加黑社会性质组织罪与黑社会性质组织实施的犯罪。就前者而言,组织者、领导者的刑事责任大于积极参加者,积极参加者的刑事责任大于其他参加者。就后者而言,组织者、领导者的刑事责任并不必然大于实际实行者。虽然组织者、领导者要对黑社会性质组织所犯的全部罪行负刑事责任,但是在该组织实施的具体犯罪中,组织者、领导者的刑事责任并不必然大于实际实行者。对此,需要根据各行为人在共同犯罪中的作用大小来确定刑事责任。故A项错误。

根据《刑法》第68条的规定,犯罪分子有揭发他人犯罪行为,查证属实的,或者提供重要线索,从而以侦破其他案件的,可认定为立功。故B项正确。

组织、领导、参加黑社会性质组织罪是故意犯罪,因此必须遵守主客观相一致原则,要求行为人明知该组织是黑社会性质组织。由于黑社会性质组织不可能对外自称是黑社会性质组织,因此,不要求行为人主观上认为自己组织、参加的是"黑社会性质组织",只要其知道该组织具有一定规模,且实施违法犯罪活动,便满足了明知要件。如果行为人主张,自己知道该组织的规模,并以实施违法犯罪为主要活动,但不知道该组织是黑社会性质组织,则这种认识错误属于涵摄的错误。涵摄错误是指行为人错误理解了法律规定的含义。这种认识错误不影响故意的成立,也不影响责任的成立。一个犯罪组织是否属于黑社会性质组织,是由法官加以认定,是法律判断问题。行为人对此有理解错误,不影响故意的成立。故C项错误。

组织者只需对组织期间的犯罪负责,对于退出后该组织实施的犯罪,原组织者不用负责。故D项正确。

368.妨害公务罪[C]

[解析] 妨害公务罪应发生在执行公务的过程中。警察已经处理完毕,说明公务已经执行完毕,此时,甲再朝警察小腿踢一脚的行为并没有妨害公务活动的进行,不成立妨害公务罪。故A项错误。

戴某的行为并非执行公务行为,乙为抗拒抓捕伤害戴某的行为构成转化型抢劫罪。故B项错误。

丙为使其弟逃跑,对正在执行公务的警察实施暴力,构成典型的妨害公务罪。故C项正确。

根据《刑法》第318条的规定,组织他人偷越国(边)境时以暴力方法抗拒检查的,构成组织他人偷越国(边)境罪的法定刑升格条件,对丁的行为不再单独以妨害公务罪论处。故D项错误。

369.故意杀人罪;寻衅滋事罪[ABC]

[解析] 甲单独实施的故意杀死胡某的行为,构成故意杀人罪;甲与乙、丙在公园这一公共场所追逐胡某的行为,构成寻衅滋事罪。故A项正确。乙、丙追逐行为是否构成寻衅滋事罪是定性的问题,是否具有救助义务是追逐行为是否属于先行行为,构成不作为义务犯罪的义务来源问题,是不同的问题。故B项正确。乙、丙并不知道甲想杀死胡某的意图,也无法预见甲会杀害胡某,因此不能对此承担刑事责任。故C项正确。胡某死亡的结果与乙、丙的追逐行为不存在因果关系,因此二人无需对死亡结果负责。故D项错误。

370.聚众斗殴罪;故意杀人罪;教唆犯[A]

[解析]《刑法》第292条第2款规定,聚众斗殴,致人重伤、死亡的,分别认定为故意伤害罪和故意杀人罪。从本案情况看,甲指令所有参与者"下手重一点",说明其对于致人死亡的结果并不排斥,其思想上

具备杀人的主观故意。因此要求甲对死亡结果负责符合主客观相一致的原则,应当以故意杀人罪定罪量刑。至于其他参与者,由于不能查明被害人被谁的行为重伤致死,根据存疑时有利于犯罪嫌疑人、被告人的原则,对于所有参与者都不能以故意杀人罪定罪。故 A 项正确,C、D 两项错误。甲虽然不是实行犯,未参与打斗,但其作为首要分子,对聚众斗殴行为的实施起决定作用,属于共同犯罪中的主犯而非从犯。故 B 项错误。

371.聚众斗殴罪[AD]

[解析] 聚众斗殴的动机不影响犯罪的成立,只要对聚众斗殴行为存在认识,并希望或放任其发生就满足该罪主观要件。故 A 项正确。

聚众斗殴罪只处罚首要分子和积极参加者,不处罚一般参加者。甲乙两村村民均触犯聚众斗殴罪的说法错误。故 B 项错误。

聚众斗殴罪是行为犯,已经发生了聚众斗殴行为,行为完成就既遂。持械斗殴是本罪的加重犯情形,而不是既遂标准。故 C 项错误。

聚众斗殴致人重伤的,转化为故意伤害罪;只对查明直接实施伤害的村民、首要分子认定为转化犯,进行定罪处罚。故 D 项正确。

372.伪造身份证件罪;伪造国家机关证件罪;教唆犯、间接正犯的认定[A]

[解析] 甲伪造身份证与房产证的行为,已经构成伪造身份证件罪与伪造国家机关证件罪。但是中介公司并没有受到甲的教唆,教唆犯是指以授意、怂恿、劝说、利诱或其他方法故意唆使他人犯罪的人,要求必须有教唆行为和教唆故意。故该公司与甲不成立共犯关系,甲不成立教唆犯。故 A 项错误,当选。

正犯相当于我国刑法理论中的实行犯,包括直接正犯(直接实行犯)和间接正犯(间接实行犯)。其中直接正犯,是指亲自实施犯罪,实现了犯罪构成要件的行为,并对此承担刑事责任的人。甲亲自实施了伪造身份证与房产证的行为,并利用不知情的中介公司实施了诈骗行为,成立诈骗罪的间接正犯,故甲是诈骗罪、伪造身份证件罪与伪造国家机关证件罪的正犯。故 B 项正确,不当选。

甲伪造居民身份证和房产证的行为是为了实施诈骗行为,二者之间是手段与目的的关系,而且在实践中具有极高的并发性,故属于牵连犯。根据牵连犯择一重罪处罚的原则,对于甲应以诈骗罪一罪处罚。故 C、D 两项正确,不当选。

考点50 妨害司法罪

373.窝藏罪[BCD]

[解析] 窝藏罪,是指明知是犯罪的人,帮助其逃匿的行为。这里的"帮助"应作扩大解释,既包括狭义的帮助行为,也包括实行行为、教唆行为;而且帮助必须起到直接的、实质的帮助效果。例如,提供隐藏处所、财物、虚假身份证明,为其通风报信等。

甲帮助照顾陈某的妻子,对陈某逃匿并没有起到直接的、实质的帮助作用,因此不构成窝藏罪。故 A 项错误。同理,在张某逃匿后,配偶丙与张某一起生活,也没有对张某逃匿起到直接的、实质的帮助作用,因此不构成窝藏罪。故 C 项正确。

董某本不想逃走,乙教唆董某逃走,构成窝藏罪。故 B 项正确。

丁为王某提供管制刀具,一般来说该行为对王某逃匿并无直接帮助作用,因此不构成窝藏罪。故 D 项正确。

374.虚假诉讼罪;诈骗罪;民事枉法裁判罪[BC]

[解析] 根据《刑法》第307条之一的规定,虚假诉讼罪是指以捏造的事实提起民事诉讼,妨害司法秩序或者严重侵害他人合法权益的行为。根据司法解释,本罪的既遂标准有:第一,致使人民法院基于捏造的事实采取财产保全或者行为保全措施;第二,致使人民法院开庭审理,干扰正常司法活动。本题中,甲以捏造的证据提起民事诉讼,导致人民法院开庭审理,便妨害了司法秩序,此时甲即构成虚假诉讼罪既遂,而非在一审判决作出时既遂。同时,甲的行为构成诈骗罪,法官是受骗人,乙是受害人,属于三角诈骗。这种三角诈骗发生在诉讼领域,又称为诉讼诈骗。甲的诈骗罪的既遂标准是骗取到财物时,也非在一审判决作出时。故 A 项错误,B 项正确。

根据《刑法》第307条之一的规定,构成虚假诉讼罪的同时,非法占有他人财产或者逃避合法债务,又构成诈骗罪的,属于想象竞合,择一重罪论处。故 C 项正确。

根据《刑法》第399条第2款的规定,民事枉法裁判罪,是指司法工作人员在民事审判活动中故意违背事实和法律作枉法裁判,情节严重的行为。该罪是故意犯罪。本题中,法官不是故意枉法裁判,而是受骗,因此不构成民事枉法裁判罪。故 D 项错误。

375.注意规定;掩饰、隐瞒犯罪所得罪;窝藏、包庇罪[B]

[解析] 行为人事前与犯罪人通谋,约定待犯罪人实施犯罪后由行为人予以窝藏、包庇的,行为人与犯罪人构成通谋之罪的共同犯罪,不构成窝藏、包庇罪。故 A 项错误。

注意规定是指刑法已作基本规定的前提下,提醒司法人员注意的规定,即不设置该规定,遇到此类情形也应按照基本规定处理。《刑法》第310条第1款规定了窝藏、包庇罪,第2款规定:"犯前款罪,事前通谋的,以共同犯罪论处。"第2款属于注意规定,即使没有该款,也应以共同犯罪论处。故 B 项正确,C 项错误。事前通谋的成立共同犯罪,事后再掩饰、隐瞒犯罪所得的属于事后不可罚行为,不能再作为犯罪论处。故 D 项错误。

376.掩饰、隐瞒犯罪所得罪[B]

[解析] 王某的行为已经构成盗窃罪,不构成侵占罪。故 A 项错误。

《刑法》第 312 条第 1 款规定,掩饰、隐瞒犯罪所得、犯罪所得收益罪是指明知是犯罪所得及其产生的收益而予以窝藏、转移、收购、代为销售或者以其他方法掩饰、隐瞒的行为。明知包含明知肯定是犯罪所得,也包括明知可能是犯罪所得。本案中,李某"心领神会"表明其明知该金饰可能是王某犯罪所得。王某窃取金饰后,为躲避刘某的追查将赃物转移给李某,李某明知金饰为赃物而窝藏、转移的行为构成掩饰、隐瞒犯罪所得罪。故 B 项正确。

《刑法》第 269 条规定:"犯盗窃、诈骗、抢夺罪,为窝藏赃物、抗拒抓捕或者毁灭罪证而当场使用暴力或者以暴力相威胁的,依照本法第 263 条的规定定罪处罚。"根据该规定,成立抢劫罪要求犯"盗窃、诈骗、抢夺"的"当场"使用暴力。本案并不是当场使用暴力,王某的盗窃与刘某想起后的追赶存在时空上的明显间隔,不成立转化型抢劫(事后抢劫)。李某打伤刘某的行为,应成立故意伤害罪。故 C、D 项错误。

377.帮助伪造证据罪;诬告陷害罪;包庇罪[C]

[解析] 依据《刑法》第 307 条的规定,帮助伪造证据罪是指帮助当事人伪造证据,情节严重的行为。乙将一把未留有指纹的斧头放到现场,通过伪造实物证据的方式妨害司法,成立帮助伪造证据罪。故 A 项正确。

只有帮助他人伪造证据的,才构成帮助伪造证据罪,甲让乙为自己伪造证据的行为,不以犯罪论处。故 B 项正确。

诬告陷害罪是指故意向公安机关、司法机关或者其他国家机关告发捏造的犯罪事实,意图使他人受到刑事追究,情节严重的行为。其诬告对象必须是特定的人,乙捏造事实诬告陷害一个并非真实存在的人,不能成立诬告陷害罪。故 C 项错误。

乙谎称自己看到"凶手"杀害了丙,所描述的"凶手"相貌特征与甲相貌特征完全不同,该行为属于作假证明包庇犯罪分子,构成包庇罪。故 D 项正确。

378.教唆犯;帮助毁灭证据罪;窝藏罪[D]

[解析] 毁灭证据的行为是指妨害证据效力实现的一切行为。乙明知是甲杀人的凶器仍将其藏于自己地窖的行为成立帮助毁灭证据罪。故 A 项错误。

窝藏罪是指帮助犯罪分子逃匿的行为。当犯罪分子甲生活无着落的时候,乙向甲汇款 2 万元的行为,使得甲继续逃匿,属于帮助其逃匿的行为,成立窝藏罪。故 B 项错误。

根据以上的分析,乙实施了两个独立的行为,分别成立帮助毁灭证据罪与窝藏罪,应当数罪并罚。故 C 项错误。

帮助毁灭、伪造证据罪是处罚帮助他人毁灭、伪造证据的行为,本犯毁灭、伪造证据的行为,教唆、帮助他人为自己毁灭、伪造证据的行为都不成立犯罪。因此,甲虽然唆使乙为自己毁灭证据,但不能认定为帮助毁灭证据罪的教唆犯,甲的该行为无罪。故 D 项正确。

379.帮助毁灭证据罪[CD]

[解析] 帮助当事人毁灭、伪造证据,情节严重的,构成帮助毁灭、伪造证据罪。下列行为均属于帮助毁灭证据:第一,行为人单独为当事人毁灭证据;第二,行为人与当事人共同毁灭证据,这种情况下行为人与当事人并不成立共犯;第三,行为人为当事人毁灭证据提供各种便利条件,这种情况下行为人不是帮助犯而是正犯;第四,行为人唆使当事人毁灭证据,这种情况下行为人不是教唆犯而是正犯。

甲本人属于当事人,其毁灭证据的行为不构成帮助毁灭证据罪。故 A 项不当选。甲实施的是阻止证人作证的行为,构成妨害作证罪而非帮助毁灭证据罪。故 B 项不当选。C 项,甲劝说乙毁灭证据,构成帮助毁灭证据罪。故 C 项当选。帮助毁灭证据罪侵害的法益是国家的刑事诉讼秩序,当事人对此并无处分权限,乙的同意并不影响甲毁灭无罪证据的定性,其行为仍构成帮助毁灭证据罪。故 D 项当选。

380.包庇罪的成立条件[C]

[解析] 包庇罪是指明知是犯罪的人而向公安、司法机关提供虚假证明掩盖其犯罪的行为。在司法机关追捕的过程中,行为人出于某种特殊原因为了使犯罪人逃匿,而自己冒充犯罪的人向司法机关投案或者实施其他使司法机关误认为自己为原犯罪人的行为的,应认定为包庇罪。旅馆业、饮食服务业、文化娱乐业、出租汽车业等单位的人员,在公安机关查处卖淫、嫖娼活动时,为违法犯罪分子通风报信,情节严重的,也以本罪论处。

甲虽然明知乙是犯罪的人,但只是向乙通知警方抓捕的消息,并未向公安机关作证明包庇乙。该行为不属于包庇行为,而是窝藏行为。故甲成立窝藏罪,而非包庇罪。故 A 项不当选。

甲对侦查人员的询问沉默不语的行为不成立犯罪。因为包庇行为是指作假证明包庇的行为,该行为只能以作为方式实施,而不能以不作为的方式实施。故行为人知道案件真相而单纯不提供证言的行为,不成立犯罪。故 B 项不当选。

甲面对侦查人员的询问,为了使乙逃避法律的制裁,故意作假证明包庇乙:声称乙没有实施犯罪行为,而是遭丙诬陷。其行为成立包庇罪。故C项当选。

尽管相关法律规定,知道案件真相的人有作证的义务,但是甲拒绝作证的行为是否构成犯罪,不是以其他法律规定的义务是否履行作为标准,而应该根据其行为是否符合刑法规定的犯罪构成要件作为标准。包庇罪的成立要求行为人在客观上必须作假证明包庇他人,拒绝出庭作证的行为不属于作假证明包庇的行为。故甲的行为不成立包庇罪。故D项不当选。

381.掩饰、隐瞒犯罪所得罪[D]

[解析] 甲成立受贿罪,之后用受贿罪所得赃款购买别墅的行为不成立掩饰、隐瞒犯罪所得罪,因为本犯实施掩饰、隐瞒犯罪所得的行为不具有期待可能性,属于事后不可罚的行为。故A项不当选。

用于抢劫的汽车,属于犯罪工具,而不是犯罪所得,乙的行为构成抢劫罪的共犯。掩饰、隐瞒犯罪所得罪的犯罪对象为赃物、犯罪所得财产性利益。所谓犯罪所得"产生的非法收益",是指犯罪所得产生的孳息以及通过利用犯罪所得投资、经营获得的财产和财产性利益。故B项不当选。

事先通谋,事后为其他犯罪人窝藏、转移、运送、销售赃物的,应该以共犯论。丙与抢劫犯事前通谋后代为销售抢劫财物的行为构成抢劫罪的共犯。故C项不当选。

丁明知汽车是盗窃所得,还为其提供伪造的机动车来历凭证,可见其目的是掩盖汽车是盗窃犯罪所得的事实。《关于办理与盗窃、抢劫、诈骗、抢夺机动车相关刑事案件具体应用法律若干问题的解释》第1条第1款明确规定,明知是盗窃、诈骗、抢夺的机动车,实施下列行为之一的,依照《刑法》第312条的规定,以掩饰、隐瞒犯罪所得、犯罪所得收益罪定罪,……(5)提供或者出售机动车来历凭证、整车合格证、号牌以及有关机动车的其他证明和凭证;(6)提供或者出售伪造、变造的机动车来历凭证、整车合格证、号牌以及有关机动车的其他证明和凭证。故D项当选。

382.包庇罪[C(原答案为CD)]

[解析]《刑法》第307条第2款(帮助毁灭、伪造证据罪)规定:"帮助当事人毁灭、伪造证据,情节严重的,处3年以下有期徒刑或者拘役。"甲的行为构成帮助毁灭证据罪,不构成包庇罪。故A项错误,不当选。

【特别提醒】包庇罪与帮助毁灭、伪造证据罪的区分:(1)包庇罪是积极假证明,而帮助伪造证据不属于包庇行为。(2)包庇罪要求向公安司法机关积极作证明。如果提供伪造证据,并向公安司法机关积极作假证明,则构成帮助伪造证据罪和包庇罪,不过不需并罚,根据吸收原理,重罪吸收轻罪。

《关于审理交通肇事刑事案件具体应用法律若干问题的解释》第5条第2款规定,交通肇事后,单位主管人员、机动车辆所有人、承包人或者乘车人指使肇事人逃逸,致使被害人因得不到救助而死亡的,以交通肇事罪的共犯论处。乙(乘车人)构成交通肇事罪的共犯,不构成包庇罪。故B项错误,不当选。

根据《刑法》第294条第3款的规定,国家机关工作人员包庇黑社会性质的组织,或者纵容黑社会性质的组织进行违法犯罪活动的,成立包庇、纵容黑社会性质组织罪。但是,《刑法》并没有设立"包庇恐怖组织罪",如果包庇恐怖组织,则成立包庇罪。故C项正确,当选。

《刑法》第362条规定,旅馆业、饮食服务业、文化娱乐业、出租汽车业等单位的人员,在公安机关查处卖淫、嫖娼活动时,为违法犯罪分子通风报信,情节严重的,依照本法第310条(窝藏、包庇罪)的规定定罪处罚。丁在公安机关查处卖淫、嫖娼违法行为时,为违法者通风报信,这种行为构成窝藏罪,而非包庇罪,因为窝藏罪是指帮助犯罪分子逃匿的行为,包庇罪是指向公安司法机关作假证明掩盖犯罪分子罪行的行为。故D项错误,不当选。【旧题新解】本题原公布答案认为D项构成包庇罪,但丁的行为是窝藏行为,而非包庇行为,故本题答案修正为D项错误。

383.掩饰、隐瞒犯罪所得、犯罪所得收益罪;帮助毁灭证据罪[CD]

[解析] 明知是犯罪所得及其产生的收益而予以窝藏、转移、收购、代为销售或者以其他方法掩饰、隐瞒的,构成掩饰、隐瞒犯罪所得、犯罪所得收益罪。甲抢劫出租车后将此车送给乙,乙构成掩饰、隐瞒犯罪所得罪。故C项正确。依据《刑法》第307条第2款的规定,乙帮助甲把尸体埋掉或烧掉被害司机的证件、衣物等行为,构成帮助毁灭证据罪,不成立包庇罪。故B项错误,D项正确。另外,乙并不构成抢劫罪的共犯。因为乙的毁灭罪证行为是在甲抢劫行为已经全部结束后作出的,并未事先通谋或事中参与或者提供帮助。故A项错误。

384.拒不执行判决、裁定罪与妨害公务罪的区别;想象竞合犯[D]

[解析] 拒不执行判决、裁定罪是指对人民法院已经发生法律效力的判决、裁定有能力执行而拒不执行,情节严重的行为。本罪的犯罪主体是特殊主体,即对法院的裁决负有履行义务的人或单位。行为表现为:行为人有能力执行而拒不执行法院已生效的判决、裁定,情节严重。若行为人以暴力方式拒不执行法院生效的判决、裁定,致人轻伤的,仍应按本罪论处;如造成执行人员重伤、死亡的,按照想象竞合犯择一重罪即以故意伤害罪、故意杀人罪论处。本题

中,甲在法院的执行人员持强制执行裁定书到家中执行时,率领家人持棍棒在门口守候并将执行人员打成重伤,构成故意伤害罪。故A项错误,D项正确。

妨害公务罪是指以暴力、威胁方法阻碍国家机关工作人员、人大代表、红十字会工作人员依法执行职务或履行职责;或者故意阻碍国家安全机关、公安机关依法执行国家安全工作任务,虽未使用暴力、威胁方法,但造成严重后果的行为。本罪的主体是一般主体。《刑法》第290条第1款规定的聚众扰乱社会秩序罪,要求造成工作、生产、营业和教学、科研、医疗无法进行且损失严重。故B、C项错误。

考点51 妨害国(边)境管理罪

385.组织他人偷越国(边)境罪;共同犯罪的认定;单位犯罪[AB]

[解析] 组织他人偷越国(边)境罪的既遂标准是被组织者非法出境或入境。荣某带领的人员已经成功偷越了边境,因此荣某构成该罪既遂。故A项正确。

朱某、侯某与荣某构成共同犯罪,根据"部分实行、全部负责"原则,若荣某构成犯罪既遂,则朱某、侯某也构成犯罪既遂。故B项正确。

荣某、罗某相互之间不构成共同犯罪。首先,荣某、罗某不是偷越国(边)境的领导者,而是执行者,二者独立执行任务,对另一方没有提供物理性的贡献。其次,荣某、罗某虽然知道对方也在进行偷越国(边)境的行为,但是这种知道不会给自己或对方产生实质的心理性贡献。由此可见,荣某、罗某各自独立从事犯罪行为,不构成共同犯罪。此外,如果组织中的某个成员知道其他成员在犯罪,便让其对其他成员的犯罪负责,则与该成员的角色地位明显不符。因此,罗某不用对荣某的既遂结果负责,罗某构成犯罪未遂。故C项错误。

组织他人偷越国(边)境罪是自然人犯罪,不是单位犯罪。即使是单位行为,也仅对主管人员和其他直接责任人追究自然人的刑事责任。故D项错误。

考点52 妨害文物管理罪

386.盗掘古墓葬罪;盗窃罪;走私文物罪;故意损毁文物罪;牵连犯[ABD]

[解析] 盗掘古墓葬后将其中文物据为己有的,只成立盗掘古墓葬罪一罪,不另外成立盗窃罪。盗掘古墓葬罪已经包含了对盗窃文物行为的评价,故只成立盗掘古墓葬罪,但运往境外出售和损毁文物行为侵犯了新的法益,并不是不可罚的事后行为。故A项错误,当选。

行为人盗掘古墓葬之后将其中文物据为己有,仍成立盗掘古墓葬罪一罪,损毁文物行为虽是自己毁灭证据,不成立帮助毁灭证据罪,但由于侵犯了新的法益,应成立故意损毁文物罪。故B项错误,当选。

盗掘古墓葬罪的法定刑升格条件包括:(1)盗掘确定为全国重点文物保护单位和省级文物保护单位的古墓葬的;(2)盗掘古墓葬集团的首要分子;(3)多次盗掘古墓葬的;(4)盗掘古墓葬,并盗窃珍贵文物或者造成珍贵文物严重破坏的。盗窃文物属于法定刑升格条件。故C项正确,不当选。

盗掘古墓葬罪的成立虽然不以盗窃文物为前提,但包含了对盗窃文物行为的评价,故不成立盗窃罪。故D项错误,当选。

考点53 危害公共卫生罪

387.非法行医罪与相关犯罪的界限[A]

[解析] 非法行医罪的主体是"未取得医生执业资格的人",既包括未取得执业医师资格的人,也包括取得了执业医生资格但没有取得医师执业证书的人。本案中,医生甲退休后便失去医师执业证书,其擅自为他人看病的行为成立非法行医罪。《关于审理非法行医刑事案件具体应用法律若干问题的解释》第4条第1款规定,非法行医行为系造成就诊人死亡的直接、主要原因的,应认定为《刑法》第336条第1款规定的"造成就诊人死亡"。非法行医行为本身过失导致就诊人死亡的,属于非法行医罪的结果加重犯。故A项正确,B、C、D项错误。

考点54 破坏环境资源保护罪

388.盗伐林木罪[B]

[解析] 根据司法解释的规定,盗伐林木罪,是指具有非法占有目的,盗伐他人所有的林木的行为。本题中,袁某具有非法占有林木的目的,且违反林业和草原局的意志擅自采伐并非自己所有的林木,构成盗伐林木罪。故B项正确。

盗伐林木罪与盗窃罪属于特别法条和一般法条的关系,袁某的行为系法条竞合犯,应适用特别法条。故A项错误。

滥伐林木罪包括两种行为类型,一是未经核发采伐许可证而擅自采伐林木;二是虽有采伐许可证,但违反规定采伐林木。袁某的行为不符合上述情形。故C项错误。

袁某虽假装自己是林业工作者,引起路人的误解,但路人并非林木的有权处分人,未制止袁某的砍伐不具有刑法意义,因此不成立诈骗罪。故D项错误。

389.盗伐林木罪;盗窃罪[D]

[解析]《刑法》第345条第1款规定,盗伐林木罪是指盗伐森林或者其他林木,数量较大的行为。盗伐林木罪是破坏环境资源的犯罪,其对象主要是森林资源。偷砍他人房前屋后、自留地中种植的零星数目,数量较大的,应认定为盗窃罪。故A项错误。

乙在林区盗伐珍贵林木,数量较大,触犯非法采伐、毁坏国家重点保护植物罪和盗伐林木罪,由于行为人仅仅实施了一个行为,属于一行为触犯数罪名,是竞合关系,应择一重罪处罚。故 B 项错误。

盗伐林木罪的手段不限于砍伐,将树木整体挖走移植的,破坏生态平衡,也构成盗伐林木罪。故 C 项错误。

《最高人民法院关于审理破坏森林资源刑事案件具体应用法律若干问题的解释》第 11 条第 2 款规定,非法实施采种、采脂、掘根、剥树皮等行为,符合《刑法》第 264 条规定的,以盗窃罪论处。该解释之所以规定以盗窃罪论处,是因为没有造成树木死亡,没有破坏森林资源。而本选项中,致使数量较大的林木枯死的,破坏了森林资源,应以盗伐林木罪论处。故 D 项正确。

390.盗伐林木罪和滥伐林木罪的成立条件与界限 [D]

[解析] 滥伐林木罪与盗伐林木罪中的"林木"是指小面积的树木和零星树木,只是前者包括自己所有的林木,后者不包括自己所有的林木。盗伐林木罪中的"盗伐"是指以非法占有为目的,擅自砍伐森林或其他林木的行为。甲公司的行为并不是为了非法占有目的,不能以本罪论处。甲公司所砍掉的只是部分树枝,并不是对整株树木的砍伐,虽然对整株树木有所破坏,但并不影响树木的整体功能,按照司法解释的规定,滥伐林木罪的成立要求滥伐数量达到 10 立方米以上,故甲公司的行为也不成立滥伐林木罪。故 D 项正确。

考点 55　走私、贩卖、运输、制造毒品罪

391.非法持有毒品罪;贩卖毒品罪 [AC]

[解析] 甲将毒品交给乙,乙接受毒品,乙具有持有毒品的故意,同时具有"持有"毒品的行为,虽然毒品刚交到乙手上就被警察发现,但乙已经持有毒品,虽是短暂的持有,也应该成立非法持有毒品罪(既遂)。甲将毒品交给乙,引起了乙持有毒品的犯罪故意,成立非法持有毒品罪的教唆犯,即成立非法持有毒品罪的共犯。故 A 项正确。

运输毒品罪是重罪,运输毒品罪中的"运输"应作限制解释,只有与走私、贩卖、制造具有关联的运输行为,才宜认定为运输毒品罪。行为人仅仅是购买毒品供自己吸食,从购买地带到目的地的,不属于运输毒品。本案中,乙因贩卖而运输,构成贩卖、运输毒品罪。但甲仅仅是为吸食而购买、运输毒品,不构成运输毒品罪。再者,吸毒本身在我国刑法中是不构成犯罪的,那么维持吸毒必要的行为,如购买并运输毒品回家,就不宜认定为犯罪。故 B 项错误。

甲贩卖毒品给乙,并且交付完毕,甲既有贩卖毒品的故意又具有贩卖毒品的行为,同时甲还持有毒品,但贩卖毒品必然持有毒品,因此,贩卖毒品罪可以吸收非法持有毒品罪,甲构成贩卖毒品罪。此外,甲的行为还是犯罪既遂。乙购买毒品不成立犯罪,"购买"行为不是"贩卖"行为,不构成贩卖毒品罪。但是,乙后续持有毒品(不考虑数额)的行为,成立非法持有毒品罪。故 C 项正确。

乙本来就是毒品贩卖者,一直具有毒品贩卖的故意,而并非甲的苦苦哀求行为引起,甲的行为至多只能说是加强了乙此次贩卖毒品的犯意。因此,甲不成立贩卖毒品罪的教唆犯。教唆犯是将无犯罪意图的人教唆至有犯罪意图。故 D 项错误。

392.容留他人吸毒罪;走私毒品罪;运输毒品罪;贩卖毒品罪 [ABCD]

[解析]《刑法》第 354 条规定:"容留他人吸食、注射毒品的,处 3 年以下有期徒刑、拘役或者管制,并处罚金。"容留未成年人吸毒、注射毒品的,构成容留他人吸毒罪。故 A 项正确。

走私毒品是指非法运输毒品进出国(边)境的行为。走私毒品罪的既遂标准:陆路运输的,越过国(边)境线则既遂;海运、空运的,到达本国港口、机场则既遂,此后被查获,不影响既遂的认定。乙携带毒品入关,被现场查获,构成走私毒品罪既遂。故 B 项正确。

运输毒品是指采用携带、邮寄、利用他人或使用交通工具等方法在我国境内转移毒品。既遂的标准是毒品离开原存放地进入运输状态,中途被查获仍构成既遂。故 C 项正确。

《关于审理毒品犯罪案件适用法律若干问题的解释》第 12 条第 2 款规定:"向他人贩卖毒品后又容留其吸食、注射毒品,或者容留他人吸食、注射毒品并向其贩卖毒品,符合前款规定的容留他人吸毒罪的定罪条件的,以贩卖毒品罪和容留他人吸毒罪数罪并罚。"丁以牟利为目的容留刘某吸毒并向其出卖毒品的行为,构成容留他人吸毒罪和贩卖毒品罪,应数罪并罚。故 D 项正确。

393.毒品犯罪 [ABD]

[解析] 甲没有贩卖毒品的主观故意,其为江某代购毒品的行为过程中未谋取利益,且其代购的毒品系供江某吸食,因此其行为构成非法持有毒品罪而非贩卖毒品罪。乙为蒋某代购用于吸食的毒品,在交通费等必要开销之外收取了若干"劳务费"。对此应以贩卖毒品罪论处。故 A、B 项正确。

"丙与曾某互不知情",故二者不成立共同犯罪。在不成立共同犯罪的情形下,各行为人仅对自己的行为单独承担刑事责任,即丙只需要对自己运输的 500 克海洛因负责。故 C 项错误。

盗窃他人毒品后加以出卖的,出卖毒品属于盗窃犯事后处理赃物的行为,因该行为侵犯新的法益,不属于不可罚的事后行为,对此应以盗窃罪和贩卖毒品罪数罪并罚。故 D 项正确。

394.(1)脱逃罪;贩卖毒品罪;窝藏罪[BC]
[解析] 脱逃罪是指依法被关押的罪犯、被告人、犯罪嫌疑人脱逃的行为。其主体仅限于被关押的罪犯、被告人和犯罪嫌疑人。甲属于被强制戒毒人员,其逃离戒毒所的行为不构成脱逃罪。故 A 项错误。

为出售而购买毒品的行为构成贩卖毒品罪,甲为了自己吸食而购买毒品的行为不构成犯罪。故 B 项正确。

贩卖毒品罪以毒品交付为既遂标志。陈某出卖毒品给甲,甲采取赊账方式,陈某未及时获得钱款并不影响贩卖毒品罪成立犯罪既遂。故 C 项正确。

由于甲不构成犯罪,所以乙收留甲的行为也并不构成窝藏罪。故 D 项错误。

(2)盗窃罪;非法侵入住宅罪[ABCD]
[解析] 甲翻墙入院并进入陈某厨房窃取毒品,属于典型的"入户盗窃"。该行为同时也符合非法侵入住宅罪的犯罪构成,属于一行为触犯数罪名,应当以盗窃罪定罪处罚。故 A、B 项正确。

甲毒死陈某家看门狗的行为同时符合盗窃罪犯罪预备的犯罪构成和故意毁坏财物罪的犯罪构成,属于一行为触犯数罪名,构成想象竞合犯。故 C 项正确。

盗窃毒品等违禁品的行为同样属于盗窃公私财物,构成盗窃罪。但是不能按违禁品的黑市价格来量刑,应根据盗窃情节轻重量刑。故 D 项正确。

(3)贩卖毒品罪;诈骗罪[BCD]
[解析] 甲让乙卖出冰毒的行为构成贩卖毒品罪的共同犯罪。甲盗窃毒品后如果用于吸食,不另行构成犯罪。但其将盗窃的毒品贩卖给他人,又侵害了新的法益,应当另行定罪。故 A 项错误。

乙将掺入其他杂质的冰毒冒充纯冰毒贩卖,属于虚构事实、隐瞒真相,并使他人基于错误认识支付与产品不相称的钱款,其行为已构成诈骗罪。甲向乙提供毒品并对此知情,已构成诈骗罪的共同犯罪。同时甲乙的行为还构成贩卖毒品罪的共同犯罪。故 B、C 项正确。

乙只是在冰毒中掺杂使假,与《刑法》意义上制造毒品的行为相差甚远,不构成制造毒品罪。故 D 项正确。

395.毒品犯罪;法条竞合[ABC]
[解析] 根据《刑法》第 350 条和《最高人民法院、最高人民检察院、公安部关于办理制毒物品犯罪案件适用法律若干问题的意见》第 3 条的规定,在所有毒品犯罪中,成立犯罪不要求数量的是走私、贩卖、运输、制

造毒品罪,其他犯罪实际上都要求达到一定数量(无论法条是否规定数量较大,都要求达到数量较大,毕竟成立犯罪要求严重危害社会)。故 A 项错误,当选。

放纵走私罪,是指海关工作人员徇私舞弊,放纵走私,情节严重的行为。包庇毒品犯罪分子罪,是指包庇走私、贩卖、运输、制造毒品的犯罪分子的行为,本罪是一种特殊的包庇罪。缉毒警察掩护、包庇走私毒品的犯罪分子构成的是包庇毒品犯罪分子罪,而不是放纵走私罪。故 B 项错误,当选。

强迫他人吸毒罪,是指用暴力、威胁等生理强制或心理强制方法,迫使他人吸食、注射毒品的行为。强行给他人注射毒品,使人形成毒瘾的,构成强迫他人吸毒罪,不构成故意伤害罪。故 C 项错误,当选。

窝藏毒品犯罪所得的财物的,成立窝藏毒赃罪,与掩饰、隐瞒犯罪所得罪之间存在法条竞合关系,前罪属于特别法条,按照法条竞合时特别法条优于普通法条的处理原则,应以窝藏毒赃罪定罪处罚。故 D 项正确,不当选。

396.非法持有毒品罪[B]
[解析] 非法持有毒品罪的构成要求数量较大,起刑点为鸦片 200 克、海洛因、冰毒 10 克以上。走私、贩卖、运输、制造毒品罪,无论毒品的数量多少,都可以构成犯罪。故 A 项错误。

非法持有毒品罪,不以本人实际占有为必要,也不以本人"所有"为必要。本人拥有而交他人保管或为他人保管,都属于非法持有。故 B 项正确。

非法持有是一种事实状态,在通过他人持有的情况下,不必要求知道毒品的所有者。故 C 项错误。

因实施其他毒品犯罪而持有毒品的,按所实施的毒品犯罪定罪处罚。行为人因为贩卖毒品而持有的,仅需以一个贩卖毒品罪处罚。故 D 项错误。

397.贩卖毒品罪[ABCD]
[解析] 贩卖毒品罪是指在境内非法转手倒卖或销售自行制造的毒品。刑法条文中没有要求本罪以营利为目的,故不以营利为目的实施本罪行为的,也构成本罪。甲、乙均为吸毒人员且关系密切,甲多次以购买价转让毒品给乙。对此行为的认定,应当认为甲将自己吸食的毒品即自用的毒品通过转让并获得相应的对价,属于流通环节,虽未获得高于其自身购买毒品价格的利益,但并未无偿提供给乙,而是将毒品当作商品买卖,实现了一定利益,故甲成立贩卖毒品罪。对于甲为自己吸食而购买毒品的行为,不成立贩卖毒品罪。故 A、B、C、D 项均错误。

考点 56 组织、强迫、引诱、容留、介绍卖淫罪
398.引诱、容留、介绍卖淫罪;引诱幼女卖淫罪[ABC]
[解析] 根据《刑法》第 359 条第 1 款的规定,引

诱、容留、介绍他人卖淫的,构成引诱、容留、介绍卖淫罪。此处的"他人",应当既包括女性,也包括男性。因此,A项认为"引诱、容留、介绍卖淫罪,包括引诱、容留、介绍男性向同性卖淫"是正确的。故A项正确。

【特别提醒】由于该条第2款明确规定,引诱不满14周岁的幼女卖淫的,构成引诱幼女卖淫罪。因此,在引诱他人卖淫罪中的"他人"不应当包括"幼女"。

由于引诱、容留、介绍卖淫罪是典型的选择性罪名,而且B项中的表述是引诱、容留成年人卖淫,因此,虽然有引诱和容留两个行为,但实质上其仅成立"引诱、容留卖淫罪",无须数罪并罚。故B项正确。

根据《刑法》第359条第2款的规定,引诱不满14周岁的幼女卖淫的,构成引诱幼女卖淫罪。此为一个独立的罪名,并且只有对幼女实施引诱行为,方才构成本罪。至于其他对幼女卖淫予以容留或介绍的,仍然应当定容留、介绍卖淫罪,而非"容留、介绍幼女卖淫罪"。由于引诱幼女甲卖淫和容留幼女乙卖淫,为数个独立的行为,触犯数个独立的罪名,因此,应当对其予以数罪并罚。故C项正确。

对幼女既有引诱其卖淫的行为,又有对其进行嫖宿的行为的,属于并无牵连关系的数个行为对数个法益的侵犯,即其同时构成引诱幼女卖淫罪和强奸罪,需数罪并罚,而非"以引诱幼女卖淫罪论处,从重处罚"。故D项错误。【特别提醒】《刑法修正案(九)》已经废除了嫖宿幼女罪,应认定为强奸罪。

考点57 制作、贩卖、传播淫秽物品罪

399.开设赌场罪;传播淫秽物品罪;侵犯著作权罪;盗窃罪[ABD(原答案为ABCD)]

[解析]《关于办理赌博刑事案件具体应用法律若干问题的解释》第2条规定:"以营利为目的,在计算机网络上建立赌博网站,或者为赌博网站担任代理,接受投注的,属于刑法第303条规定的'开设赌场'。"故A项正确。

《关于办理利用互联网、移动通讯终端、声讯台制作、复制、出版、贩卖、传播淫秽电子信息刑事案件具体应用法律若干问题的解释》第3条规定:"不以牟利为目的,利用互联网或者转移通讯终端传播淫秽电子信息,具有下列情形之一的,依照刑法第364条第1款的规定,以传播淫秽物品罪定罪处罚……"故B项正确。

根据《刑法》第217条的规定,未经著作权人许可,复制发行、通过信息网络向公众传播其文字作品、音乐、美术、视听作品、计算机软件及法律、行政法规规定的其他作品的,构成侵犯著作权罪。在网络上传播电子盗版书,属于通过信息网络向公众传播文字作品,其不属于复制发行行为,而是与复制发行并列的侵犯著作权的行为方式。故C项错误。【旧题新解】

《最高人民法院、最高人民检察院关于办理侵犯知识产权刑事案件具体应用法律若干问题的解释》第11条将信息网络传播视为《刑法》第217条规定的复制发行,因此原本C项是正确的。但是,《刑法修正案(十一)》对《刑法》第217条进行了修改,将信息网络传播认定为与复制发行并行的行为方式。

《关于审理扰乱电信市场管理秩序案件具体应用法律若干问题的解释》第8条规定:"盗用他人公共信息网络上网账号、密码上网,造成他人电信资费损失数额较大的,依照刑法第264条的规定,以盗窃罪定罪处罚。"故D项正确。【总结提示】关于盗打电话、盗用网络问题:(1)以牟利为目的,盗接他人通信线路、复制他人电话号码或者明知是盗接、复制的电话设备、设施而使用的,定盗窃罪(《刑法》第265条)。(2)将电话卡非法充值后使用,造成电信资费损失数额较大的,定盗窃罪。(3)明知是非法制作的电话卡而使用或者购买而使用,造成资费损失数额较大的,定盗窃罪。(4)盗用他人网络账号、密码上网,造成他人资费损失数额较大的,定盗窃罪。(以上四项盗窃罪情形,给他人造成的资费损失数额就是盗窃数额)(5)以虚假、冒用的身份证件,欺骗电信公司工作人员,办理入网手续并使用电话或网络,造成资费损失数额较大的,定诈骗罪。给电信公司造成的资费损失数额就是诈骗数额。故D项正确。

400.传播淫秽物品牟利罪的主体[ABCD]

[解析]《关于办理利用互联网、移动通讯终端、声讯台制作、复制、出版、贩卖、传播淫秽电子信息刑事案件具体应用法律若干问题的解释(二)》第3条规定:"利用互联网建立主要用于传播淫秽电子信息的群组,成员达30人以上或者造成严重后果的,对建立者、管理者和主要传播者,依照刑法第364条第1款的规定,以传播淫秽物品罪定罪处罚。"故A、B项当选。

上述解释第6条规定:"电信业务经营者、互联网信息服务提供者明知是淫秽网站,为其提供互联网接入、服务器托管、网络存储空间、通讯传输通道、代收费等服务,并收取服务费,具有下列情形之一的,对直接负责的主管人员和其他直接责任人员,依照刑法第363条第1款的规定,以传播淫秽物品牟利罪定罪……"故C、D项当选。

401.制作、复制、贩卖、传播淫秽物品牟利罪;传播淫秽物品罪[C]

[解析] 制作、复制、贩卖、传播淫秽物品牟利罪要求主观上具有牟利目的。孙某的制作、复制、贩卖行为有牟利目的,构成制作、复制、贩卖淫秽物品牟利罪。孙某的传播行为是将淫秽光盘借给许多人观看,没有牟利目的,因此不构成传播淫秽物品牟利罪,但是构成传播淫秽物品罪,该罪不要求牟利目的。故C

项当选。【总结提示】(1)走私淫秽物品罪(《刑法》第152条第1款),要求具有牟利或者传播的目的(间接目的)。(2)传播淫秽物品牟利罪(《刑法》第363条第1款),要求有传播目的(直接目的);同时,要求有牟利目的(间接目的)。(3)传播淫秽物品罪(《刑法》第364条第1款),要求有传播目的(直接目的);不要求有牟利目的。

专题十九　贪污贿赂罪

考点58　贪污罪

402.贪污罪;受贿罪;职务侵占罪[A]

[解析] 吴某、刘某、王某三人就王某以虚构交易的方式造成甲国有公司200万元的损失具有意思联络。吴某作为国有企业从事管理的人员,属于国家工作人员,且利用了自己管理的职务,属于利用职务之便。刘某和王某虽然没有国家工作人员身份,但与吴某共谋,虚构交易,使得国有资产遭受损失的行为,构成贪污罪的共同犯罪,其中吴某是贪污罪的正犯,刘某和王某是帮助犯,三人贪污金额都为200万元。故A项正确。

如上分析,三人共谋以虚构交易的方式造成国有资产损失,构成贪污罪,不存在受贿和行贿行为。故B、C项错误。

职务侵占罪的主体要件是非国家工作人员。吴某具有国家工作人员的身份,且利用管理职权造成国有资产损失,符合贪污罪的构成要件。故D项错误。

403.贪污罪;职务侵占罪[C]

[解析] 职务侵占罪是指公司、企业或者其他单位的工作人员,利用职务上的便利,将本单位财物非法占为己有,数额较大的行为。其实施犯罪的主体为公司、企业或者其他单位的工作人员。王某为国有公司的领导,属于国有公司中从事公务的人员,其通过签订虚假合同骗取公款的行为构成贪污罪,不构成职务侵占罪。设备的实际数额为6万元,所以贪污的数额应认定为4万元。故A、B项错误。

《刑法》第382条规定:"国家工作人员利用职务上的便利,侵吞、窃取、骗取或者以其他手段非法占有公共财物的,是贪污罪。……与前两款所列人员勾结,伙同贪污的,以共犯论处。"非国家工作人员刘某为王某的贪污提供协助,构成贪污罪的共犯。故C项正确。

刘某仍在继续履行采购合同,且其没有非法占有目的,故刘某不构成诈骗罪。故D项错误。

404.贪污罪[C]

[解析] 《关于〈中华人民共和国刑法〉第九十三条第二款的解释》规定,村民委员会等村基层组织人员协助人民政府从事救灾、抢险、防汛、优抚、扶贫、移民、救济款物的管理,利用职务上的便利,非法占有公共财物、挪用公款、索取他人财物或者非法收受他人财物,构成犯罪的,适用贪污罪、挪用公款罪、受贿罪的规定。本案中,村委会主任王某、会计刘某以及村民陈某合谋伪造申请材料骗取扶贫补贴的行为,构成贪污罪的共同犯罪。王某拿到补贴款时虽然已经离任,但依然构成贪污罪。故A项错误。贪污的数额应当是15万元。故B项错误。陈某不具有国家工作人员身份,但参与王某和刘某的贪污犯罪,构成贪污罪的帮助犯。故C项正确。补贴款发放到村委会后,王某、刘某和陈某的共同贪污既遂,15万元为贪污罪的犯罪所得,周某的行为构成掩饰、隐瞒犯罪所得、犯罪所得收益罪。故D项错误。

405.(1)寻衅滋事罪;聚众扰乱交通秩序罪;故意毁坏财物罪;破坏交通设施罪;被害人承诺[CD]

[解析] 寻衅滋事罪,是指肆意挑衅,随意殴打、骚扰他人或任意损毁、占用公私财物,或者在公共场所起哄闹事,严重破坏社会秩序的行为。寻衅滋事罪的行为人由于不合常理的动机或目的随便毁坏公私财物,其侵犯的对象具有不特定性和模糊性,而故意毁坏财物罪侵犯的对象具有明确性和特定性。本案中甲为了开辟高速公路出口,组织多人锯断高速公路隔离栏,具有明确的目的和对象,因此不构成寻衅滋事罪,构成故意毁坏财物罪。故A项错误,C项正确。

聚众扰乱交通秩序罪侵犯的客体是交通秩序。甲组织数十人,锯断高速公路一侧隔离栏、填平隔离沟,形成一条出口,并未影响到交通秩序,因此不构成聚众扰乱交通秩序罪。故B项错误。

破坏交通设施罪,是一种以交通设施为特定破坏对象的危害公共安全犯罪。隔离栏属于交通设施,本案中甲锯断隔离栏的行为如果危及交通安全可能构成本罪。故D项正确。

(2)非法经营罪;招摇撞骗罪;诈骗罪;掩饰、隐瞒犯罪所得罪[BC]

[解析] 甲收取过路费的行为,成立贪污罪的共犯(国家工作人员吴某是正犯),即甲与吴某相勾结,利用吴某主管收取过路费的职务便利,将收取的过路费非法据为己有。甲的行为不成立非法经营罪,骗吴某仅得20万元的行为,也不构成隐瞒犯罪所得罪(属于贪污共犯)。即甲收钱时冒充国有收费站工作人员,也不成立招摇撞骗罪,因为国有收费站属于企业编制,不属于国家机关,甲的行为不属于冒充国家机关工作人员招摇撞骗的行为,故不成立招摇撞骗罪。甲直接收取了部分费用,使司机从其他道路经过的行为,并未使收费站工作人员基于错误认识而作出免收司机过路费的处分行为,故甲的行为不成立诈骗罪。

(3) 贪污罪;共同犯罪的犯罪数额;受贿罪;牵连犯[AC(原答案为ABC)]

[解析] 本案中甲和吴某利用吴某职务上的便利侵吞本应由收费站收取的费用,构成贪污罪的共同犯罪。故A项正确。

过路费属于国家应收账款,属于公共财产性利益。根据题干中"经过收费站要收300元,而给甲100元即可绕过收费站继续前行。甲以此方式共得款30万元",可知,收费站实际应收取的过路费为30万元的3倍,即90万元。吴某和甲分到其中30万元,司机们分到其中60万元(应交而未交,少交了60万元,等于获得了60万元的好处)。因此,司机们也是贪污罪的共犯。根据共同犯罪"部分行为,全部责任"的理论,尽管吴某误以为贪污数额为20万元,也需对贪污的所有90万数额承担刑事责任。B项认为吴某只贪污了30万元,故错误。【旧题新解】本题原答案B项正确。有人可能认为,吴某到手的只有30万元,60万元没有到手,所以60万元不属于贪污。但是,60万元也属于国家应收账款。吴某免收国家应收账款,或者将其送人,也属于贪污行为。贪污罪的非法占有目的,既包括为自己非法占有,也包括为第三人非法占有。所以,根据现行观点,B项是错误的。

吴某收取甲3万元,利用职务便利为甲谋利益,另行构成受贿罪。故C项正确。【特别提醒】过路的司机以为在高速公路另开出口帮货车司机逃费是甲一个人的行为,不知道背后有吴某的关系,因此过路司机向甲交钱,不构成行贿罪,吴某也不构成受贿罪。

吴某的受贿行为与其贪污行为没有牵连关系,故不构成牵连犯;在财产对象上也不具有包容性,不属于吸收犯关系,故应数罪并罚。D项错误。

406.贪污罪的认定[ACD]

[解析] 贪污罪,是指国家工作人员利用职务上的便利,侵吞、窃取、骗取或者以其他手段非法占有公共财物的行为。首先,贪污罪的犯罪主体是特殊主体,专指国家工作人员,即《刑法》第93条规定的人员:(1)国家机关中从事公务的人员;(2)国有公司、企业、事业单位、人民团体中从事公务的人员;(3)国家机关、国有公司、企业、事业单位委派到非国有公司、企业、事业单位、社会团体中从事公务的人员;(4)其他依照法律从事公务的人员。根据全国人大常委会的立法解释,村民委员会等村基层组织人员协助人民政府从事救灾、抢险、防汛、优抚、扶贫、移民、救济款物的管理;社会捐助公益事业款物的管理;国有土地的经营和管理;土地征收、征用补偿费用的管理;代征、代缴税款;有关计划生育、户籍、征兵工作以及其他行政管理工作时,属于"其他依照法律从事公务的人员"。可见,甲、乙、丙、丁均符合贪污罪的主体要件。其次,甲、乙、丙、丁四人的行为均发生在执行公务的过程中,且都利用了职务行为,非法占有财物的数额均已达到较大。

甲本应将本单位回扣交公,因为本单位的回扣属于公共财物,却据为己有。这是国家工作人员利用职务上的便利,侵吞公共财物的一种特殊形式。可见甲的行为构成贪污罪。故A项正确。

贪污罪中"利用职务之便"具体指,利用职务上主管、管理、经营、经手公共财物的权力和方便条件。乙作为土地管理部门的工作人员,为农民多报青苗数,从房地产开发商处多领取20万元补偿款,从中自己分得10万元的行为,因乙非法占有的财产不是其主管、管理、经营、经手的财产,所以乙只成立诈骗罪。故B项错误。

根据《关于〈中华人民共和国刑法〉第九十三条第二款的解释》的规定,村民委员会等基层组织人员协助人民政府从事土地征用补偿管理工作时,视为国家工作人员,其利用职务上的便利侵吞土地征用补偿费的,成立贪污罪。故C项正确。

依据《刑法》第183条第2款的规定,国有保险公司工作人员和国有保险公司委派到非国有保险公司从事公务的人员,利用职务便利编造未发生的保险事故进行虚假理赔,将骗取的保险金据为己有的,以贪污罪论处。故D项正确。

407.贪污罪的认定及其与相关罪的区别[C]

[解析] 根据《刑法》第382条第1款的规定,贪污罪是指国家工作人员利用职务上的便利,侵吞、窃取、骗取或者以其他手段非法占有公共财物的行为。是否"利用职务上的便利"是贪污罪与盗窃罪、侵占罪和诈骗罪之间的一个主要区别。利用职务上的便利,指利用职务范围内的权力和地位形成的有利条件,具体表现为主管、管理、经营、经手等便利条件。主管,指负责调拨、处置及其他支配公共财物的职务活动;管理,指负责保管、处理及其他使公共财物不被流失的职务活动;经营,指将公共财物作为生产、流通等手段使公共财物增值的职务活动;经手,指领取、支出等经办公共财物的职务活动。利用与职务无关仅因工作关系熟悉作案环境或易于接近作案目标,凭工作人员身份容易进入某些单位等方便条件非法占有公共财物的,不成立贪污罪。

甲虽然没有使用手中的钥匙和所知道的密码,而是用铁棍将自己保管的保险柜打开并取走现金3万元,并不能改变其利用"管理"公共财物的便利这一事实,因此,甲的行为属于"将自己基于职务保管的财物据为己有",即"监守自盗",成立贪污罪。故C项正确,当选。

考点 59 挪用公款罪

408. 挪用公款罪的数额认定[A]

[解析] 挪用公款罪有三种客观处罚条件：(1)进行非法活动；(2)数额较大，进行营利活动；(3)数额较大，超过3个月未还。由于这三种行为方式都属于客观处罚条件，因此不能以计划用途来认定，而应以实际用途来认定。

本题中，被挪用款项的实际用途是：(1)100万元用于投资。这属于"数额较大，进行营利活动"，就此而言，齐某、刘某构成挪用公款罪的共同犯罪，数额均是100万元。(2)200万元用于购房，2个月后归还。因为尚不足3个月，因此不构成挪用公款罪。综上，A项当选。

409. 挪用公款罪[ABC]

[解析] 甲挪用公款，将8000元用于购买股票(营利活动)，4000元用于赌博(非法活动)，如果将这两种行为分别评价，都不构成犯罪，即甲的行为不成立挪用公款罪。但是，甲将8000元用于购买股票，4000元用于赌博的危害性显然大于将1.2万元全部用于购买股票。如果按用途区分，分别评价，前者不构成犯罪，后者反而构成犯罪，无法做到罪刑相适应。故A、B项错误。

我国并未规定国家工作人员购买股票属于非法活动。故C项错误。

非法活动与营利活动之间是包容关系，如果一个行为是非法活动，那么也可以评价为是营利活动。在本案中，如果将甲用于赌博的4000元钱解释为用于营利活动，那么甲的行为就属于"挪用公款1.2万元进行营利活动"，构成挪用公款罪。故D项正确。

410. 挪用公款罪、受贿罪的成立条件以及两罪的关联[D]

[解析]《关于审理挪用公款案件具体应用法律若干问题的解释》第8条规定："挪用公款给他人使用，使用人与挪用人共谋，指使或者参与策划取得挪用款的，以挪用公款罪的共犯定罪处罚。"乙是国有公司财务主管，利用自己职务上主管财物之便，挪用公款归个人使用，进行营利活动，成立挪用公款罪；甲虽然不是国家工作人员，但可指使乙挪用公款，成立挪用公款罪的教唆犯，因为在真正的身份犯中，没有身份的人完全可以成为教唆犯、帮助犯。故A项正确，不当选。

《关于审理挪用公款案件具体应用法律若干问题的解释》第2条规定，挪用公款数额较大，归个人进行营利活动的，构成挪用公款罪，不受挪用时间和是否归还的限制。在案发前部分或者全部归还本息的，可以从轻处罚；情节轻微的，可以免除处罚。挪用公款进行营利活动，即使归还，也不影响数额认

刑。乙挪用公款归个人使用，进行营利活动，没有时间要求，故乙挪用公款的行为已经既遂。虽然20日后，乙用个人财产归还了挪用的公款10万元，但该行为不影响犯罪既遂的认定。故B项正确，不当选。

受贿罪是指国家工作人员利用职务上的便利，索取他人财物，或者非法收受他人财物，为他人谋取利益的行为。乙利用职务之便，收受甲给付的名表，承诺为甲谋取利益，其行为成立受贿罪。故C项正确，不当选。

《关于审理挪用公款案件具体应用法律若干问题的解释》第7条规定："因挪用公款索取、收受贿赂构成犯罪的，依照数罪并罚的规定处罚。挪用公款进行非法活动构成其他犯罪的，依照数罪并罚的规定处罚。"综合全案，乙成立挪用公款罪与受贿罪，应当数罪并罚。因为受贿罪中为他人谋取利益的规定是指承诺为他人谋利益，故收受贿赂之后为他人谋取利益的行为成立其他犯罪的，超出了受贿罪成立条件的范围，应当数罪并罚。故D项错误，当选。

411. 挪用公款归个人使用的认定[C]

[解析] "挪用公款归个人使用"的含义几经变化，最后立法解释将其含义加以确定。立法解释的精神是将单位向单位借钱的情形排除出去，即单位向单位借钱的，不成立犯罪。以下凡是不属于单位向单位借钱，而将单位公款挪用的，都属于"挪用公款归个人使用"：(1)挪用公款归个人使用；(2)以个人名义挪用公款；(3)个人决定以单位名义挪用公款，谋取个人利益的(在本质上这种情形不属于单位向单位借钱)。

A项国家工作人员甲，将公款借给其弟炒股，属于将公款挪用给自然人使用的情形。B项国家机关工作人员甲，以个人名义将公款借给原工作过的国有企业使用，属于以个人名义将公款供其他单位使用的情形。C项某县工商局(现为市场监督管理部门)局长甲，以单位名义将公款借给某公司使用，属于单位向单位借钱的情形(行为人没有谋取个人利益)。D项某国有公司总经理甲，擅自决定以本公司名义将公款借给某国有事业单位使用，以安排其子在该单位就业，属于个人决定以单位名义将公款供其他单位使用，谋取个人利益的情形。故A、B、D项的情形均属于"挪用公款归个人使用"，不当选；C项不属于，当选。

412. 挪用公款罪与贪污罪的区别；挪用特定款物罪[ACD]

[解析] 依据《刑法》第384条第2款规定，甲作为国有公司财务人员挪用单位救灾款，用于自己购买股票，构成挪用公款罪，不构成挪用特定款物罪。故A项正确。甲挪用办公经费70万元购买商品房，并采取销毁账目的手段，使50万元难以在单位财务上反

刑法 [答案详解]

· 105 ·

映出来,表明甲对50万元有非法占有目的,转化为贪污罪,另外的20万元仍然成立挪用公款罪。对甲应当以挪用公款罪、贪污罪实行并罚。故C、D项正确,B项错误。

考点60 贿赂类犯罪

413.受贿罪[D]

[解析] 构成受贿既遂的关键在于对财物与财产性利益是否实际占有和控制。在收下银行卡但卡里没有资金的情况下,由于行为人并未对资金形成实际支配、控制的状态,因此不构成受贿既遂。故A项错误。

银行虽然占有卡内的资金,但仅是辅助管理人,卡内资金仍然为持卡人占有。在受贿罪的既遂标准中,受贿人只要掌握银行卡、获取密码就能实际控制银行卡账户、支配银行卡卡内的资金,构成受贿罪的既遂,与活期或者定期无关。故B项错误。

收下银行卡并不意味着受贿罪就既遂了,还需判断卡内有无资金、金额多少以及受贿人主观上是否有管领、控制银行卡的受贿故意。故C项错误。

收下银行卡并对银行卡的资金具有实际控制的管理权限,应当认定为受贿罪的既遂。故D项正确。

414.受贿罪;行贿罪[BCD]

[解析] 乙仅是中间人员,甲并非向乙行贿,而是委托乙向最终的监察机关工作人员行贿,由于最终丁拒收,因此甲的行贿罪构成未遂。行贿的数额应是10万元,而非50万元,虽然甲主观上想行贿50万元,但其中40万元被乙所骗,实际行贿数额只有10万元。故A项错误。

乙欺骗甲说用50万元打点关系,实际上只用了10万元,另外的40万元乙并不想用于打点关系,而是想据为己有,因此乙对甲的40万元构成诈骗罪。故B项正确。

由于丁当场拒收,因此乙、丙构成行贿罪未遂;未遂的数额为10万元,因为乙只想送给丁10万元。故C项正确。

行贿罪的既遂标准是,国家工作人员客观上接收(占有)了财物。假如丁收受10万元后立即上交有关机关,则丁不构成受贿罪;但是,由于丁客观上接收了财物,所以甲、乙、丙构成行贿罪既遂。故D项正确。

415.受贿罪的既遂数额[C]

[解析] 犯罪故意仅仅存在于行为当时,故收受贿赂时的数额标准,应认定为受贿、行贿的犯罪数额。本题中,乙受贿可以分为两个阶段:第一阶段,收10%的股权。根据《关于办理受贿刑事案件适用法律若干问题的意见》的规定,国家工作人员利用职务上的便利为请托人谋取利益,收受请托人提供的干股的,以受贿论处。进行了股权转让登记,或者相关证据证明股份发生了实际转让的,受贿数额按转让行为时股份价值计算,所分红利按受贿孳息处理。股份未实际转让,以股份分红名义获取利益的,实际获利数额应当认定为受贿数额。乙收10%的股权价值100万元,并且将该股权办理了注册登记,登记在自己名下,此时受贿已经完成,受贿金额为100万元。之后股价增值上涨为200万元,其中多出的100万元属于受贿孳息。第二阶段,甲以600万元的价格从乙处回购该部分股权。根据《关于办理受贿刑事案件适用法律若干问题的意见》的规定,国家工作人员以明显高于市场的价格向请托人出售房屋、汽车等物品的,受贿数额按照交易时当地市场价格与实际支付价格的差额计算。乙名下的10%的股票实际价值为200万元,甲用600万元(明显高于股票的实际价值)从乙处回购,显然不符合常理,乙构成受贿罪,受贿金额为400万元。综上所述,乙的受贿金额总共为500万元。故C项正确。

416.贿赂犯罪的数额[ABC]

[解析] 受贿罪的既遂,只要求在事实上建立占有,不要求在民法上取得财物的所有权。甲、乙之间行贿、受贿行为已经完成,虽然100万元现金在甲保险箱里,但受贿人(国家工作人员)的职权决定了其对100万元现金有实质上的掌控权。至于该100万元是放在甲处,还是放在乙处,是由受贿人乙决定的,从这一意义上看,乙实质上已经认可、收受了该100万元,甲、乙已经进行了权钱交易。故A项正确。

乙利用职务上的便利为他人谋取利益,并非法收受他人财物,成立受贿罪。虽然乙欺骗甲"需要支付10万元才能开具",进而收受他人财物,但这也是其利用"权力"进行欺骗,符合权钱交易这一受贿罪的本质特征。再者,乙已经为甲谋取了利益,即便虚假承诺为他人谋取利益,而收受他人财物的,也应成立受贿罪,故对乙应以受贿罪论处。故B项正确。

乙接受了支票,即使没有支取现金,也构成受贿罪既遂。关于既遂数额,甲主观上对行贿金额有概括的故意,即999万元以内的金额,无论多少,甲主观上都有让渡的故意。而且甲事实上已经将999万元的支配权(空白支票)交给了乙,乙也事实上知道自己对该999万元有支配权。因此,乙事实上获得了999万元的支配权,甲的行贿金额为999万元,乙的受贿金额为999万元。故C项正确。

行贿、受贿金额的认定,应遵循"犯罪与行为同在",即是说,犯罪故意仅存在于行为当时,故收受贿赂时的数额标准,应认定为受贿、行贿的犯罪数额。乙收下银行卡,即使未使用,也构成受贿罪既遂,既遂数额是收受贿赂时卡里的资金数额,即500万元。至于多了100万元利息,这属于犯罪所得的收益,不属于犯罪所得本身。受贿罪的既遂数额是指犯罪所得的数额。故D项错误。

417.受贿罪[ABCD]

[解析]《刑法》第388条之一规定,利用影响力受贿罪是指国家工作人员的近亲属或者其他与该国家工作人员关系密切的人,通过该国家工作人员职务上的行为,或者利用该国家工作人员职权或者地位形成的便利条件,通过其他国家工作人员职务上的行为,为请托人谋取不正当利益,索取请托人财物或者收受请托人财物的行为。主体是国家工作人员的近亲属或关系密切的人,行为方式是通过该国家工作人员职务上的行为,为请托人谋取不正当利益。若国家工作人员对行为人的行为知情,并承诺为请托人谋取不正当利益的,则国家工作人员构成受贿罪。故A项正确。

国家工作人员具有为他人谋取利益的职权或职务条件,在他人有求于自己的职务行为时,并不打算为他人谋取利益但收受财物后作虚假承诺,导致财物与职务行为形成对价关系,构成受贿罪。故B项正确。

国家工作人员实施受贿罪又实施渎职犯罪,原则上应当以渎职罪和受贿罪数罪并罚,但存在特殊规定,即《刑法》第399条第4款规定,司法工作人员收受贿赂,构成徇私枉法罪,民事、行政枉法裁判罪,执行判决、裁定失职罪,执行判决、裁定滥用职权罪,同时又构成受贿罪的,依照处罚较重的规定定罪处罚。故C项正确。

《关于办理贪污贿赂刑事案件适用法律若干问题的解释》第13条第1款规定:"具有下列情形之一的,应当认定为'为他人谋取利益',构成犯罪的,应当依照刑法关于受贿犯罪的规定定罪处罚:(一)实际或者承诺为他人谋取利益的;(二)明知他人有具体请托事项的;(三)履职时未被请托,但事后基于该履职事由收受他人财物的。"故D项正确。

418.行贿罪;受贿罪[ABC]

[解析]《刑法》第389条第1款规定:"为谋取不正当利益,给予国家工作人员以财物的,是行贿罪。"周某为谋取非法利益,送给李某10万元意图请李某联系张某帮助其获取土地征收款的行为,构成行贿罪。故A项正确。为谋取不正当利益,既包括为自己谋取不正当利益,也包括为第三人谋取不正当利益。李某为周某谋取利益,给予国家工作人员以财物,构成行贿罪。故B项正确。

《刑法》第388条规定:"国家工作人员利用本人职权或者地位形成的便利条件,通过其他国家工作人员职务上的行为,为请托人谋取不正当利益,索取请托人财物或者收受请托人财物的,以受贿论处。"李某利用本人职务和地位形成的便利条件,通过其他国家工作人员职务上的行为,为周某谋取不正当利益收受财物的,构成斡旋受贿型的受贿罪既遂。故C项正确。斡旋受贿不要求其他国家工作人员许诺、答应行为人的请求,也不要求其他国家工作人员为请托人谋取不正当利益。因此,胡某收受李某财物后,受贿罪既遂。故D项错误。

419.受贿罪;行贿罪[D]

[解析] 主动索取他人财物只是受贿罪的一种表现形式,被动的收受也可以成立受贿罪。故A项错误。

刑法分则规定的故意犯罪中,只要没有特别说明,均存在间接故意的可能性,间接故意同样可以构成受贿罪。故B项错误。

按照司法解释,只要国家工作人员明知他人有具体的请托事项的,就可以认定为"利用职务上的便利"。甲因此收受财物的,成立受贿罪。故C项错误。

尽管在认定甲行为性质时存在疑难,但乙、丙为谋取不正当利益,给予国家工作人员以财物,其行为成立行贿罪。需要注意的是,行贿罪和受贿罪并非一一对应的关系。构成行贿罪并不必然要求对方成立受贿罪,反之亦然。故D项正确。

420.受贿罪;非国家工作人员受贿罪[ABCD]

[解析] 公立高校普通任课老师不属于国家工作人员,但其受学校委派开展招生工作属于公务活动,甲的行为成立受贿罪。故A项正确。

乙虽是国有医院副院长,但其利用"开处方"之便,收受药品销售方的财物的行为,不应认定为国家工作人员的职务行为,即此种职务行为与国家工作人员身份无关,仅成立非国家工作人员受贿罪。故B项正确。

村委会主任不属于国家工作人员,其在村集体企业招投标过程中收受贿赂的行为构成非国家工作人员受贿罪。故C项正确。

丁虽然没有国家工作人员的正式编制,但实际上行使了国家工作人员职务,在从事公务活动中收受回扣,虽然不能构成受贿罪的正犯,但可以构成受贿罪的共犯,对此应以受贿罪论处。故D项正确。

421.(1)贪污罪;挪用公款罪[C]

[解析] 甲将房屋过户给蔡某,并记下自己欠公司600万元,并没有造成公司的实际财产损失,而仅是将公司的财产转化成了公司对甲的债权。因此,不构成贪污罪。故A项错误。

《关于国家工作人员挪用非特定公物能否定罪的请示的批复》《刑法》第384条规定的挪用公款不包括挪用非特定公物(房产)归个人使用的行为,对挪用房产归个人使用的行为不以挪用公款罪论处。据此,

刑法 [答案详解]

甲以公司在售的商品房偿还债务的行为不构成挪用公款罪。故B项错误。

《全国法院审理经济犯罪案件工作座谈会纪要》规定,行为人挪用公款后采取虚假发票平账、销毁有关账目等手段,使所挪用的公款已难以在单位财务账目上反映出来,且没有归还行为的,应当以贪污罪定罪处罚。因此,甲平账的行为构成贪污罪。故C项正确。如前所述,甲的行为不成立挪用公款罪。故D项错误。

(2)串通投标罪;受贿罪;行贿罪[A]

[解析]《刑法》第223条第1款规定,投标人相互串通投标报价,损害招标人或者其他投标人利益,情节严重的,处3年以下有期徒刑或者拘役,并处或者单处罚金。因此,构成串通投标罪必须要求投标人实施"串通报价"行为,进而损害招标人或者其他投标人的利益。本案并无串通报价行为,此串通投标行为也没有损害招标人或者其他投标人的利益。故程某不构成串通投标罪。故A项正确。既然程某没有串通投标的行为,不构成串通投标罪,则甲也不成立串通投标罪的教唆犯。故B项错误。

《关于办理贪污贿赂刑事案件适用法律若干问题的解释》第1、7条规定,受贿数额在1万元以上不满3万元且具有特殊情节的,才能构成受贿罪;行贿数额低于1万元的,不构成行贿罪。程某花5000元购买仿制古董赠与甲,因仿制古董价值未达到行贿罪起刑点,不构成犯罪。故C项错误。甲有受贿的主观故意,实施了受贿行为,但客观上收受的贿赂价值未达到受贿罪起刑点,甲的行为不构成受贿罪。故D项错误。

(3)非法占有的目的[ABCD]

[解析]甲因公务为公司垫付各种费用5万元,尽管票据超期,无法报销,但其对公司依然享有5万元的返还请求权。甲虽指使程某虚构劳务合同并虚开发票,但其主观上并没有非法占有公共财物的非法目的,既不构成贪污罪也不构成诈骗罪。故A、B项错误。由于甲不构成贪污罪,所以给甲提供虚假发票的程某,就不属于贪污罪的帮助犯,也不另构成诈骗罪。故C、D项错误。

422.斡旋受贿[D]

[解析]《刑法》第388条规定,国家工作人员利用本人职权或者地位形成的便利条件,通过其他国家工作人员职务上的行为,为请托人谋取不正当利益,索取请托人财物或者收受请托人财物的,以受贿论处。这种行为在刑法理论上被称为斡旋受贿。在我国刑事法律上斡旋受贿并不是一个独立的罪名,它是受贿犯罪行为的一种特殊类型。不同于普通的受贿行为,斡旋受贿行为要求行为人利用了本人职权或地位形成的便利条件,这是成立斡旋受贿的前提。行为人是通过其他国家工作人员职务上的行为,而不是直接利用自己职务范围内的权力。另外,斡旋受贿要求行为人为请托人谋取的是不正当利益。综合上述内容,D项正确,A、B、C项错误。

423.受贿罪;贪污罪;滥用职权罪;共同犯罪[ABCD(原答案为B)]

[解析]受贿罪是指权钱交易。甲收司机的钱,构成受贿罪,乙是受贿罪的共犯。故A项正确。在共同犯罪中,犯罪数额不是个人分得的赃款数额,而是二人共同犯罪所获得的赃款数额,因此,甲、乙的受贿数额均是32万元。故D项正确。

受贿罪有索贿型受贿罪和收受型受贿罪。成立索贿型受贿罪,不要求官员承诺办事(为他人谋取利益)。成立收受型受贿罪,要求官员承诺办事。这是一种意思表示,不要求实施了办事行为,更不要求把事办成。因此,实施办事行为不是受贿罪的构成要件行为(实行行为)。基于此,实施办事行为若构成其他犯罪(主要是渎职罪),与受贿罪属于两个行为,构成两个罪,原则上应数罪并罚。例外情形是《刑法》第399条第4款规定:受贿罪+徇私枉法罪等四罪(徇私枉法罪;民事、行政枉法裁判罪;执行判决、裁定失职罪;执行判决、裁定滥用职权罪)=牵连犯,择一重罪论处。本案中,甲受贿后实施的办事行为,是私下处分了国家的财产性利益(罚款、应收款项),让司机获得好处,让国家遭受损失,类似于背地里将国家的财物送人,构成盗窃财产性利益。由于甲利用了职务便利,所以构成贪污罪,贪污的财产性利益的数额是32万元的2倍,也即64万元。司机们也是贪污的共犯(应交罚款而少交,获得了利益),甲、乙和司机们平分了64万元。故B项正确。【旧题新解】本题原为单选题,选择错误的一项,当年公布答案认为B项错误,交警甲仅构成受贿罪,不构成贪污罪。但根据现在的命题观点,甲的受贿罪是一个行为,办事行为是另一个行为,甲的办事行为侵吞了行政罚款,而行政罚款属于国家的财产性利益,故办事行为成立贪污罪。由此,根据新的命题观点导致本题无答案,遂改编为多选题。

甲作为国家机关工作人员,滥用职权,导致国家遭受重大财产损失,还构成滥用职权罪。乙明知甲的行为是滥用职权,仍与其共同犯罪,二人成立滥用职权罪的共犯。故C项正确。

【思路拓展】本案的罪数,甲的办事行为除了构成贪污罪,还同时构成滥用职权罪,想象竞合,择一重罪论处,应定贪污罪。甲的贪污罪与受贿罪没有牵连关系,按照正常原理,应当数罪并罚。但是,司机少交的罚款,是国家应收款项的一部分;甲收的钱,实际也是国家应收款项的一部分。因此,本案受贿罪与贪污罪的财产对象具有包容性,不具有独立性,也即两罪制造的危害结果具有包容性。应根据吸收犯原理,重罪吸收轻罪。由于贪污罪的数额更大,最终以贪污罪论处。

424.受贿相关犯罪[ABCD]

[解析] 受贿罪的法益是职务行为的不可收买性或者公众对职务行为不可收买性的信赖。因此,即使行贿者给予国家工作人员以违禁品,只要国家工作人员收受并承诺为其谋利益,就成立受贿罪。此外,国家工作人员先为他人谋取利益,然后收受职务行为的报酬,也表明职务行为的交易,同样成立受贿罪(事后受贿)。故A项正确。

国家工作人员乙的父亲为了替请托人谋取不正当利益,利用乙的职务形成的影响和便利,收受请托人财物,成立利用影响力受贿罪。当然,如果乙与其父勾结,为其亲戚谋利,收受其财物的,则成立受贿罪的共犯。故B项正确。

离职的国家工作人员王某为了替请托人谋取不正当利益,利用自己先前国家工作人员身份、地位的影响,找现任厂长为其办事,其行为成立利用影响力受贿罪,不成立受贿罪。故C项正确。

单位受贿罪是指国家机关、国有公司、企业、事业单位、人民团体索取、非法收受他人财物,为他人谋取利益,情节严重的行为。作为单位负责人,法院院长为了法院的利益,向赵某索取贿赂的,属于单位犯罪,成立单位受贿罪。故D项正确。

425.行贿罪;受贿罪;利用影响力受贿罪[D]

[解析] 为谋取不正当利益,给予国家工作人员以财物的,是行贿罪。行贿罪要求具有谋取不正当利益的目的。甲为了获得公务员面试高分,对面试官实施贿赂,至于谋求的利益是否实际谋到不影响犯罪的成立。故A项正确,不当选。

受贿罪的构成,在索取财物的场合,不需要以"为他人谋利"为要件;而在收受主动送来的财物场合,需要"为他人谋利"的条件。乙对于甲的行贿行为明确拒绝,可见其并没有收受他人财物,更没有采取为他人谋利的行为。保姆因误解收受金币的行为,乙并不知情,可见并不构成受贿罪。故B项正确,不当选。

一个案件中的行贿罪和受贿罪的成立并不是一一对应的,行贿人构成行贿罪,行贿对象不一定就构成受贿罪。故C项正确,不当选。

利用影响力受贿罪的主体为特殊主体,包括国家工作人员的近亲属或者其他与该国家工作人员关系密切的人。保姆对于乙并不具有影响力,并不符合利用影响力犯罪的主体构成要件,并且本案中保姆并没

有为甲谋取利益的主观目的,也没有收取甲的贿赂。故D项错误,当选。

426.行贿罪;受贿罪;单位受贿罪[ABD(原答案为ABCD)]

[解析] 行贿罪是指为谋取不正当利益,给予国家工作人员以财物的行为。如果请托人谋取正当利益而给予国家工作人员以财物的,不构成行贿罪。故A项错误。

《刑法》第389条规定:"为谋取不正当利益,给予国家工作人员以财物的,是行贿罪。在经济往来中,违反国家规定,给予国家工作人员以财物,数额较大的,或者违反国家规定,给予国家工作人员以各种名义的回扣、手续费的,以行贿论处。因被勒索给予国家工作人员以财物,没有获得不正当利益的,不是行贿。"因被勒索给予国家工作人员以财物,但之后如果获得了不正当利益的,仍成立行贿罪。故B项错误。

《刑法》第390条第3款规定,行贿人在被追诉前主动交代行贿行为的,可以从轻或者减轻处罚。其中,犯罪较轻的,对调查突破、侦破重大案件起关键作用的,或者有重大立功表现的,可以减轻或者免除处罚。故C项正确。**[旧题新解]** 根据2010年《刑法》第390条第2款,行贿人在被追诉前主动交代行贿行为的,可以减轻处罚或者免除处罚。因此,原本C项是错误的。但2015年《刑法修正案(九)》修正了《刑法》第390条第2款的规定,根据新法,C项正确。

对于斡旋受贿,《刑法》第388条规定:"国家工作人员利用本人职权或者地位形成的便利条件,通过其他国家工作人员职务上的行为,为请托人谋取不正当利益,索取请托人财物或者收受请托人财物的,以受贿论处。"根据《刑法》第387条的规定,单位受贿罪是指国家机关、国有公司、企业、事业单位、人民团体,索取、非法收受他人财物,为他人谋取利益,情节严重的行为。D项的情况可看作单位的斡旋受贿,但单位受贿罪中没有规定单位斡旋受贿这一行为方式。根据罪刑法定原则,这种情况不认定为单位受贿。故D项错误。

427.受贿罪;行贿罪;盗窃罪[CD]

[解析] 我国刑法将贿赂的内容限定为财物或财产性利益,即具有价值的可以管理的有体物、无体物以及财产性利益。假币属于违禁品,但在某些犯罪中它仍被流通或者使用,具备价值,可以认为是一种财产性利益。因此,甲向乙行贿5万元,甲构成行贿罪,乙构成受贿罪。受贿罪的既遂以取得财物为准;行贿罪的既遂应以送出财物,对方接受为准。甲属于行贿罪既遂。A项错误,C项正确。丙盗走乙5万元,构成盗窃罪。对于违禁品的占有也是财产犯罪的法益,而且丙的行为侵犯了乙的占有权。故D项正确,B项错误。

428. 利用影响力受贿罪；离职的国家工作人员受贿行为的处理［ABC］

［解析］根据《刑法》第388条之一的规定，利用影响力受贿罪是指国家工作人员的近亲属或者其他与该国家工作人员关系密切的人，通过该国家工作人员职务上的行为，或者利用该国家工作人员职权或者地位形成的便利条件，通过其他国家工作人员职务上的行为，为请托人谋取不正当利益，索取请托人财物或者收受请托人财物，数额较大或者有其他较重情节的行为。离职的国家工作人员或者其近亲属以及其他与其关系密切的人，利用该离职的国家工作人员原职权或者地位形成的便利条件实施上述行为的，也以利用影响力受贿罪定罪处罚。本题中，A项中的甲为某国企总经理之妻，C项中的丙为某国家机关官员之子，两者为他人谋取不正当利益并受贿的行为构成利用影响力受贿罪。故A、C项正确。B项中的乙为离职的国家工作人员，其行为亦构成利用影响力受贿罪。故B项正确。

依据《关于办理受贿刑事案件适用法律若干问题的意见》第10条和《全国法院审理经济犯罪案件工作座谈会纪要》第3条的规定，对于国家工作人员为请托人谋利，并与其事先约定，离职后收受请托人财物的，已离职的国家工作人员若构成受贿罪，即必须有"事先约定"。D项中的丁与该公司并未事先约定，是该公司为表示感谢"自作主张"送给丁价值5万元的按摩床，丁不构成犯罪。故D项错误。

429.（1）贪污罪、行贿罪及其犯罪数额的认定［ABD］

［解析］《刑法》第382条第1款规定："国家工作人员利用职务上的便利，侵吞、窃取、骗取或者以其他手段非法占有公共财物的，是贪污罪。"本题中，甲通过涂改账目等手段（已表明其非法占有的目的）从其国有公司提走20万元的行为构成贪污罪，其贪污数额为20万元。而对于甲利用其中15万元委托丙送给乙的行为，依据《刑法》第389条规定，构成行贿罪，行贿数额为15万元。注意：甲贪污数额为20万元，非5万元，因15万元已是其贪污占有后而用于其他私利活动。《刑法》第384条规定的挪用公款罪与贪污罪最根本区别是其并无非法占有目的，只是擅自私用公款。即使甲曾表示过"把公司的钱款补上"，仍不能改变贪污的性质，因此甲成立贪污罪（数额20万元）和行贿罪（数额15万元），数罪并罚。故A、B、D项均错误，C项正确。

（2）拒贿的成立［ABC］

［解析］《关于办理受贿刑事案件适用法律若干问题的意见》第9条规定，国家工作人员收受请托人财物后及时退还或者上交的，不是受贿。本题中，乙收下该款8天后，将收受钱款一事报告了公司总经理并将15万元交到公司纪检部门，且题中表明"一个月后，甲得知公司委任其他人担任财务部主任"，意味着乙的退回行为是在甲请托事项决策前做出的，属于主动、及时说明情况，退回钱款的"拒贿"行为，不构成受贿罪。故D项正确，不当选；A、B、C项均错误，当选。

（3）受贿罪、行贿罪共犯的认定；介绍贿赂罪［C］

［解析］《刑法》第392条第1款规定："向国家工作人员介绍贿赂，情节严重的，处3年以下有期徒刑或者拘役，并处罚金。"本题中，甲只是委托丙将15万元交给乙，丙在其中没有引见、沟通、撮合，即"介绍"的行为，而且只有"情节严重"才构成本罪，故丙不构成介绍贿赂罪。题中交代甲"要丙在转交该款时一定要为自己提升一事向乙美言几句"，故丙应构成行贿罪的共犯，即是为请托人谋取不正当利益而进行的一种帮助行为，并非基于为受贿人谋取利益。故C项正确，当选。

（4）敲诈勒索罪；放火罪［ABCD］

［解析］甲携带一桶汽油闯入乙办公室纵火，导致室内空调等财物被烧毁，且已危害到了公共安全，构成放火罪。甲在放火前对乙索要10万元"精神损害赔偿"并以去检察院告发乙为威胁的行为，构成敲诈勒索罪。这两罪既非想象竞合犯，也非吸收犯，属于两个独立行为，应数罪并罚。故A、B、C、D项均错误。

430. 受贿罪的一罪与数罪；违法发放贷款罪［BCD］

［解析］受贿罪是指国家工作人员利用职务上的便利索取他人财物或非法收受他人财物，为他人谋取利益的行为。利用职务上的便利包括直接利用与间接利用。间接利用即利用在职务上有直接隶属、制约关系的其他国家工作人员的职权为行贿人谋取利益。

甲作为国有银行行长指使负责贷款业务的科长乙向丙单位索取财物15万元，从而在明知丙单位不具备贷款条件情况下仍向丙单位发放贷款1000万元，甲、乙构成受贿罪。另外，甲、乙最终使银行遭受800万元损失，依据《刑法》第186条的规定，构成违法发放贷款罪，与受贿罪应当数罪并罚。故C、D项正确。认定犯罪数额的时候不以犯罪分子实际参与分配的数额为标准，即甲、乙受贿数额均是15万元。故A项错误，B项正确。

考点61 巨额财产来源不明罪

431. 受贿罪；巨额财产来源不明罪［ABC］

［解析］受贿罪，是指国家工作人员，利用职务上的便利，索取他人财物，或者非法收受他人财物，为他人谋取利益的行为。本案中，甲是国家工作人员，并且交代了自己的300万元是受贿所得。故A项正确。

巨额财产来源不明罪，是指国家工作人员的财产、支出明显超过合法收入,差额巨大,不能说明来源的行为。甲在一审中即交代300万元为受贿所得,经查证属实,故不再以巨额财产来源不明罪论处。故B项正确。

乙是民办小学教师,不属于国家工作人员,故不能构成巨额财产来源不明罪。故C项正确。

乙拒绝说明财产来源的行为也不符合掩饰、隐瞒犯罪所得、犯罪所得收益罪的行为条件,不构成掩饰、隐瞒犯罪所得罪。故D项错误。

专题二十 渎职罪

考点62 渎职罪

432. 帮助犯罪分子逃避处罚罪;徇私枉法罪;滥用职权罪 [BCD]

[解析] 包庇罪,是指积极作假证明,为犯罪分子掩盖罪行。甲并未作假证明包庇钱某,不构成包庇罪。根据《刑法》第417条的规定,有查禁犯罪活动职责的国家机关工作人员,向犯罪分子通风报信、提供便利,帮助犯罪分子逃避处罚的,构成帮助犯罪分子逃避处罚罪。甲成此罪。故A项错误。

根据《刑法》第399条规定,司法工作人员徇私枉法、徇情枉法,对明知是无罪的人而使他受追诉、对明知是有罪的人而故意包庇不使他受追诉,或者在刑事审判活动中故意违背事实和法律作枉法裁判的,构成徇私枉法罪。其中,"明知是有罪的人而故意包庇不使他受追诉",包括不立案、不侦查、不起诉、不审判、裁定无罪。B项中,乙应当立案却不予立案,构成徇私枉法罪。同时,乙收受吴某钱财,也构成受贿罪。根据《刑法》第399条第4款的规定,司法工作人员犯徇私枉法罪和受贿罪,不数罪并罚,而是择一重罪论处。故B项正确。

根据《刑法》第400条的规定,私放在押人员罪,是指司法工作人员私放在押的犯罪嫌疑人、被告人或者罪犯的行为。这里的私放,既包括永久性释放,也包括一定时间的放出。因此,丙私下放孙某回家一段时间,构成私放在押人员罪。故C项正确。

根据《刑法》第397条的规定,滥用职权罪,是指国家机关工作人员滥用职权,致使公共财产、国家和人民利益遭受重大损失的行为。在客观上,这里的"重大损失"(实害结果)不要求与滥用职权行为具有直接的因果关系;在主观上,也不要求行为人对这些实害结果有认识。本题中,警察丁存在滥用职权行为,违规使黄某取得驾驶证,最终造成了重大实害结果,构成滥用职权罪。故D项正确。

433. 渎职罪 [AD]

[解析] 滥用职权罪是指国家机关工作人员故意逾越职权,违反法律规定,处理其无权决定、处理的事项,或者违反规定处理公务,致使公共财产、国家和人民利益遭受重大损失的行为。省渔政总队验船师郑某的行为违反国家规定,造成公共财产、国家和人民利益重大损失,构成滥用职权罪。故A项正确。

徇私枉法罪是指司法工作人员徇私枉法、徇情枉法,对明知是无罪的人而使他受追诉、对明知是有罪的人而故意包庇不使他受追诉,或者在刑事审判活动中故意违背事实和法律作枉法裁判的行为。曾某是司法工作人员,明知被取保候审的犯罪嫌疑人违反规定,未依法传唤或将案件移送起诉或变更强制措施,使犯罪嫌疑人未及时受到追诉,但未达到致使犯罪嫌疑人、被告人实际脱离司法机关的侦查控制的效果,曾某尚不构成徇私枉法罪。故B项错误。

《保守国家秘密法》第9条第1款第6项规定,维护国家安全活动和追查刑事犯罪中的秘密事项是国家秘密。案件进入审判阶段,此时案卷材料不属于国家秘密。律师于某是马某的辩护人,将通过合法手续获取的案卷材料让当事人亲属查阅,不构成故意泄露国家秘密罪。故C项错误。

《刑法》第417条规定,帮助犯罪分子逃避处罚罪是指有查禁犯罪活动职责的国家机关工作人员,向犯罪分子通风报信、提供便利,帮助犯罪分子逃避处罚的行为。协警由于履行公务,从职能上被法律认定为国家机关工作人员,所以协警闫某的行为符合帮助犯罪分子逃避处罚罪的条件。故D项正确。

434. 滥用职权罪;玩忽职守罪 [CD]

[解析] 造成火灾并非渎职行为本身所引起的,而是介入了"他人电炉操作不当"的因素,这一行为并非秦某的职务行为,秦某的职务行为与此火灾没有因果关系,秦某不成立玩忽职守罪。故A项错误。

武某作为县卫计局执法监督大队队长,防止他人非法行医是其职责所在,但何某刚刚开始非法行医3天即造成严重后果,无法认定武某严重不负责任,武某不构成玩忽职守罪。故B项错误。

柳某的滥用职权行为使得房主获得了90万元补偿款,使得国家利益遭受损失,二者之间具有因果关系,柳某成立滥用职权罪。故C项正确。

郑某作为县长,擅自允许未经环境评估的水电工程开工,导致该县水域内濒危野生鱼类全部灭绝,该行为符合滥用职权罪的犯罪构成,构成滥用职权罪。故D项正确。

435.(1)刑法上的因果关系;滥用职权罪;徇私舞弊不征、少征税款罪;受贿罪 [ABD]

[解析] 民政局副局长朱某在做年检审核时,明知电气厂的材料有虚假、残疾员工未达法定人数,但仍使其顺利通过年检,后者进而获取退税300万元。

朱某滥用职权的行为与国家损失300万元税收之间存在因果关系,成立滥用职权罪。故A、B项正确。

朱某并非税收征管人员,也未与税收征管人员相勾结,故朱某的行为不成立徇私舞弊不征、少征税款罪。故C项错误。

朱某虽然事后获得了利益,即升任局长,但这不属于利用职务之便收取贿赂(财物或者财产性利益)的行为,不成立受贿罪。故D项正确。

(2)巨额财产来源不明罪;赌博罪;管辖[B]

[解析]巨额财产来源不明罪,是指国家工作人员的财产或者支出明显超过合法收入,差额巨大,本人不能说明其来源是合法的行为。巨额财产来源不明罪是真正不作为犯。国家工作人员财产支出明显超出自己的收入的行为,不是本罪的实行行为。本罪的实行行为是国家工作人员被责令说明财产来源时不能说明自己的财产来源。故A项错误。

目前法律并未规定说明财产来源的时限要求,犯罪嫌疑人在审查起诉阶段说明巨额财产来源且查证属实的,不能以巨额财产来源不明罪提起公诉。故B项正确。

赌博罪是指以营利为目的,聚众赌博或者以赌博为业的行为。所谓聚众赌博,是指组织、招引多人进行赌博,本人从中抽头渔利。所谓以赌博为业,是指嗜赌成性,一贯赌博,以赌博所得为其生活来源。本案中朱某的赌博行为不属于聚众赌博或者以赌博为业,不构成赌博罪。故C项错误。

既然朱某的行为不构成赌博罪,自然无需启动刑事诉讼程序来追究其刑事责任,因而也就谈不上依据属人管辖原则追究朱某刑事责任的问题。故D项错误。

(3)逃税罪;诈骗罪;提供虚假证明文件罪;单位犯罪[ACD]

[解析]逃税罪发生在税款缴纳阶段,主要表现为纳税人采取欺骗、隐瞒手段进行虚假纳税申报或者不申报,逃避缴纳税款数额较大并且占应纳税额10%以上,扣缴义务人采取欺骗、隐瞒等手段,不缴或者少缴已扣、已收税款,数额较大的行为。本案中,黄某伪造文件材料并不是发生在税收缴纳的过程中,也不是为了不缴或者少缴税款,而是在已经缴纳税款后,为了利用国家的退税优惠政策骗取退税,因此不构成逃税罪。故A项错误,当选。黄某通过虚构材料、隐瞒真相骗取退税的行为符合诈骗的要件,触犯诈骗罪。故B项正确,不当选。提供虚假证明文件罪,是指承担资产评估、验资、验证、会计、审计、法律服务、保荐、安全评价、环境影响评价、环境监测等职责的中介组织人员故意提供虚假证明文件,情节严重的行为。此罪的犯罪主体仅限于中介机构工作人员。黄某不构成提供虚假证明文件罪。故C项错误,当选。根据法律规定,单位不能作为诈骗罪的犯罪主体。故D项错误,当选。

436.徇私枉法罪;滥用职权罪;帮助毁灭证据罪;想象竞合犯[AD]

[解析]滥用职权罪是指国家机关工作人员不法行使职务上的权限,致使公共财产、国家和人民利益遭受重大损失的行为。甲和乙的行为均构成滥用职权罪,均为滥用职权罪的实行犯。徇私枉法罪是指司法工作人员徇私枉法、徇情枉法,对明知是无罪的人而使他受追诉、对明知是有罪的人而故意包庇不使他受追诉,或者在刑事审判活动中故意违背事实和法律作枉法裁判的行为。甲是副县长,不具有司法工作人员身份,故不能构成徇私枉法罪的间接正犯,应成立徇私枉法罪的教唆犯。甲只实施了一个行为,该行为同时触犯滥用职权罪与徇私枉法罪,属于想象竞合犯,应当从一重罪论处,不应数罪并罚。乙的行为除构成滥用职权罪外,同时还满足帮助毁灭证据罪、徇私枉法罪的构成要件,属于一行为触犯数罪名的想象竞合犯,应当从一重罪即徇私枉法罪论处。故A、D项正确,B、C项错误。

437.利用影响力受贿罪;徇私枉法罪[D]

[解析]利用影响力受贿罪中"有密切关系的人"不能特别限定,凡是客观上能够通过国家工作人员职务上的行为,或者利用国家工作人员职权或者地位形成的便利条件,通过其他国家工作人员职务上的行为,为请托人谋取不正当利益的人,基本上都属于与国家工作人员有密切关系的人。故A、B项正确,不当选。

本案中,甲以揭发隐私相要挟,使得司法工作人员丁产生犯意进而实施了相应的徇私枉法行为,丁成立徇私枉法罪,甲虽然不具有司法工作人员的身份,但真正的身份犯中对身份的要求仅限于实行犯,对教唆犯或者帮助犯没有这一要求,因而甲构成徇私枉法罪的教唆犯。故C项正确,不当选。

甲利用对国家工作人员丁的影响,为了替乙谋取不正当利益,收取乙10万元现金,甲的行为成立利用影响力受贿罪。本案中,甲成立利用影响力受贿罪与徇私枉法罪(教唆犯),应当数罪并罚。对甲不能适用《刑法》第399条第4款的规定(司法工作人员收受贿赂,徇私枉法的,以受贿罪与徇私枉法罪择一重罪处罚),因为该规定是针对司法工作人员成立受贿罪和徇私枉法罪这一情形的,而甲并不属于司法工作人员,不成立受贿罪。故D项错误,当选。

438.徇私枉法罪[A]

[解析]徇私枉法罪是指司法机关工作人员徇私枉法、徇情枉法,对明知无罪的人使其受追诉或者对

明知有罪的人故意包庇不使其受追诉,或者在刑事审判活动中故意违背事实和法律作枉法裁判的行为。本题中王某作为司法工作人员,利用职权毁灭赵某无罪证据,认定其构成故意伤害罪(虽然免予刑事处罚,但是定罪本身也受到刑事追究),故王某构成徇私枉法罪。故 A 项正确。

徇私枉法罪(特别法条)与滥用职权罪、玩忽职守罪(普通法条)属于法条竞合关系,特别法条优先适用("本法另有规定的,依照规定"),即在不构成特别法条所规定的特殊玩忽职守罪或滥用职权罪时,适用普通法条规定的玩忽职守罪或滥用职权罪;但只要能认定为其他犯罪,就不再认定为滥用职权罪或者玩忽职守罪。故 B、C 项错误。

帮助毁灭证据罪,是指帮助当事人毁灭证据的行为。"毁灭"证据,指妨碍证据显现、使证据的价值减少、消失的一切行为。本案中,王某虽然实施了帮助毁灭证据的行为,但其行为同时成立徇私枉法罪,属于想象竞合犯,择一重罪处罚,应当以徇私枉法罪追究其刑事责任。故 D 项错误。

439.徇私枉法罪的认定[ACD]

[解析]《刑法》第 399 条第 1 款规定,司法工作人员徇私枉法、徇情枉法,对明知是无罪的人而使他受追诉、对明知是有罪的人而故意包庇不使他受追诉,或者在刑事审判活动中故意违背事实和法律作枉法裁判的,处 5 年以下有期徒刑或者拘役;情节严重的,构成徇私枉法罪。乙法官的行为构成徇私枉法罪,故 B 项错误。丁法官的行为同样构成此罪,故 D 项正确。

《关于渎职侵权犯罪案件立案标准的规定》规定,在立案后,虽然采取强制措施,但中断侦查或超过法定期限不采取任何措施,实际放任不管,致使犯罪嫌疑人、被告人实际脱离司法机关侦控的,应以徇私枉法罪予以立案。故 A 项正确。

《刑法》第 305 条规定,在刑事诉讼中,证人、鉴定人、记录人、翻译人对与案件有重关系的情节,故意作虚假证明、鉴定、记录、翻译,意图陷害他人或者隐匿罪证,构成伪证罪。丙的行为构成伪证罪,不构成徇私枉法罪。故 C 项正确。

专题二十一　军人违反职责罪

考点63 军人违反职责罪

440.战时自伤罪[B]

[解析]《刑法》第 434 条规定的战时自伤罪,是指军人战时自伤身体,逃避军事义务的情形。

根据《刑法》第 450 条的规定,只有执行军事任务的预备役人员才属"军人",本案张某作为预备役人员并不是处在执行军事任务的过程中,不属军人,不符合该罪的主体身份要求,可能构成《刑法》第 376 条规定的战时拒绝、逃避征召、军事训练罪。故 A 项不当选。

李某作为军事战斗人员,系军人,正在执行军事任务,系战时,故意利用他人使本人受伤,系自伤,目的是逃避军事义务,可构成战时自伤罪。故 B 项当选。

王某自伤的目的不是逃避军事义务,而是为了掩盖过错,不符合战时自伤罪的目的要素,不构成该罪。故 C 项不当选。

陈某不具有逃避军事义务的目的,也不构成战时自伤罪。故 D 项不当选。